대학행정총서 1

UNIVERSITY ADMINISTRATION

대학교육관계법
이론과 실제

집필책임자 **강인수**
공동집필자 **박재윤 · 김형근 · 황홍규**

학지사

머리말

대학운영에서 전문적 경영지식과 기술의 필요성이 점점 강조되면서 이미 우리 대학사회에서도 전문적 경영기법이 도입되고 경영진단이나 컨설팅이 수행되고 있다. 이러한 변화 과정에서 대학사회의 절실한 과제는 대학행정의 전문화를 위한 대학행정 담당자의 전문성을 심화하는 것이다.

이러한 대학사회의 요구와 필요에 따라 홍익대학교의 대학특성화사업인 대학경영의 전문화를 위한 교직원의 능력개발 프로그램에 사용할 교재로서 『대학교육관계법 이론과 실제』를 출판하게 된 것은 그 의미가 크다고 할 수 있다. 즉, 대학경영 전문화를 위한 교직원의 능력개발 프로그램의 교재로 사용하면서, 또한 대학교육관계법에 대한 전문서적이 없는 상황에서 연구자나 실무자에게 자료로 활용될 수 있을 것이라 생각한다.

이 책의 내용은 크게 대학교육관계법의 기초, 헌법과 대학교육제도, 대학교육 관련 법령의 체계, 대학생과 교직원, 대학의 조직과 의사결정 구조 등 다섯 개의 장으로 구성되어 있다.

제1장은 대학교육관계법의 연원, 대학의 법적 성격, 법률 제정과 개

정 등에 대한 기본 원리, 교육권의 개념 등으로 구성하였다(강인수).

제2장은 헌법과 대학교육제도에 관하여 헌법상의 교육의 기본 원칙, 학문의 자유, 대학의 자치, 학문의 자유의 제한과 한계 등으로 구성하였다(강인수).

제3장은 대학교육 관련 법령의 체계에 대하여 대학교육 관련 법령의 범위, 대학교육 관련 법령의 성격, 대학교육 관련 법령의 위상, 대학교육 관련 법령의 구조, 대학교육 관련 주요 법령, 주요국 법령과 비교해 본 한국의 대학교육 관련 법령의 특징 등으로 구성하였다(박재윤).

제4장은 대학생과 교직원에 관한 내용으로 대학과 학생의 법률관계, 대학생의 권리와 의무, 대학과 대학교원의 법률관계, 대학과 행정직원의 법률관계 등으로 구성하였다(김형근).

제5장은 대학의 조직 및 의사결정 구조에 관한 내용으로 국가의 대학에 대한 의사결정 구조, 대학의 조직과 의사결정 구조 개관, 국·공립대학의 조직과 의사결정 구조, 사립대학의 조직과 의사결정 구조, 산학협력 조직, 외국대학의 조직 및 의사결정 구조(일본), 한국 대학의 운영 구조 개편 방향 등으로 구성하였다(황홍규).

바라건대, 이 책이 대학경영의 전문화를 위한 교직원의 능력개발 프로그램의 교재로서 그리고 대학교육법에 관한 전문서적이 없는 상황에서 연구자와 행정실무자에게 도움이 되기를 바란다.

이 책은 홍익대학교의 특성화사업인 대학행정 전문화를 위한 교직원 능력개발 프로그램 개발과제의 일환으로 김형근, 박재윤, 황홍규 박사님과 본인이 공동으로 집필하였다. 끝으로 특성화사업단과 출판사 여러분의 정성어린 노력에 감사드린다.

2009년 8월

집필책임자 강인수

차 례

제1장
대학교육관계법 이해의 기초

1. 대학교육관계법의 개념과 연원

1) 대학교육관계법의 개념

대학교육관계법은 넓은 의미에서 헌법이 보장하고 있는 대학교육에 관한 기본 이념과 원리를 구체적으로 규정한 대학교육에 관련된 법령으로서, 국민의 교육을 받을 권리를 실현하기 위한 교육당사자들의 권리와 의무에 관한 법령과 대학교육제도 및 그 운영에 관한 법령을 말한다. 그리고 좁은 의미의 대학교육관계법은 교육기본법과 고등교육법, 사립학교법 중 대학교육관계법 등을 말한다.

2) 교육법의 성격

대학교육법을 포함한 교육법의 법적 성격은 첫째, 일반법에 대하여 특별법적 성격을 갖고 일반법의 내용과 다를 경우 우선적 효력을 가진다. 즉, 대학교원에 대한 교육공무원법은 국가공무원법의 특별법의 지위에 있고, 지방교육자치에 관한 법률은 지방자치법의 특별법이 된다.

둘째, 교육법은 공법과 사법의 영역을 함께 규율하는 특수법적 성격이 강하다. 국가나 지방자치단체의 학교제도와 그 운영에 관한 행정작용에 관한 규정들은 공법적 성격을 가진 부분이다. 그러나 교육당사자의 교육권에 관한 부분과 특히 사립학교와 학생, 부모의 관계 등은 사법적 성격이 강하다. 이와 같이 교육법은 공법적 영역, 사법적 영역, 공법과 사법이 교차하는 영역 등을 포함하는 특수법적 성격이 강하다.

셋째, 교육법은 교육의 본질과 성격에 따라 지시적 · 강행적 성격보다 지도, 지원, 조성적 성격이 지배적이고 전문성이 강화되고 있다.

넷째, 교육법은 모든 국민의 인간다운 생활을 보장하기 위하여 기회균등을 강조하면서 국민의 복지 증진을 위한 사회법적 성격도 갖고 있다.

3) 교육법의 연원

법의 연원은 법원(法源), 즉 법의 존재 형식을 말한다. 교육법의 존재 형식은 그 개념과 성격에서 보듯이 다양하며, 일반적인 법률과 같이 성문법 형식과 불문법 형식으로 존재한다.

(1) 성문법

성문법 형식의 교육법의 연원은 헌법, 법률 및 일반적으로 승인된 국제법규와 국제조약, 명령, 자치법규 등이 있다.

헌법에서의 교육에 관한 직접적인 조항은 헌법 제31조다. 헌법 제31조는 교육을 받을 권리와 교육 기회의 균등 보장, 의무교육의 실시와 의무교육의 무상, 교육의 자주성 · 전문성 · 정치적 중립성과 대학의 자율성 보장, 평생교육의 진흥, 교육제도 및 교원지위의 법정주의 등을 규정하고 있다.

직접조항 외에 헌법전문에서 “사회 · 문화의 모든 영역에 있어서 각인의 기회를 균등히 하고, 능력을 최고도로 발휘하게 하여"라고 규정한 것과 아울러 인간의 존엄과 가치(제10조), 법 앞에 평등(제11조), 적법 절차(제12조) 등과 국민 전체에 대한 봉사자로서의 공무원의 책임과 신분 및 정치적 중립성 보장(제7조), 신체의 자유(제11조), 거주 · 이전의 자유(제14조), 직업선택의 자유(제15조), 주거의 자유(제16조), 사생활의 비밀과 자유(제17조), 통신의 비밀(제18조), 양심의 자유(제19조), 종교의 자유(제20조), 언론 · 출판 · 집회 · 결사의 자유(제21조), 학문과 예술의 자유(제21조), 재산권 보장(제23조), 선거권(제24조), 공무담임권(제25조), 청원권(제26조), 재판을 받을 권리(제27조), 근로의 권리(제32조), 근로자의 권리(제33조), 인간다운 생활을 할 권리(제34조), 환경권(제35조), 기본권 제한(제37조) 등의 규정은 교육에 관한 제 법령의 원칙이 되는 조항들이다.

대학교육법의 법원이 되는 법률은 교육기본법, 고등교육법, 사립학교법, 교육공무원법 등의 기본적인 법률 외에 다양한 분야에 많은 법률이 있다. 그리고 대학교육에 관한 국제조약 및 일반적으로 승인된 국제법규는 국내법률과 동등한 효력을 가진다.

명령에는 대통령령, 국회규칙, 대법원규칙 그리고 총리령, 부령 등이 있다. 교육에 관한 명령에는 고등교육법 등 교육 관련 법률의 시행령이 대통령령으로 제정되어 있고, 교육과학기술부장관의 부령이 있다.

자치법규는 지방의회가 제정하는 조례와 지방자치단체장이 제정하는 규칙이 있다.

대학교육 관련 법령의 법원에 대하여는 제3장 대학교육 관련 법령의 체계에서 자세히 기술하기로 한다.

(2) 불문법

불문법에는 관습법, 판례법, 조리 등이 있으며, 이들 불문법은 법 제정 권한이 있는 기관이 일전한 절차나 형식에 따라 문장 형식으로 표현한 성문법이 아닌 법원으로 성문법의 보충적인 효력을 가질 수 있다. 민법 제1조에는 "민사에 관하여 법률에 규정이 없으면 관습법에 의하고, 관습법이 없으면 조리에 의한다." 고 규정하고 있다.

관습법은 사회에서 일정한 관행이 반복되어 사람들이 법적 확신을 가지게 됨으로써 성립되는 규범이다.

판례법은 법원의 판결로서, 법원이 일정한 사건에 대하여 동일한 원칙이나 기준을 적용하거나 같은 방법으로 법령을 해석하여 법적 가치를 가지게 되는 것을 말한다. 우리나라에서 판례법은 법의 해석, 적용에서 참고가 될 뿐이지만, 상급법원의 판례는 사실상 하급법원을 기속하게 된다(법원조직법 제8조). 법원조직법 제7조 제1항에 따라 대법원이 종전에 대법원에서 판시한 헌법, 법률, 명령 또는 규칙의 해석 · 적용에 관한 의견을 변경할 필요가 있을 경우에는 대법관 전원의 3분의 2 이상의 합의체에서 심판하도록 하여 선례변경에 신중을 기하고 있다.

조리는 사물의 이치나 사회통념에 비추어 성립할 수 있는 규범으로서, 민법 제1조는 "민사에 관하여 법률에 규정이 없으면 관습법에 의하고 관습법이 없으면 조리에 의한다." 고 규정하여 법률로서의 보충적 효력을 인정하고 있다. 판례에서 사회상규(체벌의 허용범위), 사회통념(교원징계 처분) 등의 기준은 관습법과 조리에 해당한다.

행정관청의 법령에 대한 유권해석도 법령의 내용이 미비하거나 불명확할 때, 법원의 판례가 성립되어 있지 않을 때 구속력을 갖는 규범의 기능을 한다. 교육과학기술부는 시 · 도 교육기관으로부터 교육법의 해석 · 적용에 대하여 질의받은 사항에 대해 유권해석한 회신 내용을 '교육법령질의회신집'에 담아 일반의 열람에 제공하고 있다.

2. 대학의 법적 성격

1) 학교의 의의와 법적 성격

학교의 의미는 학교의 명칭, 학교의 단계나 종별, 학교제도의 총체, 건물이나 물적 시설, 학교의 교육 내용 등을 포함하는 종합적인 개념으로 파악될 수 있다(이형행, 298). 현행 교육관계법에는 학교의 개념이나 법적 성격에 관한 직접적인 조항은 없다. 헌법 제31조 제6항에는 학교교육에 관한 기본적인 사항을 법률로 정한다고 규정하여 교육제도 법정주의를 규정하고 있고, 이 규정을 근거로 교육기본법 제9조 제4항에도 학교의 종류와 학교의 설립 · 경영 등 학교교육에 관한 기본적인 사항은 법률로 정한다고 정하고 있다. 교육기본법 제17조에는 국가 및 지방자치단체는 학교 및 사회교육시설을 지도 · 감독한다고 규정하여, 학교에 대한 지도 · 감독권의 소재를 밝히고 있다.

학교의 법적 성격에 대하여 교육기본법 제9조 제2항에서 학교는 공공성을 가진다는 규정과 초 · 중등교육법 제4조, 동법 제19조(물적 시설) 및 고등교육법 제14조(인적 시설) 등의 관련 규정을 종합하여 파악한다.

이들 조문에 의하면, 학교의 법적 성격은 행정법학상 영조물(public institurion),[1] 즉 공기업과 유사한 성격을 갖는다고 할 수 있다. 그러나 학교는 경제적 수익을 얻는 기관이 아니다. 학교는 비경제적인 영조물로서 공기업과 유사한 성격을 갖는다. 즉, 학교는 국민의 복지를 증진할 목적으로 비수익적 역무(役務, 서비스)를 제공하는 기관이라 할 수 있다.

---

1) 영조물은 공공주체가 공적 목적을 실현하기 위하여 제공한 인적 · 물적 시설의 종합체다. 영조물은 공법적으로 조직된 인적 · 물적 결합체라는 법 형식에 초점이 맞추어진 것이므로 인적 · 물적 · 종합적 시설인지의 여하를 불문하는 공기업과는 구분된다는 점이 중요하다.

영조물은 공용 영조물과 공공용 영조물로 나누는데,[2] 학교는 교직원 등의 인적요소와 교사(校舍), 교구 등의 물적요소가 결합된 종합체로서 일정한 장소나 기간 그리고 교육과정을 바탕으로 특정한 다수의 학생에 대하여 계속적으로 교육을 실시하는 공공용 영조물이라고 할 수 있다. 이러한 법적 성격에 근거하여 학교를 정의하면 교육관계법규 또는 감독청의 인가에 의하여 국가 · 지방자치단체 · 법인 또는 사인 등이 설립하고, 일정한 교육목적을 실현하기 위하여 계속적으로 사용하는 공공적 성질을 가진 인적 · 물적 시설의 종합체(이형행, 299)라고 할 수 있다.

2) 대학의 법적 성격

국 · 공립대학의 법적 성격은 국가의 영조물 시설이며 공법상의 사단이라 할 수 있다. 공법상의 영조물은 이용자가 있으며 공법상의 사단은 구성원이 있다. 현행 고등교육법은 대학의 법적 성격에 대하여 명시적 규정을 하고 있지 않고 공법상의 사단의 성격에 관한 법적 근거도 명확하지 않다. 사립대학의 법적 성격은 일반적으로 특허기업으로 본다. 사립대학의 재학관계는 원칙적으로 사법관계이지만 학위수여권 등 국가의 수권에 의한 관계는 공법관계로 본다.

국 · 공립대학과 사립대학은 그 본질적 목적과 활동에서 실질적인 차이가 없으므로 국 · 공립과 사립의 구분 없이 재학관계를 사법상의 계약관계로 보는 견해도 있다. 이러한 입장에서는 학생은 입학과 동시에 포괄적으로 대학이 일방적으로 정한 학칙에 기속된다. 그러나 이러한 주장은 학교당국에 포괄적인 재량을 주어 학생의 기본권을 침해 내지 축

2) 공용 영조물은 행정담당자만 사용할 수 있는 영조물로서 교도소, 소년원 등이 있고, 공공용 영조물은 일반대중이 이용하도록 제공되는 우편, 철도, 수도, 학교, 박물관, 도서관 등이 있다.

소시킬 수 있다. 대학과 학생의 재학관계를 계약관계로 보더라도 대학이 제공하는 교육 서비스와 동등한 등록금을 받을 것을 조건으로 계약을 맺는 등가성의 원리가 적용되지 않는 특수성이 있다는 주장도 있다. 재학계약은 학생과 협력하여 국민의 교육받을 권리를 실현하는 것을 목적으로 한다(표시열, 2002: 350).[3]

3. 법령 검토 및 정비의 기본 원리

기존의 법률을 이해하거나 분석할 때 또는 개정방안을 모색할 때 그리고 새로운 정책안을 법률로 제정할 때 기본적으로 고려되어야 할 준거는 법의 타당성, 실효성, 안정성, 체계성이라고 할 수 있다.

1) 타당성

(1) 교육에서의 정의의 문제

자유민주주의와 법치주의 체제에서 법이 가장 중요하게 고려해야 할 타당성은 법의 이념인 정의라고 할 수 있다. 정의는 인간의 인간에 대한 정당한 관계이며 각자에게 그의 몫을 갖게 하는 것이다. 정의는 이해득실을 평균화하고 조정하는 가치인 평균적 정의와 다수인의 취급에 있어

---

3) 대학이 수도권 인구분산정책에 따라 지방으로 일부 캠퍼스를 이전하게 되자, 이전 전에 재학하던 학생들이 재학계약 위반을 이유로 손해배상을 청구한 사건에서 법원은 사회관념상 재량권의 한계를 넘지 않는 한 대학당국의 행정에 학생들이 따르기로 하는 약정이 재학계약에 묵시적으로 포함되어 있다고 판시하였다(서울지법남부지원 1989.5.17.89가합3407). 이러한 판시의 해석에 대하여 재학계약의 비등가성 원칙에 그 근거를 찾는 견해도 있다. 조석훈, '대학의 자치와 학생의 권리', 교육법학연구, 제10호, 대한교육법학회(1998), p. 117.

서 비례적 평등, 즉 소유와 능력이나 공적의 차이에 따라 다르게 취급할 것을 요구하는 배분적 정의 그리고 사회에서 개인권리의 상호 존중과 개인의 단체에의 일원으로서 가지는 의무를 다한다는 법률적 정의 등으로 나눈다. 평균적 정의는 절대적 평등과 같고 배분적 정의는 상대적 평등과 같이 생각할 수 있다. 평균적 정의는 '같은 것을 같게' 다루는 평등의 일반적 성격으로 보편성이 요구되며, 배분적 정의는 '다른 것을 다르게' 취급하는 형평의 의미로 구체적 · 개별적 성격에 맞는 개별적 정의로서 개별성이 요구된다. 오늘날 정의의 문제는 보편성의 요구와 형평 이념이 가지는 개별성의 요구의 조화가 가장 중요한 문제다.

또한 법치국가는 법의 지배(rule of law)가 이루어져야 하며 우리 헌법은 교육제도 법정주의를 규정하고 있다. 법의 지배가 아닌 사람의 지배나 힘의 지배 상태에서는 헌법정신을 구현할 수 없게 된다.

교육에서 정의의 문제는 교육 기회 접근, 교육의 조건과 내용 · 방법, 교육의 결과에서 어떻게 실현할 것인가가 과제다. 구체적 타당성, 즉 합목적성의 문제로서 교육법령에서의 합목적성은 법이 교육의 본질과 가치에 구체적으로 합치되는 것이다. 특히, 교육에서의 사익과 공익의 조화를 모색하는 것은 이 합목적성의 문제에서 중요하다.

교육에서의 정의 구현과 법령의 타당성 확보를 위한 구체적인 내용으로는 첫째, 헌법이 규정한 교육의 자주성, 중립성, 학교교육의 자율성 등과 함께 교육의 책무성으로서의 공공성, 논리성의 확보, 교육의 효율성이라 할 수 있다. 둘째, 공교육의 관계 구조에 교육의 당사자인 학생, 학부모, 교사, 설치자, 국가 등의 교육에 관한 권리, 의무, 즉 교육권의 개념이 타당하게 정립되어야 한다. 셋째, 교육의 수혜자로서의 개인이나 개별학교의 권리보호와 함께 국가가 배분하는 일반적 · 전체적 이익, 즉 공공복리 간에 조화가 고려되어야 한다. 이와 같이 교육법제가 규범적 측면의 타당성을 갖기 위해서는 헌법의 이념과 교육조항의 정신에 적합한 내용이 되어야 한다.

(2) 기본권 충돌의 해결 원칙

교육에 있어서 법적 문제는 자유와 평등의 조화 외에 각 기본권 주체들 간에 각각 대립되는 기본권의 적용을 주장하는 경우에 발생하는 기본권 충돌이 주로 문제가 된다. 기본권 충돌의 해결이론으로 법익형량의 원칙, 형평성의 원칙 등이 있다. 그리고 법률의 타당성 검토를 위해서는 입법의 지도원리인 평등의 원칙(평등한 것은 평등하게, 불평등한 것은 그 특성에 따라 불평등하게 취급하는), 비례의 원칙 또는 과잉침해 금지의 원칙으로 적합성의 원칙, 필요성의 원칙, 명확성의 원칙 등이 있으며 이들은 교육법의 법적 쟁점을 논하는 준거가 되어야 한다고 본다.

(3) 기본권 제한의 한계

헌법 제37조 제2항은 "국민의 모든 자유와 권리는 국가안전보장, 질서유지 또는 공공복리를 위하여 필요한 경우에 한하여 법률로써 제한할 수 있으며, 제한하는 경우에도 자유와 권리의 본질적인 내용을 침해할 수 없다."라고 규정하고 있다. 기본권 제한의 목적을 국가안전보장, 질서유지, 공공복리로 한정하고 있으며, 기본권 제한의 정도를 '필요한 경우' '본질적 내용의 침해금지'로 한정하고 있다. '필요한 경우'란 과잉금지원칙, 목적의 정당성, 방법 또는 수단의 적합성, 피해의 최소성 그리고 법익의 균형성 등인데, 이 중 하나라도 충족하지 않으면 기본권 침해로 간주하게 된다. 특히, 법익의 균형성은 기본권 제한에 의하여 보호하려는 공익과 침해되는 사익을 비교 형량할 때 공익이 더 크거나 적어도 양자 사이에 균형을 가져야 한다는 것이다.

'본질적 내용의 침해금지'는 기본권 제한을 하는 경우 기본권의 내용적 최소 핵심만큼은 보호해야 한다는 것을 말한다. 그리고 기본권 제한의 방법은 입법부인 국회의 의결을 거쳐 대통령이 공포한 법으로 제한할 수 있다는 것으로, 의회 입법에 의한 법치주의를 강조한 것이다. 이때 법률은 일반성과 명확성의 원칙을 충족시켜야 한다.

(4) 입법 형식의 헌법적 준거

헌법 제75조는 "대통령은 법률에서 구체적으로 범위를 정하여 위임받은 사항과 법률을 집행하기 위하여 필요한 사항에 관하여 대통령령을 발할 수 있다."고 규정하여 백지위임 내지 포괄적 위임을 금지하고 있다. 이는 국민의 예측 가능성을 보장하여 법적인 안정성을 보장하기 위한 제도다.

헌법재판소는 "위임의 구체성과 명확성의 요구 정도를, 규제대상의 종류와 성격에 따라서 달라지고, 기본권 침해 영역에서는 급부행정 영역에서보다는 구체성의 요구가 강화되고, 다양한 사실관계를 규율하거나 사실관계가 수시로 변화될 것이 예상될 때에는 위임의 명확성의 요건이 완화되어야 한다고 하면서, 중학교 의무교육의 구체적인 실시시기와 절차 등을 하위 법령에 위임하여 정하도록 함에 있어서는 막대한 재정지출을 수반하는 무상교육의 수익적 성격과 규율대상의 복잡다양성을 고려하여 위임의 명확성의 요구 정도를 완화하여 해석할 수 있다."고 판시하였다.[4] 한편, '구체적으로 범위를 정하여'라 함은 법률에 대통령령 등 하위 법규에 규정될 내용 및 범위의 기본 사항이 가능한 한 구체적이고도 명확하게 규정되어 있어서 누구라도 당해 법률 그 자체로부터 대통령령 등에 규정될 내용의 대강을 예측할 수 있어야 함을 의미한다 할 것이고, 그 예측 가능성의 유무는 당해 특정 조항 하나만을 가지고 판단할 것은 아니고 관련 법조항 전체를 유기적・체계적으로 종합

4) 헌법재판소 1991.12.11.90헌가27.

판단하여야 하며, 각 대상법률의 성질에 따라 구체적 · 개별적으로 검토하여야 한다고 판결하였다.[5] 이러한 준거에 기초하여 교육관계법과 동법 시행령에서 위임입법이 갖추어야 할 요건을 충족하고 있는지 여부가 검토되어야 할 것이다.

2) 실효성

법이 아무리 규범의미의 타당성을 가지고 있다 하더라도 그 실효성을 결여하게 되면 그 법은 효력이 없어 존재가치가 문제가 된다. 구체적으로는 입법에서 소관사항의 원리, 특별법우선의 원리, 후법우선의 원리 등이 고려되어야 한다. 그리고 법이 실효성을 갖기 위해서는 법의 강요성과 조성적 측면의 형식을 분명히 갖추어야 한다. 특수법으로서의 교육법제는 그 성격상 조성적 측면이 강하나, 교육관계 당사자의 권리 · 의무를 성립 · 변경시키는 강요성도 있다. 다분히 선언적이거나 훈시적인 법률규정은 그 실효성이 문제가 되어 사문화(死文化)되는 경향이 있으므로 법령은 강요성과 조성법규의 성격, 형식, 기능을 분명히 갖추어야 할 것이다.

3) 안정성

실정법은 시대에 따라 원할하고 유연하게 적용 · 해석될 수 있는 탄력적인 안정성을 가져야 하며, 법질서의 목적과 진보의 동향과 균형을 이룩해야 한다. 따라서 법령의 정비에 있어서는 현행 법령에 대한 국민의 법의식과 신뢰를 가능한 한 존중하는 입법 내용이 되도록 하여야 한다.

구체적으로 ① 정권이 바뀔 때마다 실시되는 교육개혁과 이에 따른

5) 헌법재판소 2001.11.29.2000헌바95.

입학시험제도에 관한 법령의 잦은 변경으로 인한 학생과 학부모, 교원의 피해, ② 교원들이 익숙하게 되고 현장적용성 여부를 평가하기도 전에 바뀌는 교육과정 등을 들 수 있다.

4) 체계성

실정법은 헌법을 정점으로 하여 실질 내용에 있어서 개개 법률 및 규정 상호 간에 종횡으로 연결되어 한 개의 유기적 종합체를 형성하므로 논리적으로 통일정비된 체계를 이루어야 한다. 구체적으로 상 · 하위 법률의 체계성, 법률 간 내용의 상호 관련성이 고려되어야 하며, 법령 내용의 중복성이나 법의 흠결 등이 검토되어야 한다.

이상에서 설명한 교육법제 정비를 위해 고려되어야 할 준거를 정리하면 〈표 1-1〉과 같다.

표 1-1 교육법제 검토 · 정비의 준거

준거	내용
1. 타당성	1-1 헌법정신의 구현 1-1-1 교육받을 권리의 보장 1-1-2 교육의 자주성 1-1-3 교육의 전문성 1-1-4 교육의 중립성 1-1-5 교육의 의무 · 무상성 1-1-6 평등권 보장(법익형량) 1-2 교육의 민주화 1-2-1 관계당사자의 교육권 보장 1-2-2 학교교육의 자율성 1-2-3 교육의 분권화-지방교육의 자치 1-3 교육의 효율화 1-4 교육의 책무성 1-4-1 교육의 공공성 1-4-2 교육의 논리성 1-4-3 개인과 사회 전체 이익의 조화

2. 실효성	2-1 소관사항의 원리 2-2 특별법우선의 원리 2-3 후법우선의 원리 2-4 강요성과 조성적 측면의 고려 2-5 교육제도 법정주의(의회입법주의)
3. 안정성	3-1 법질서의 목적과 진보의 동향과의 조화 3-2 국민의 법의식, 신뢰의 존중 3-2 포괄적 위임입법금지 금칙
4. 체계성	4-1 상 · 하위 법률 간의 체계성 4-2 법령 내용의 상호 관계성 4-3 법령 내용의 중복배제 4-4 법령의 흠결보완

4. 교육권의 개념과 교육당사자의 교육권

1) 교육권의 개념

교육권은 교육에 대한 권리를 말한다. 즉, 교육의 당사자들에게 법이 인정한 권리를 말한다. 교육의 당사자는 교육을 받는 자(받아야 할 자를 포함)와 교육을 하는 자를 포함하며, 교육을 하는 자는 직접 교육활동을 하는 자와 교육활동을 할 수 있도록 제도를 수립하고 시설 · 설비를 하고 이를 관리하는 자를 포함한다. 따라서 교육권은 교육을 받을 권리와 교육을 할 권리를 총칭한다.[6] 권리의 의의에 대해서는 의사설(Willenstherorie), 이익설(Interessntheorie), 권리법력설(Rechtsmachtheorie) 등이 있는데, 권리법력설이 가장 유력한 학설이다. 권리법력설은 권리를 일정한 이익을 향수케 하기 위하여 법이 인정하는 힘이라고 본다. 이 권리법력설에 따라 교육권을 정의하면 교육에 관한 이익

6) 교육권의 개념과 구조에 대하여(강인수, 2003: 23-48) 참조.

을 향수케 하기 위하여 법이 인정한 힘이라고 할 수 있다. 즉, 교육권은 교육에 관한 일정한 권리를 보호하기 위하여 법이 특정한 개인 또는 단체에게 부여하여 그 의사를 우선적으로 주장하고 남을 지배할 수 있는 힘이다. 그러므로 교육권은 어떠한 교육이 어떻게 이루어져야 할 것인가를 결정하는 데 있어서 교육에 관한 각 주체들의 발언권 또는 참여권을 말하며, 교육에 직접 관계하는 사람들, 즉 학교교육에서는 학생, 부모, 교사, 설치자, 국가 등의 교육에 관한 권리와 의무 및 책임과 권한관계라 말할 수 있다. 이러한 교육권은 교육의 목적, 내용, 방법, 제도의 결정 · 실시, 평가 등 모든 측면에 있어서 당사자의 이익을 위해 법이 인정한 힘이라고도 할 수 있다.

이러한 교육권은 크게 국가교육권과 국민교육권으로 구별되고, 학교교육의 측면에 있어서는 교육의 당사자, 즉 교육권의 주체는 어린이 · 학생의 교육을 받을 권리와 부모, 교사, 설치자, 국가 등의 교육을 할 권리로 나누어진다.

각 권리주체의 교육권 간의 관계는 역사적으로 관계 부재, 대립관계의 의제적 해소, 대립관계의 전환, 대립관계의 현재성을 거쳐 오늘날 공교육체제 하에서는 대립관계를 지양하고 어린이, 학생의 교육을 받을 권리를 그 중심으로 하여 보호자인 부모와 교사 등은 이 권리를 충족시킬 의무가 있고 국가, 사회는 편익을 제공할 의무를 지는 협력관계로 파악되고 있다.

2) 교육당사자의 교육권의 개념

(1) 학생의 교육권

① 교육을 받을 권리

사회권적 기본권으로서 교육을 받을 권리가 각국의 헌법에서 명문으로 보장되고, 또 국제적으로 확인된 것은 제2차 세계대전 후의 일이다. 또한 각국의 헌법은 의무교육, 공교육의 무상, 교육의 중립성을 규정하면서 공교육에 관해 보다 적극적인 규정을 하게 되었으며, 이에 의거한 국가의 정치적 의무를 보다 강력한 것으로 규정하고 있다.

현행 우리나라 헌법에서는 제31조에서, 일본 헌법에서는 제26조에서 '교육을 받을 권리'가 규정되어 있으며, 미국에서는 1876년 노스 캐롤리나(North Carolina) 주 헌법을 비롯하여, 거의 모든 주 헌법이 19세기 말의 개정에 의해 공교육의 종교적 중립 규정을 포함한 공교육 조항을 갖게 되었다. 또한 프랑스에서는 1880년대에 '국가의 의무에 대응할 아동들의 교육에 관한 권리(droitdes enfants a I' instruction anquel repond pour I' Etatun devoir)' 가 확인되었는데, 그로부터 교육의 의무성, 무상성, 비종교성의 근거가 설정되었다고 본다. 1948년 국제연합총회의 세계인권선언(제26조 제1항)은 "누구든지 교육을 받을 권리를 가진다. 교육은 적어도 초등이고 기초적인 과정에서는 무상이어야 한다."고 규정하였다.

1959년 국제연합총회에서 채택된 아동권리선언 제7조 제1항에서도 "아동은 교육을 받을 권리를 가진다."고 규정하였다. 교육을 받을 권리는 오늘날 개인의 생래적 기본권으로 인정되고 있다. 학생의 교육을 받을 권리는 여러 주체들의 교육권 가운데 중핵적인 위치에 있다. 이는 교육에 관한 모든 권리가 근원적으로 교육을 받을 권리에서 시작되기 때문이다. 교육에 관한 권리는 교육을 받는 데 필요한 제 수단을 국가에 요구해 나가는 개인의 권리라고도 해석된다. 교육을 받을 권리를 보장하는 제도적 원리의 외적 측면(기회균등 이념의 실현)으로 의무성과 무상성이 보장되어야 하고, 내적 측면으로는 중립성이 보장되어야 한다. 또한 제도적 보장을 더욱 확보하기 위하여 교육에 관한 모든 법을 의회입법으로 해야 한다는 '교육제도 법정주의' 등이 우리나라의 헌법을 비롯하여 대부분의 국가의 헌법에서 규정하고 있다.

교육기본법 제3조에는 국민이 평생에 걸쳐 학습하고, 능력과 적성에 따라 교육을 받을 권리를 규정하고 있고, 교육의 기회균등(제4조), 학습자의 교육권(제12조) 등을 규정하고 있다.

② 의무성과 어린이, 학생의 권리

의무성은 모든 국민, 특히 어린이, 학생에 대하여 학교를 비롯한 여러 종류의 학습의 장이나 기회를 평등하게 제공하는 것이 공적인 의무로 된 원리다. 오늘날 교육의 의무성의 발전 동향은 ① 의무교육 적용범위의 확대와, ② 공권력기관에 의한 교육조건의 보장으로서 학교설치 의무 및 취학원조 의무 등의 교육조건 보장의무가 적극적으로 이행될 것이 강조되고, ③ 보상교육(compensatory education)과 적극적 우선(positive discrimination)의 측면 등이 강조되고 있다. 의무교육제도의 내용은 종래에는 취학의무가 본질적 · 기본적이었으나, 오늘날에는 공권력기관에 의한 교육조건 보장의무가 중시되고 있다. 의무교육제도의 유형은 교육의무, 취학의무, 국 · 공립 취학의무 등이 있는데, 취학의무가 가장 일반적이며 의무교육기관에의 취학권과 학교선택권 등이다. 의무교육에 관한 학생, 부모의 교육권은 학교선택권으로 의무취학권, 사립학교선택권, 통학권(적정하게 배치된 학교에 다닐 권리), 취학교 지정 · 변경처분에 대한 학생의 권리, 의무취학과 종교의 자유, 입학에서의 차별금지 등이 포함된다.

교육기본법 제8조에는 초등교육과 3년의 중등교육을 의무교육으로 정하고 모든 국민의 의무교육을 받을 권리를 규정하고 있다.

③ 무상성과 어린이, 학생의 권리

무상성은 교육을 받을 사람 또는 그 보호자가 교육을 받을 때 또는 받게 될 때 수업료, 교통비, 그 밖의 취학에 필요한 모든 비용을 직접적으로는 전혀 부담하지 않는 것이다. 무상의 방향은 교육비의 직접부담에서 간접부담으로 혹은 개인부담에서 공공부담으로 이행하고 있으므로 무상제는 공비부담의 확대로 발전하고 있다.

무상제의 내용은 학교건축비 · 교원급여비의 공공부담, 수업료, 교재 · 교구, 통학비, 의료비, 급식비 등이 무상으로 확대되어야 바람직하며, 무상의 대상은 빈곤가정의 어린이에서 모든 가정의 어린이로, 의무교육을 받는 어린이에서 모든 공교육을 받는 사람으로, 국 · 공립학교 재학자에서 국 · 공 · 사립학교 재학자로, 즉 '일부 사람에서 모든 사람으로' 확대되어야 한다. 이 무상성에서 도출되는 학생, 부모의 권리는 '교육조건정비요구권'으로서 교육비국고부담청구권과 학교시설 · 환경정비요구권 등을 포함한다.

④ 중립성과 학생의 권리

교육의 중립성, 자주성은 교육을 받을 권리의 내용적 실질을 이루는 원리다. 즉, 의무 · 무상의 학교에서 학생은 무엇을 배우는가, 무엇을 배울 수 있는가의 문제다. 중립성은 교육활동에 있어서 종교적 종파성과 당파적 편향성을 배제하는 것이다. 어린이와 학생은 미래를 향하여 열린 가능성을 자기 속에 감추고 미래 사회의 건설자로서의 책임을 지고 있다. 공교육은 이와 같이 어린이들의 인격의 자주성을 존중하고 그 전인적인 발달을 꾀하는 것으로, 특정한 종교적 · 정치적 이데올로기의 주입, 즉 편향교육을 배제해야 한다. 그리고 교육활동에 대한 외부세력의 부당한 지배가 배제되어야 한다.

교육의 중립성을 현실화하는 제도의 보장으로서 교육행정의 중립성과 교사의 중립성이 확보되어야 한다. 이와 같은 중립성의 원리에서 도출할 수 있는 학교교육에 대한 참여권 또는 교육 내용의 선택권으로 교과서 작성 · 선택에 관한 권리, 교육과정 선택, 종교의 자유, 애국행사 참여에 대한 권리, 특별활동 등 기타 학사조치(진급, 수료, 졸업 등)에 대한 권리가 포함될 수 있다.

교육기본법 제6조에는 교육은 교육 본래의 목적에 따라 그 기능을 다하도록 운영되어야 하며, 어떠한 정치적 · 파당적 또는 개인적 편견의 전파를 위한 방편으로 이용되어서는 아니된다고 규정하고 있다.

⑤ 일반인권과 학생의 권리

일반인권이란 헌법상 보장된 시민적 기본권이다. 즉, 학생도 생명, 신체, 사생활 및 프라이버시(privacy), 사상, 양심, 정치활동 등에 대해 헌법이 보장하는 기본적 인권을 보장받아야 한다는 것이다. 교육을 받을 권리에 대한 제 조건의 정비의무가 국가에 과해지고 있지만, 국민의 교육권을 보장하기 위한 법적 교육기관으로서의 교사와 학생도 헌법상 기본권의 주체로서 기본적 인권이 보장되어야 한다. 학생과 학교설치자 간의 재학관계를 특별권력관계로 보아 온 종래의 헌법학설과 판례는 학생의 교육을 받을 권리를 위해 극복되어야 한다. 이러한 일반인권에서 도출되는 학생의 권리는 신체, 사생활, 사상, 양심, 정치활동 등에 대한 기본적 인권이며, 학생이 징계처분을 받을 경우 적정한 처분을 받을 권리(적정판정요구권)와 부당한 처벌을 받지 않을 권리 등이다. 이는 구체적으로 학생의 생활의 자유로서 신체, 복장, 표현, 집회, 체벌 등에 대한 권리가 포함된다. 학생은 학교 안에서건 밖에서건 헌법이 보호하는 기본권의 주체다. 따라서 학생의 헌법적 권리를 제한함에는 법률에 근거해야 한다는 법치주의의 원칙이 지켜져야 하며, 학생을 징계할 때에도 적법 절차에 의하여야 한다.

⑥ 학생의 재학관계

학생과 학교설치자 간의 재학관계가 법적 문제가 되는 것은 국 · 공 · 사립학교를 불문하고 학교당국이 학생의 권리를 제한할 수 있는 포괄적 권능의 근거 및 한계다.

오늘날 국 · 공립학교의 재학관계에 관한 '특별권력력 관계이론'은 학계와 법원의 비판으로 극복되어 가고 있으며, 사립학교의 재학관계와 본질적으로 동일한 교육법상의 재학계약관계로 보아야 할 것이다.

(2) 부모 또는 친권자의 교육권

① 부모 또는 친권자의 교육권의 내용

부모는 자식에 대해 부양의무와 교육의무를 지는데, 이 의무는 자식의 교육을 받을 권리에 대응하는 것이며, 권리로서의 부모의 주장은 자식의 권리의 대행이다. 그러므로 부모의 교육권은 어린이의 교육을 받을 권리의 투영(投影)이다. 이와 같이 부모의 교육권은 자녀의 교육을 받을 권리를 보장하는 제1차적 의무를 이행할 권리이며, 교육은 친자관계에서는 '공유'라고 할 수 있다. 부모의 교육할 권리는 아동에 대해 자연법상의 양육, 교육할 의무와 실정법상으로 감호 · 교육할 의무를 제1차적으로 이행할 권리 내지 의무이행의 우선적 권리라고 하겠다. 우리 민법상의 보호 · 양육권(민법 제913조)과 헌법(제31조), 교육기본법(제13조)상의 부모의 교육의무는 아동에 대해 의무를 이행할 우선적 지위를 법이 인정하고 있는 것이다. 부모는 자녀에게 교육의무를 짐과 동시에 순종요구권과 외부에 대하여 학생의 대리자로서 방해배제권을 갖는다. 부모와 교사의 관계는 부모가 자녀교육에 1차적 권리를 가지나, 모두 학생의 교육을 위한 직접대리자로서 상호 협력관계다.

② 부모의 교육권과 교사의 교육권과의 관계

민법(제913조)이 규정하는 부모의 교육권에 학교교사에 대한 교육요구권도 포함되는지에 대해 민법상으로는 확실치 않다고 하더라도, 교육법의 교육조리에서는 확실히 아동의 교육에 대해 부모가 교사와 학교에게 요구할 권리가 인정된다고 보아야 할 것이다.

자녀의 학습의 자유를 대리하여 부모의 학교교육내용선택권 또는 거부권과 아울러 부모나 보호자는 아동의 학교교육에 관해 요구권을 갖는다고 조리해석을 하여야 할 것이다. 초・중등교육법(제20조)은 "교사는… 학생을 교육한다."고 규정하고 있다. 이것은 교사의 교육권의 중심에는 학생의 성장・발달을 보장하는 전문적 사항에 대한 결정권이 있다고 해석할 수 있다. 수업 내용, 교육 방법, 교재의 선정, 성적평가, 교육과정 편성 등의 교육 전문적 사항을 결정하는 것은 교사의 교육권에 속하며, 여기에 부모나 보호자가 결정적인 개입을 하는 것은 월권이라고 할 수 있다. 이것을 확인하기 위하여 국제노동기구(ILO), 유네스코의 '교원의 지위에 관한 권고' 제67항도 "아동・학생의 이익을 위해 교원과 부모의 긴밀한 협력을 촉진하는 모든 가능한 노력이 있어야 하며, 교원은 본질적으로 교원의 전문직상의 책임인 문제에 대한 부모의 불공정 또는 부당한 간섭으로부터 보호되어야 한다."고 규정하고 있다.

부모의 학교교육참가제도로 우리나라에는 사친회, 육성회 등이 있었고 현재는 학교운영위원회, 학부모회 등이 있다. 외국에서의 부모의 학교교육참가제도는 법제상 다양하다.

(3) 교사의 교육권

교사가 아동, 학생을 교육할 권리는 자연법상으로는 부모의 신탁에 의한 것이고 실질법상으로는 국가에 의한 자격증제도나 채용 등으로 인정되고 있는 것이다. 그러므로 교사의 교육권은 아동, 학생과의 법적인 관계에 의해 신탁받은 것이고 아동의 교육을 받을 권리를 위임받은 것이다. 교사의 교육권은 교사라고 하는 지위에서 성립하는 기능이므로 직권이지 교사 개인의 자유권은 아니며 사항적 권한(Sachbefgnis)이다. 그러므로 교사는 학생의 교육을 받을 권리의 직접대리자로서 학생에 대하여는 교육할 권리를 갖고, 교육의 기준을 지킬 의무가 있다.

교사의 교육권의 구체적 내용으로는 학교교육에 있어서 교육과정의 편성권, 교재의 채택 · 선정권, 교육 방법의 결정권, 평가의 권한, 징계권 등이다.

교육권의 구조에서 그 중핵적 권리는 학생의 교육을 받을 권리이므로 교사의 교육의 자유는 교사의 완전한 자유가 아니고, 학생의 인간적 성장을 보장해야 한다는 의무에 기초하여 요청되고, 그에 의해 규정되고 방향지어지는 자유다. 그것은 교육의 중립성과 학생의 올바른 교육을 받을 권리를 보장하기 위한 원칙이기 때문이다. 그러나 학교교육이 아닌 곳에서 교사 개인의 헌법적 기본권으로서의 학문의 자유, 언론출판의 자유 등은 당연히 보장된다.

교육기본법 제14조에서는 교원의 우대 및 신분보장, 품성자질 향상 의무, 정치적 중립의무 등을 규정하고 있다.

(4) 설치자의 교육권

국가, 공공단체, 사적 단체 등은 학교를 설치한 이상 학생의 교육을 받을 권리를 보장할 수 있도록 교육조건을 정비 · 관리하여야 한다. 이러한 교육기관을 정비 · 관리할 책무를 다할 수 있는 권리가 설치자의 교육관리권이다. 오늘날 학생의 교육을 받을 권리를 개개의 부모나 교사의 힘으로는 보장할 수 없으므로 교육시설을 설치하여 기회를 제공하는 것은 국가, 사회의 의무다. 이 의무를 이행하는 것이 설치자의 책임이므로 설치자는 권리를 가진다기보다는 의무를 지는 입장이다. 설치자는 학생, 부모, 교사에게 지원할 의무를 지고, 인적 · 물적 시설의 정비 · 관리권을 갖고, 국가에 대하여는 위임받은 권리에 성실할 의무를 진다.

설치자가 인적 · 물적 시설의 관리권을 갖는 것은 법적으로도, 사회통념상으로도 인정되고 있으나 운영 · 관리에 대해서는 제한이 있다. 설치자가 교육기관을 설치한다고 하는 것은 자기 자신이 교육할 의도를 갖지 않고 교육활동을 교육기관에 맡긴다고 하는 취지이며, 설치자는 시설의 관리권을 가질 뿐이며 그 활동이 교육활동에까지 미친다고 할 수 없다.

설치자의 교육관리권의 내용은 구체적으로 물적 시설을 설치하고, 시설 사용규칙을 제정하고, 시설 이용을 인가하는 권한과 인적 시설 정비에 관한 인사권 등이다.

교육기본법 제16조에는 학교설립자의 교육의 권리와 의무를 규정하고 있다.

(5) 국가의 교육권

국가는 공공단체, 사적 단체 등 사회가 제공하는 교육의 양과 질이 국민의 교육을 받을 권리를 충분히 보장하는 것인가를 감독 · 통제할 필요가 있다. 그것은 국민주권국가에서의 국가의 책임이다. 이러한 교육에 대한 국가의 감독권이 국가의 교육권이다. 이 교육감독권은 국민의 교육을 받을 권리에서 유래하는 권리이고 교육청구권의 변형이므로 부모, 교사, 설치자에 대해 국가는 감독할 권능을 가지지만, 어느 경우에도 교육을 받을 권리를 후견적으로 보장하기 위한 것이다. 국가의 교육권의 구체적 내용은 모든 국민에게 교육의 기회를 균등하게 보장하는 교육제도확립권, 교육 수준 확보에 필요한 기준설정권과 감독권, 적절할 교육수준 유지를 위한 지도 · 조언 · 권고권, 균등한 기회 보장을 위한 재정원조권, 국가가 직접 교육을 제공하는 국립학교설치권, 교육을 둘러싼 분쟁에 대해 재판하고 상호 조정하는 재정권 등이다.

그러므로 국가는 국민의 총체적 의사를 대표하여 각 주체들의 교육관계와 교육관리를 감독하고, 교육조건에 대한 지원 · 정비의 의무를 지며, 교육의 방향과 정책을 수립한다.

한편, 공공의 편의와 일반복지를 증진시키는 국가의 '복지권능(police power)' 개념에 기초한 '보호자로서의 국가(parens patriae)'라는 관습법의 원리가 있다. 국가는 국민의 건강, 안전, 복지, 진보에 대한 책임을 달성하기 위해 법률을 제정할 권리인 복지권능을 가지며, 이를 행사하기 위하여 개인의 권리를 제한 또는 박탈할 수 있다는 것이다. 따라서 국가는 자활할 수 없는 개인, 예컨대 어린이의 보호와 복지에 관한 책임을 지고, 이러한 개인에 대한 보호자로서의 국가의 입장에서 필요한 권한을 행사할 수 있다는 것이다. 의무취학을 원칙으로 하는 교육의 공적 조직화와 공공보장은 종래까지 부모의 사적 자치에 맡겨져 왔던 부모의 권리를 침해하고 축소화하면서 어린이의 복지와 교육을 받을 권리를 보장하게 되는 것이다.

교육기본법 제17조에는 국가 및 지방자치단체의 학교 및 사회교육시설에 대한 지도 · 감독권을 규정하고 있다.

3) 교육권의 구조

위에서 설명한 바와 같이 공교육에서의 관계당사자는 각각 교육에 대한 권리와 의무를 갖고 교육법체제 하에서의 주체로서 상호 관련 구조를 이루고 있다.

교육권에 관한 각 주체들 간의 관련 구조를 고찰하는 것은 교육권에 대한 각 주체의 권리의 배분율을 이해하고, 또 학생의 교육을 받을 권리를 보장하기 위해 각자 어떠한 권리와 의무가 있는가를 파악하기 위해서 필요한 일이다.

공교육의 제 주체들 간의 교육권의 관계, 즉 각 교육권의 주체의 구조는 다음과 같은 준거로 이루어진다.

준거 1: 교육에 관한 모든 권리는 근원적으로 '교육을 받을 권리'에서 시작되며, 아동·학생의 교육을 받을 권리는 제 교육권의 중핵적인 위치에 있다.

오늘날 어린이는 발달가능태로 간주되어 성인에 대한 어린이의 권리가 선언되었으며, 헌법학에서도 아동, 학생의 학습권을 생래적 기본권으로서, 인간의 성장발달권 또는 인간의 전면발달요구권을 충족하기 위한 기본권으로 인정하고 있다. 그리고 각국의 헌법에서도 교육을 받을 권리를 기본적 인권으로 규정하고 있다. 교육법학에서도 자연법사상으로서의 이론과 실정법으로서 헌법과 교육법의 기본 원리로 아동, 학생의 교육을 받을 권리를 제 교육권의 중핵적인 개념으로 인식하고 있다.

준거 2: 아동의 교육을 받을 권리를 보장하는 1차적 의무를 이행할 권리를 가진 자는 부모이며, 교육은 친자관계에서는 '공유'라고 할 수 있다. 친자관계는 혈연의 자연적 관계로, 아동의 교육에 대한 부모의 권리는 교육의 의무를 제1차적으로 이행할 권리 내지 의무 이행의 우선적 권리라고 할 수 있다.

부모의 교육할 권리는 아동에 대해 자연법상의 양육·교육할 의무와 실정법상으로 감호·교육할 의무의 제1차적 권리 내지 의무의 우선적인 권리다. 민법상의 보호·양육권(민법 제913조)과 헌법(제31조), 교육기본법(제13조)상의 부모의 교육의무는 아동에 대해 의무를 이행할 우선적 지위를 법이 인정하고 있다고 하겠다.

준거 3: 교사의 아동, 학생을 교육할 권리는 자연법상으로는 부모의 신탁에 의한 것이고, 실정법상으로는 국가에 의한 자격증제도나 채용 등으로 인정되고 있는 것이다. 그러므로 교사의 교육권은 아동과의 법적인 관계에 의해 신탁받은 것이고 아동의 교육을 받을 권리를 위임받은 것이다. 교사의 교육권은 교사라고 하는 지위에서 성립하는 기능이므로 직권이지 교사 개인의 자유권은 아니며 사항적 권한(sachbefgnis)이다.

준거 4: 설치자의 교육권은 인적 · 물적 시설의 관리권이며 이것은 교육활동에까지 영향을 미친다고 할 수 없다. 따라서 설치자는 권리를 가진다기보다 의무를 가진다. 이것은 교육을 받을 권리를 보장하는 교육조건의 정비의무인 것이다.

준거 5: 국가의 교육권은 국민의 교육을 받을 권리에서 유래하는 권리다. 국가의 교육권은 공교육체제에서 설치자 등 사회가 제공하는 교육에 대한 감독 · 통제의 권리이므로 이는 교육청구권의 변형이며, 교육을 받을 권리의 보장을 후견적으로 보장하기 위한 것이다. 이러한 견해는 공공의 편의와 일반복지를 증진시키는 국가의 복지권능(police power)이라는 관념과 '보호자로서의 국가(parens patriae)' 라는 관습법의 원리에 기인한다.

제2장

헌법과 대학교육제도

1. 헌법상 교육의 기본 원칙

헌법 제31조는 "① 모든 국민은 능력에 따라 균등하게 교육을 받을 권리를 가진다. ② 모든 국민은 그 보호하는 자녀에게 적어도 초등교육과 법률이 정하는 교육을 받게 할 의무를 진다. ③ 의무교육은 무상으로 한다. ④ 교육의 자주성 · 전문성 · 정치적 중립성 및 대학의 자율성은 법률이 정하는 바에 의하여 보장된다. ⑤ 국가는 평생교육을 진흥하여야 한다. ⑥ 학교교육 및 평생교육을 포함한 교육제도와 그 운영, 교육재정 및 교원의 지위에 관한 기본적인 사항은 법률로 정한다."고 규정하여 헌법상의 교육의 기본 원칙으로 교육을 받을 권리, 교육의 의무 및 의무교육의 무상, 교육의 자주성 · 전문성 · 정치적 중립성의 보장 및 대학의 자율성, 평생교육의 진흥, 교육제도 등의 법률주의를 선언하고 있다.

1) 교육을 받을 권리

(1) 의의

교육을 받을 권리는 교육을 받을 수 있도록 국가에 적극적인 배려를 요구할 수 있는 권리라고 할 수 있다. 현대 사회국가, 문화국가에서 교육을 받을 권리는 인간다운 생활을 하는 데 있어서 필수요건이며, 개인이 능력을 개발하고 인격을 발현하기 위한 권리다. 교육을 받을 권리는 개인의 인간의 존엄성에 기초하여 고유의 능력과 적성을 개발하고 행복을 추구할 수 있는 권리의 기초가 되는 것이다. 또한 교육을 통한 개인의 개성화와 다양화는 민주시민사회의 기초이므로 교육을 받을 권리는 민주주의 정치를 위하여 불가결한 것이다.

헌법재판소는 "교육을 받을 권리는 우리 헌법이 지향하는 문화국가, 민주복지국가의 이념을 실현하는 방법의 기초이며, 다른 기본권의 기초가 되는 기본권이다."라고 판시하고 있다.[1] 그리고 교육을 받을 권리의 의의와 기능에 대하여 다음과 같이 제시하고 있다.

"교육을 받을 권리는 첫째, 교육을 통하여 개인의 잠재적인 능력을 계발시켜 줌으로써 인간다운 문화생활과 직업생활을 할 수 있는 기초를 마련해 주고, 둘째, 문화적이고 지적인 사회풍토를 조성하고 문화창조의 바탕을 마련함으로써 헌법이 추구하는 문화국가를 촉진시키고, 셋째, 합리적이고 계속적인 교육을 통해서 민주주의가 필요로 하는 민주시민의 윤리적 생활철학을 어렸을 때부터 습성화시킴으로써 헌법이 추구하는 민주주의의 토착화에 이바지하고, 넷째, 능력에 따른 균등한 교육을 통해서 직업생활과 경제생활의 영역에서 실제적인 평등을 실현시킴으로써 헌법이 추구하는 사회국가, 복지국가의 이념을 실현한다는

1) 헌법재판소 1991.2.11.선고, 90헌가27.

의의와 기능을 가지고 있다."[2]

(2) 교육의 자유

교육은 그 본질에 근거하여 자유로운 교육이 되어야 한다. 그런데 보통교육 단계인 초·중등학교 교육과 고등교육 단계인 대학교육에서의 자유의 범위가 문제가 된다. 일반적으로 교육과 연구, 봉사의 기능을 가진 대학에서의 교수의 자유는 넓게 인정된다. 이에 반해 초·중등학교의 교사의 자유, 교육의 자유에 대해서는 논쟁이 있다. 교육의 자유의 근거를 행복추구권에서 찾는 견해, 학문의 자유에서 찾는 견해, 헌법 제31조에서 찾는 견해 등이 있다(김철수, 2003: 506). 교육의 자유는 학문의 자유와 관련되며, 판단능력이 성숙한 성인을 교육하고, 연구가 주요 기능인 대학에서의 교육의 자유는 보다 강하게 인정된다. 그러나 인격이 완성되지 못한 가소성의 단계에 있는 초·중등학교에서의 교육의 자유는 많은 제한을 받지 않을 수 없다(강인수, 2003: 126-128). 그것은 보통교육의 목적이 전문교육이 아닌 시민육성과 교육을 통한 국가와 사회의 통합성 및 국민의 정체성 유지, 전국적인 일정한 교육 수준의 유지 등의 이유로 보편적 가치를 교육할 필요성 때문이다. 헌법에서 교육의 중립성은 교육 내용의 편향성을 방지하기 위한 것이다. 헌법재판소는 교사의 수업권에 대하여 다음과 같이 판시하고 있다.

"교사의 수업권은 전술과 같이 교사의 지위에서 생겨나는 직권인데, 그것을 헌법상 보장되는 기본권이라고 할 수 있느냐에 대하여는 이를 부정적으로 보는 견해가 많으며, 설사 헌법상 보장되고 있는 학문의 자유 또는 교육을 받을 권리의 규정에서 교사의 수업권이 파생되는 것으로 해석하여 기본권에 준하는 것으로 간주하더라도 수업권을 내세워

2) 헌법재판소 1994.2.24.선고, 94헌마192.

(학생의) 수학권을 침해할 수는 없으며, 국민의 수학권 보장을 위하여 교사의 수업권은 일정범위 내에서 제약을 받을 수밖에 없는 것이다.[3]

(3) 교육권의 주체

교육을 받을 권리에서 교육에 관한 사항을 결정하고 실시하는 주체가 누구냐 하는 것이 문제가 된다. 일본의 경우 국가가 교육권의 주체라는 국가교육권설과 국민이 교육권의 주체라는 국민교육권설이 있다. 그러나 두 이론은 극단적이고 일방적이다. 앞의 교육당사자의 교육권 개념과 교육권의 구조에서 기술한 바와 같이, 부모가 자녀의 교육을 국가에 신탁 내지 위임한 이유는 학생의 교육을 받을 권리를 잘 보장하기 위한 것이다. 그러므로 자녀와 학생의 교육을 받을 권리를 충실히 보장하기 위해 부모가 교육권의 주체로서 역할을 해야 할 부분과 국가가 역할을 해야 할 부분이 있다. 즉, 학교선택 등 부모의 교육의 자유, 사학교육에서의 자유, 교사의 교수의 자유는 일정한 범위 내에서 긍정하는 것이 타당하며, 국가도 국민의 균등한 교육을 받을 권리를 보장하기 위하여 필요하고 상당하다고 인정되는 범위에서 교육제도와 내용을 결정할 권리를 가진다고 보아야 할 것이다.

헌법재판소는 "부모의 자녀교육권은 부모가 자녀교육에 대한 책임을 어떠한 방법으로 이행할 것인가에 관하여 자유롭게 결정할 수 있는 권리로서 교육의 목표와 수단에 관한 결정권을 뜻한다."[4]고 하였다. 그리고 국가는 부모와 같이 자녀교육을 담당하지만 학교 밖의 교육 영역에서는 원칙적으로 부모의 교육권이 우선한다고 보고, 과외교습을 금지한 학원의 설립 · 운영에 관한 법률의 해당 규정이 목적의 정당성, 수단

3) 헌법재판소 1992.11.12.선고, 89헌마88.

4) 헌법재판소 1994.2.24.선고, 94헌마192.

의 적합성 등은 인정할 수 있으나 피해의 최소성, 법익의 균형성의 원칙을 충족하지 못하므로 위헌이라고 판시하였다.[5]

(4) 법적 성격과 주체

교육을 받을 권리의 법적 성격에 대하여는 자유권설, 추상적 생존권설, 구체적 생존권설 등이 있는데, 생존권으로 보아야 하며 적극적 · 구체적 청구권을 수반하는 문화적 생존권으로 보아야 할 것이다.

그리고 교육을 받을 권리의 주체는 자연인인 내국인으로서 어린이, 성인 모두라고 보아야 할 것이다(교육기본법 제3조, 평생교육법 제4조). 외국인과 법인에게는 보장되지 않는 권리다.

(5) 교육을 받을 권리의 내용

① 능력에 따라 교육을 받을 권리

헌법 제31조 제1항의 '능력에 따라' 교육을 받을 권리에서 '능력'은 정신적 · 육체적 능력을 말하며 재산, 가정, 환경, 성별, 인종, 기타에 의한 불합리한 차별은 인정되지 않는다. 그러므로 능력에 따른 교육은 정신적 · 육체적 능력에 상응한 교육을 말한다.

헌법재판소는 우리 교육법의 연령주의가 의무교육제도의 취지에 부합하므로 합헌결정을 한 바 있다.[6]

② 균등하게 교육을 받을 권리

'균등하게' 교육을 받을 권리의 성격에 관해서 소극적 평등권설과 적극적 생존권설이 주장되고 있다. 헌법재판소는 " '헌법은 제31조 제1항

5) 헌법재판소 2000.4.27,선고,98헌가 16 등 병합. 이 결정에는 재판관 3인의 반대의견이 있었음.

6) 헌법재판소의 위의 판례.

에서 모든 국민은 능력에 따라 균등하게 교육을 받을 권리를 가진다."고 규정함으로써 모든 국민의 교육의 기회균등권을 보장하고 있다. 이는 "정신적 · 육체적 능력 이외의 성별 · 종교 · 경제력 · 사회적 신분 등에 의하여 교육을 받을 기회를 차별하지 않고, 즉 합리적 차별사유 없이 교육을 받을 권리를 제한하지 아니함과 동시에 국가가 모든 국민에게 균등한 교육을 받게 하고, 특히 경제적 약자가 실질적인 평등교육을 받을 수 있도록 적극적 정책을 실행해야 한다는 것이다."고 판시하였다.[7]

균등하게 교육을 받을 권리는 교육에서의 차별 금지라는 소극적인 것이 아니고 교육의 기회를 향유하는 것을 방해하는 현상에 대해 개인의 힘으로는 어떻게 할 수 없는 장해의 제거 또는 보상(the removal of, or compensation for shortcomings)이라고 하는 '차별의 제거'를 위한 적극적 차원에서 인식되고 있다(강인수, 2003: 72).

그러므로 국가가 학교시설을 확장하고, 의무교육에서 무상교육을 실시하며, 경제적 이유로 진학이 방해되지 않도록 장학정책 등을 실시하여야 한다.

균등하게 교육을 받을 권리의 구체적 내용으로는 첫째, 교육의 기회균등 보장으로서 교육기본법 제4조에서 모든 국민은 성별, 종교, 신념, 사회적 신분, 경제적 지위 또는 신체적 조건 등을 이유로 교육에 있어서 차별을 받지 아니한다고 규정하고 있다. 둘째, 균등한 교육을 보장하기 위한 국가와 지방자치단체의 시책 실시 의무다. 교육기본법 제17조의2는 국가 또는 지방자치단체는 남녀평등정신을 보다 적극적으로 실현할 수 있는 시책을 수립 · 실시하도록 규정하고 있다.

균등하게 교육을 받을 권리에 관련된 문제로 내신제에 대해 헌법재판소는 당시 교육부장관이 1995학년도 대학입시기본계획 일부 보완사

7) 헌법재판소 1994.2.24 선고, 93헌마192.

항의 통보를 통하여 예 · 체능계 고교의 경우에도 비교평가에 의한 내신성적 산출을 할 수 있도록 하되, 그 적용 여부를 고등학교 입시요강에 명기하여 예고한 후에 입학하는 1995학년도 고교 신입생부터 정하였다고 하더라도 이는 합리적인 경과조치를 정한 것에 불과하며, 예 · 체능계 고등학교 재학생인 청구인의 권리를 침해하는 처분이 아니라고 판결하였다.[8]

그리고 종합생활기록부를 절대평가와 상대평가를 병행하여 적용하도록 한 교육부장관의 지침은 이전의 교육개혁위원회의 교육개혁방안에 따라 절대평가가 이루어질 것으로 믿고 특수목적고등학교에 입학한 학생들의 신뢰를 침해한 것이라는 주장에 대해, 헌법재판소는 입학하기 전 공포된 교육개혁방안도 대학의 선택에 따라 학생부 기록이 상대평가에 의하여 대학입학 전형자료로 사용될 수 있도록 허용하고 있었으므로, 이 지침으로 외국어고등학교의 재학생인 청구인들의 균등하게 교육을 받을 권리를 침해한다고 볼 수 없다고 판결하였다.[9]

③ '교육'을 '받을 권리'

교육을 받을 권리의 '교육'은 학교교육, 가정교육, 사회교육 등을 포함하여 넓은 의미의 교육을 말하지만 제도교육인 학교교육이 가장 중요하다. 교육을 '받을 권리'는 국민의 학습권으로 교육기본법에서는 6년의 초등교육과 3년의 중등교육을 의무교육으로 정하고 있다.

④ 학부모의 학교선택권과 학교교육참여권

헌법재판소는 거주지 기준 중 · 고등학교 입학제도 하의 학부모의 학

8) 헌법재판소 1996.4.25.선고, 94헌마119.

9) 헌법재판소 1997.7.16.선고, 97헌마38.

교선택권에 대하여 도시와 농어촌 사이에 존재하는 교육의 질적 차이를 고려하지 아니하고 합리적인 이유 없이 거주지를 기준으로 중·고등학교 입학을 제한하는 구 교육법 시행령 제71조 등은 자녀를 도시에 있는 중·고등학교에 진학시키고자 하는 농어촌 거주 학부모의 헌법 제31조 제1항에 의하여 보장되는 자녀를 교육시킬 학교를 선택할 수 있는 권리를 침해한다는 헌법소원의 판결에서, 학교선택권의 존재를 인정하면서 거주지 기준의 입학제한이 과열입시경쟁과 과외교육의 만연을 막기 위한 입법목적이 정당하고 입법수단도 정당하다고 하여 기각결정한 바 있다.[10] 그러나 학교 간의 물적 시설과 교육의 질적인 면에서의 차이가 상존하는 현재, 거주지 기준으로 학생을 배정하는 입학제도는 부모의 학교선택권을 침해하고 평등권에 위배된다고 본다. 입법목적의 정당성은 인정되나 입법수단의 정당성에 대하여 피해의 최소성과 법익균형의 원칙을 충족한다고 보기 어렵고, 사립학교의 학생선발권을 침해하고, 국민의 다양한 교육을 받을 권리와 행복추구권을 침해한 것이며, 헌법의 포괄적 위임입법금지원칙에도 위배되어 위헌의 소지가 크다(강인수, 2002).

학부모의 자녀교육권과 학교교육참여권에 대하여 헌법재판소는 다음과 같이 인정하였다.

"학교운영위원회는 학부모의 교육참여권 보장의 수단으로 단위학교의 교육자치를 활성화하고 지역의 실정과 특성에 맞는 다양한 교육을 창의적으로 실시할 수 있도록 교원, 학부모, 지역사회 인사 등이 학교의 운영에 관한 중요사항을 심의하게 하는 제도다. 일반적으로 학부모가 미성년자인 학생의 교육과정에 참여할 당위성은 부정할 수 없으므로, 입법자가 학부모의 집단적인 교육참여권을 법률로써 인정하는 것은 헌법상 당연히 허용된다. 또 교사의 교육권 역시 법적으로 보장되어야 할

10) 헌법재판소 1992.11.12.선고, 89헌마 88.

권리이며, 지역주민의 학교운영위원회 참여제도는 주민자치라는 민주주의 원리와 관계되며, 학교의 운영에 지역사회의 특성과 요구를 반영할 수 있는 장점이 있다. 그렇다면 사립학교에도 국·공립학교처럼 의무적으로 운영위원회를 두도록 할 것인지 여부는 입법자의 정책문제에 속하고, 그 재량의 한계를 현저하게 벗어나지 않는 한 헌법위반으로 단정할 것은 아니다.[11]

2) 교육의 의무와 의무교육의 무상

(1) 교육의 의무 주체

교육의 의무는 교육을 받을 권리의 실효를 거둘 목적으로 헌법에 규정되어 있다. 그 주체는 학령아동의 친권자 또는 후견인이며 그 내용은 보호하는 자녀를 의무교육 단계의 학교에 취학시킬 의무로서, 학교는 국·공·사립학교을 불문한다. 의무교육에 관한 헌법재판소의 판결은 구 교육법 제8조2의 중학교 의무교육 순차 실시에 대하여 합헌판결을 하였으며,[12] 취학연령을 만 6세로 규정한 구 교육법 제96조 제1항도 연령주의가 의무교육제도의 취지에 부합한다고 하여 합헌결정하였다.[13]

(2) 의무교육 무상의 범위

의무교육 무상의 범위에 대하여는 무상범위법정설, 취학필수비무상설, 수업료면제설 등이 있는데, 수업료 면제만이 아니라 국가의 재정이 허용하는 한 학용품과 급식비 등 취학필수비의 무상까지 포함한다고 본다. 현행 초·중등교육법은 수업료의 무상만 규정하고 있다(제12조

11) 헌법재판소 2001.11.29.선고, 2000헌마278.

12) 헌법재판소 1991.2.11.선고, 90헌가27, 헌법재판소 2001.4.26.선고, 2000헌가4.

13) 헌법재판소 1994.2.24.선고, 93헌마192.

제4항). 교육세의 징수는 위헌이 아니다. 그리고 사립초등학교의 교육비 징수는 공립학교 교육을 포기하였으므로 위헌이라고 할 수 없다.

3) 교육의 자주성 · 전문성 · 정치적 중립성과 대학의 자율성 보장

교육에서 특정한 세계관만을 강요하거나 특정한 정치세력의 영향을 막기 위하여 교육의 자주성 · 전문성 · 정치적 중립성을 보장하고 있다. 교육기본법 제5조와 제6조도 교육의 자주성 · 전문성 · 정치적 중립성을 규정하고 있다.

교육의 자주성과 대학의 자율성은 대학에 대한 공권력 등 외부세력의 간섭을 배제하고 대학 구성원 자신이 대학을 자주적으로 운영할 수 있도록 함으로써, 대학인으로 하여금 연구와 교육을 자유롭게 하여 진리탐구와 지도적 인격의 도야라는 대학의 기능을 충분히 발휘할 수 있도록 하기 위한 것이며, 교육의 자주성이나 대학의 자율성은 헌법 제22조 제1항이 보장하고 있는 학문의 자유의 확실한 보장수단으로 꼭 필요한 것으로, 이는 대학에게 부여된 헌법상의 기본권이다. 여기서 대학의 자율은 대학시설의 관리 · 운영만이 아니라 연구와 교육의 내용, 그 방법과 대상, 교과과정의 편성, 학생의 선발과 전형 및 특히 교원의 임면에 관한 사항도 자율의 범위에 속한다.[14] 대학의 자치는 학문의 자유에 의하여서도 보장되고 있으며 대학의 교육도 자주성 · 전문성 · 정치적 중립성과 자율성이 보장된다. 교육의 자주성 · 전문성을 확보하기 위해서는 교육시설 설치자와 감독권자로부터 교원의 교육활동의 자유, 교원의 신분보장, 교육 내용에 대한 교육행정기관의 권력적 개입의 배제, 교육감, 교육장 등의 교육관리기구의 공선제 등의 확립이 요청된다. 교육기본법과 교육공무원법은 교원의 정치적 활동을 금지하고 있다. 다만,

14) 헌법재판소 1992.10.1.선고, 92헌마68 등(병합).

정당법 제6조에서 대학교원에 대해 예외를 인정하고 있다.

헌법재판소는 국정교과서제도를 합헌으로 보았고, 서울대학교 입시과목에 일본어를 제외한 입시요강은 대학자율권의 범위 내의 적법한 것이라고 판결하였다.[15] 세무대학폐교법률을 대학의 자율성에 반하지 않는 것으로 합헌결정하였고,[16] 초 · 중 · 고등학교의 학교운영위원회 설치의무는 교육의 자주성을 침해하는 것이 아니라고 합헌판결하였다.[17] 학교운영위원회 전원이 교육위원 및 교육감 선거인단이 되도록 규정한 지방교육자치에 관한 법률이 교육의 자주성을 침해한 것이 아니라고 하였다.[18] 사립학교에 대한 국가의 감독권도 헌법적으로 인정된다고 하였다.[19]

4) 평생교육의 진흥

국가는 평생교육을 진흥하여야 한다는 헌법 제31조 제5항에 기초하여 평생교육법이 제정되어 방송통신교육, 개방대학 등 관련 교육제도가 확립되어 있다.

5) 교육제도 법정주의

헌법제31조 제6항이 규정한 교육제도 법정주의의 취지는 교육에 관한 기본 정책 또는 기본 방침을 최소한 국회가 입법 절차를 거쳐 제정한 법률로 규정함으로써 국민의 교육을 받을 권리가 행정기관에 의해 자의

15) 헌법재판소 1992.10.11 선고, 92헌마68,76(병합).
16) 헌법재판소 20012.22.선고, 99헌마613.
17) 헌법재판소 2001.11.29.선고, 2000헌마278.
18) 헌법재판소 2002.3.28.선고, 2000헌마283,778(병합).
19) 헌법재판소 1991.7.22 선고, 헌가106.

적으로 무시되거나 침해당하지 않도록 하고, 교육의 자주성과 중립성도 보장하려는 것이다. 반면 교육제도에 관한 기본 방침을 제외한 나머지 세부적인 사항에까지 반드시 의회입법인 형식적 의미의 법률만으로 정하여야 하는 것은 아니다. 그러므로 입법자가 정한 기본 방침을 구체화하거나 이를 집행하기 위한 세부 시행사항은 여기서의 본질적인 사항에는 해당하지 않는다고 할 것이다.[20] 교육제도 법정주의에 의하여 기본적으로 교육기본법, 초 · 중등교육법, 고등교육법 등이 있고, 교원의 지위에 관하여 교육공무원법, 교원지위 향상을 위한 특별법 등이 있으며, 교육재정에 관하여 지방교육재정교부금법 등이 있으며, 교원의 단결권, 단체교섭권 보장을 위하여 교원의 노동조합설립 및 운영에 관한 법률 등이 있다.

2. 학문의 자유

1) 학문의 자유의 연혁과 법적 성격

학문의 자유가 헌법에 규정된 것은 1848년의 Frankfurt 헌법이 처음이었으며, 오늘날 여러 나라의 헌법이 이를 규정하고 있다. 학문의 자유는 독일의 여러 대학에서 발전한 대학의 자유에서 유래한다고 할 수 있다. 오늘날 학문의 자유는 대학의 기본권일 뿐만 아니라 모든 국민의 기본권으로 발전하고 있다.

헌법 제22조 제1항에서 "모든 국민은 학문과 예술의 자유를 가진다."

---

20) 교육제도 법정주의에 대하여 헌법재판소는 여러 차례 판시하였다.
헌법재판소 1991.2.11.선고, 89헌가27, 1992.11.12.선고, 89헌마88, 1998.7.16.선고, 95헌바19, 20012.22.선고, 99헌바93, 2001.11.29.선고, 2000헌마278 등.

라고 규정하여 국민의 기본권으로 이를 규정하고, 제31조 제4항에서 "교육의 자주성 · 전문성 · 정치적 중립성 및 교육자율성"을 보장하고 있다. 오늘날에는 학문의 자유를 대학에 있어서의 학술활동의 자유라는 의미에 한정할 필요는 없으므로, 우리 헌법이 보장하는 학문의 자유도 일체의 학문적 활동의 자유를 포함한다고 해석하는 것이 타당할 것이다 (김철수, 2003: 435–436).

학문의 자유의 법적 성격은 학문의 자유가 기본권의 보장이냐, 학문제도의 제도적 보장이냐에 대한 것으로 학설이 대립되어 있다. 이에는 제도보장설[21]과 자유권설[22]이 있으며, 헌법재판소는 대학의 자율성 보장은 기본권의 보장이라고 하였다.[23]

우리 헌법은 제22조에서 "모든 국민은 학문과 예술의 자유를 가진다."라고 하고 있으므로 학문의 자유는 개인의 기본권으로서 파악하여야 할 것이고, 또 제31조 제4항에서 "교육의 자주성, 전문성, 정치적 중립성 및 교육자율성은 법률이 정하는 바에 의하여 보장된다."라고 규정하고 있으므로 교육제도의 제도적 보장이 행해지고 있다고 보아야 할 것이다.[24] 기본권인 학문의 자유와 제도보장은 그것이 상호 간 배타적인 것이 아니고 공존하는 것이라고 보아야 할 것이다(김철수, 2003: 436).

---

21) 독일헌법이 전통적으로 인정하고 있는 학문의 자유는 대학의 자유를 의미하는 것으로 대학자치의 제도적 보장이라고 생각되었다. 따라서 이 설은 학문의 자유를 공권이 아니고 제도적 보장이라고 본다.

22) 영미에서는 학문의 자유란 개인의 학문연구의 기본권으로 인정되어 왔으며, 일본의 학설과 판례도 학문의 자유를 자유권으로 파악하고 있다.

23) 헌법재판소 1992.10.1 선고, 92헌마68,76(병합).

24) 대부분의 헌법학자는 학문의 자유의 이중적 성격을 인정하고 있다.

2) 학문의 자유의 주체와 효력

학문의 자유의 주체는 대학이나 연구소의 구성원 외에 모든 국민이다. 전통적으로 학문연구의 중심은 대학이기 때문에 대학의 자유는 대학 구성원의 자유인 것처럼 생각할 수 있으나, 오늘날에는 국민 전체가 진실을 알기 위한 학문의 자유권을 누리고 있다고 보아야 할 것이며, 학문의 자유의 주체에는 법인이나 외국인도 포함된다고 보아야 한다.

3) 학문의 자유의 내용

협의의 학문의 자유는 연구의 자유, 연구 결과 발표의 자유와 교수의 자유를 포함하는 것이고 광의의 경우 대학의 자치까지를 포함하는 것이라 할 수 있다.

(1) 연구의 자유

학문연구에 있어서 연구과제의 선택, 연구 방법, 연구 과정에 있어서 국가나 기타 사회적 세력에 의한 개입이나 간섭을 받지 않을 자유를 말한다. 학문연구는 정신작용이므로 학문연구의 자유는 학문의 자유의 본질적인 내용을 형성하는 것으로서, 이에 대한 제한은 법률로써도 인정되지 않는다. 즉, 연구의 자유는 양심의 자유, 사상의 자유, 신앙의 자유와 함께 절대적인 자유에 속한다(김철수, 2003: 437).

(2) 연구발표의 자유

학문의 연구 결과를 발표하는 자유는 표현의 자유의 한 형태라고 할 수 있다. 연구성과를 학회에서나 교육기관에서 발표하는 경우에는 그 목적이 학술연구 결과의 전수에 있다면, 일반적인 표현의 자유보다 강력히 보호받을 것이다. 그러나 일반청중이 모인 공개집회에서 표현하는 경우에는 표현의 자유에서와 같이 '명백하고 현존하는 위험'의 원칙에 따라 제한이 가능할 수 있다.

대학 내에서의 학외 인사의 발언이나 정치적 · 사회적 · 경제적 신조를 표현하는 경우 표현의 자유의 일반원칙이 적용될 수도 있을 것이다. 대법원은 "헌법상 학문의 자유는 진리의 탐구를 순수한 목적으로 하는 경우에 한하여 보호를 받는 것이다."고 판결한 바 있고,[25] 또 "학문의 연구는 기존의 사상 및 가치에 대하여 의문을 제기하고 비판을 가함으로써 이를 개선하거나 새로운 것을 창출하는 노력이다."라고 하였다.[26] 구 교육법 제157조의 국정교과서제도는 교사의 교육에 관한 학문연구의 자유와 연구 결과를 자유롭게 가르칠 자유를 침해하여 헌법 제22조 제1항에 위반된다는 주장에 대하여 헌법재판소는 합헌으로 판결하였다.[27]

(3) 교수의 자유와 교수의 신분보장

교수의 자유는 대학이나 고등교육기관에 종사하는 교육자가 자유롭게 교육하는 자유(Lehrfreiheit)를 말한다. 대학 이상의 고등교육기관에 있어서도 교수의 자유는 인정되는데, 그 이유는 피교육자가 학문의 주체로서 판단능력이 성숙한 대학생이기 때문이다. 그러나 대학에 있어서의 교수의 자유도 절대적이라고는 할 수 없으며, 독일기본법 제5조 제3항과 같이 헌법에의 충성에는 구속된다고 보고, 그러므로 교수의 자유는 헌법질서를 파괴할 목적으로 남용되어서는 안 된다.

(4) 교육의 자유

초 · 중등교육기관에 있어서도 교원의 교육의 자유가 인정되는가에 대하여 교육의 본질을 근거로 소극적으로 이해하는 것이 지배적이다.

25) 대법원판례 1986.11.11., 86도1786.

26) 대법원판례 1982.2.25., 82도716.

27) 헌법재판소 1992.11.12. 선고, 89헌마88.

교육대상인 학생의 판단능력이 미성숙한 성장 과정에 있고, 교육목적이 국가와 사회의 통합성과 국민의 정체성을 위한 일반시민의 보통교육에 있고, 교육 내용이 전문인 육성을 위한 과정이 아니라 일반시민 육성을 위한 보편적 가치 함양에 있으며, 전국적으로 일정한 수준을 유지해야 하기 때문이다. 그리고 우리 헌법이 제31조에서 교육제도의 법정을 규정하고 있어 교수 내용 · 방법, 교과목에 대하여 상당한 통제를 받는 것이 타당하다고 보기 때문이다.

3. 대학의 자치

1) 대학의 자치의 법적 성격과 내용

학문의 연구는 복수의 연구자의 상호 협력과 비판 과정을 통해서 행해지며, 이것은 주로 대학을 기초로 하여 행해지고 있기 때문에 대학에 있어서의 교수의 인사나 시설 등에 관하여 대학 자체가 자주적으로 결정 · 운영하게 하는 대학의 자유가 요청된다. 현행 헌법은 제31조 제4항에서 명문으로 대학의 자율성을 보장하고 있다. 헌법재판소는 헌법 제31조 제4항이 보장하고 있는 대학의 자율성은 헌법 제22조 제1항이 보장하고 있는 학문의 자유의 확실한 보장수단으로 꼭 필요한 것으로서, 이는 대학에게 부여된 헌법상의 기본권이라고 판시하였다.[28]

28) 헌법재판소 1992.10.1.선고.92헌마68, 76(병합), 1994학년도 신입생선발입시안에 대한 헌법소원. "교육의 자주성이나 대학의 자율성은 … 학문의 자유의 확실한 보장수단으로 꼭 필요한 것으로서 이는 대학에게 부여된 헌법상의 기본권이다."라고 하여 대학자치를 대학의 기본권으로 이해하면서 공법인인 서울대학교에 대해 대학의 자율권의 기본권 주체성을 인정하고 있다. 이에 대해서는 공법인의 기본권 주체성을 부인한 소수의견이 있다.

대학의 자치는 오늘날 교수회의 자치 외에 학생의 자치를 포함하는 것으로 이해되기도 한다.

(1) 교수회의 자치

대학자치의 가장 중요한 의의는 교수회에 의한 학교의 자율적 운영이다. 우리나라나 일본에 있어서 대학자치를 침해하는 것은 일반적으로 국가기관으로 생각되고 있으나, 미국에서는 사용자로서의 대학이사회와 피용자로서의 교원 간의 문제가 더욱 중요시되고 있다. 이런 의미에서 교수회의 자치는 첫째, 대학의 인사가 교수회의 자주적 판단에 의하여 행해져야 하고,[29] 둘째, 대학의 시설 및 학생의 관리도 교수회의 자주적 판단에 의하여 행해져야 한다는 것이다.

(2) 학생의 자치

대학자치에 학생의 자치가 포함되는가가 문제된다. 대학자치의 주체는 교수, 기타의 연구자이고 학생은 그 조직체가 제공하는 역무의 이용자에 불과하다고 보아 이를 부정하는 견해가 있으나, 학생이 대학의 역사에서 차지하는 지위와, 학생이 성장 과정의 학자로서 대학자치의 일원이라는 점에서 학생의 자치를 대학자치에 포함시키는 것이 타당하다. 다만, 학생의 자치는 교수회의 자치와 대등관계에 있는 것이 아니고 학생회의 운영, 자치적 과외활동 운영 등을 내용으로 한다고 본다. 학생회의 자치에도 한계가 있는데, 학교교사 점거 등을 통한 정치적 활동은 학생회의 자치의 한계를 일탈한 것으로 본다(김철수, 2003: 440).

29) 대법원에 따르면, 사립대의 총장선임권은 원칙적으로 학교법인에 있다고 한다(대법원판례 1996.5.31., 95다26971, 총장선임무효확인 등. 공 1996, 2015면).

2) 대학자치의 한계

대학자치의 범위나 한계에 대하여 헌법재판소는 "대학의 자율성은 법률의 목적에 의해서 대학이 수행해야 할 과제의 범위 내에서만 인정되는" 것이라고 하였다.[30] 경찰권의 행사와 대학자치의 관계에 대해서는 대학의 자치 내지 자유는 물론 대학의 치외법권적인 특권을 인정하는 것이 아니나 학내에서의 경찰권의 행사는 신중을 기하여야 할 것이다. 오늘날 대학의 자치에는 상당한 제한이 행해지고 있는데, 대학관리와 운영에 관한 법률들에 의해 이루어지고 있다.

4. 학문의 자유의 제한과 한계

학문의 자유에 있어서 연구의 자유는 내면적인 자유이므로 절대적 자유권에 속한다 할 것이고 그 대외적인 발표의 자유는 상대적 자유권으로 파악하여야 할 것이므로, 학문의 자유는 학문연구 면에서는 거의 제한을 받지 않으나, 유전공학이나 핵개발과 같은 경우에는 그 결과의

30) 세무대학의 자율성은 법률의 목적에 의해서 세무대학이 수행해야 할 과제의 범위 내에서만 인정되는 것으로서, 세무대학의 설립과 폐교가 국가의 합리적인 고도의 정책적 결단 그 자체에 의존하고 있는 이상 세무대학의 계속적 존립과 과제 수행을 자율성의 한 내용으로 요구할 수는 없다. 또한 이 사건 폐지법(부칙 제4조 제3항)은 세무대학소속 교수, 부교수, 조교수 및 전임강사의 신분보장에 관하여 교육공무원법의 해당 조항을 준용함으로써 세무대학을 폐지하더라도 교수들의 지속적인 학문활동을 보장하는 등 기존의 권리를 최대한 보장하고 있다. 따라서 이 사건 폐지법에 의해서 세무대학이 폐교된다고 해서 세무대학의 자율성이 침해되거나 곧바로 세무대학 교수의 진리탐구와 연구발표 및 교수의 자유가 침해되는 것은 아니다(헌법재판소 2001.2.22.선고, 99헌마613 헌재판례집 제13권 1집, 367면).

중대성 때문에 법률에 의한 제한이 가능하다. 연구 결과의 발표에 있어서는 그것이 학회나 연구단체에서 발표되는 경우에는 일반적인 표현의 자유보다는 강력한 보장을 받는다. 학문의 자유의 외부적 표현은 헌법 제37조 제2항에 의한 제한을 받을 수 있지만, 그 제한은 아주 한정되어야 할 것이다. 대법원은 "헌법상 학문의 자유는 진리의 탐구를 순수한 목적으로 하는 경우에 한하여 인정하는 것이며, 북괴 또는 공산계열의 활동을 찬양 · 고무하거나 이에 동조할 목적으로 표현물을 제작 · 반포 · 취득하는 행위는 이미 학문적 활동이라 할 수 없다."고 판시한 바 있다.

제3장

대학교육 관련 법령의 체계

대학행정가들은 수많은 법령들을 참고하면서 업무를 수행하게 되는데, 이때 어디까지가 대학교육에 관련된 법령들이고, 그 법령들의 주요 규정 내용은 무엇이며, 이들이 서로 어떤 관계가 있는지(효력관계 등)를 판단해야 할 때가 많다. 그런데 실제로 업무수행을 하는 경우 그러한 판단들이 쉽지 않은 실정이다. 이 장에서는 대학행정가들이 관련 법령의 내용과 구조 등에 대해서 판단을 내리는 데 도움을 줄 수 있도록 대학교육 관련 법령의 체계에 대해서 알아보기로 한다.

1. 대학교육 관련 법령의 범위

대학교육 관련 법령의 구조와 체계를 검토하기 위해서는 우선 '관련' 법령이라는 말의 의미와 범위에 대해서 판단해야 할 것이다. 즉, 대학교육 관련 법령이라고 할 때 '관련' 된다는 것이 무엇을 의미하는가 하는 문제, 그 관련성이 어떻게 파악되는가 하는 문제 등이 검토되어야 한다. 아울러 대학교육 관련 법령의 범위가 대체로 어디까지인가도 판단되어야 한다. 이러한 작업 위에서 비로소 대학교육 관련 법령의 구조와 체계를 판단해 볼 수 있기 때문이다.

대학교육 관련 법령은 어떤 형태로든지 대학교육과 관련되어 있는 법령을 의미한다고 하겠다. 이렇게 볼 때 현행 교육 관련 법령 중에서 대학교육과 관련된 법령은 아주 많다. 대학교육은 일정한 기관, 교원, 학습자, 교육시설, 학사관계, 재정관계 등을 의미하는 것이므로 대학교육에 관련된 법령은 아주 다양하다.

그런데 이와 같이 관련 법령이 많은 가운에 어떤 법령은 쉽게 그 관련성을 파악할 수 있는 반면에, 어떤 법령은 전혀 관계가 없는 것처럼 보임에도 불구하고 실제로는 대학교육과 관련되어 있을 수 있다.

1) 관련성이 쉽게 파악되는 법령

헌법과 교육기본법은 상식적으로 생각해 보아도 대학교육과 관련이 있음을 쉽게 이해할 수 있을 것이다. 왜냐하면 헌법은 국가의 모든 중요한 측면(교육을 포함하여)에 걸친 원칙에 관련된 규정을 포함하고 있기 때문이다. 「교육기본법」도 교육에 관한 국민의 권리, 의무와 국가 및 지방자치단체의 책임을 정하고 교육제도와 그 운영에 관한 기본적 사항을 규정함을 목적으로 하고 있기 때문에(제1조) 당연히 대학교육과 관련이 있다.

「고등교육법」은 고등교육에 관한 사항을 규정함을 목적으로 하고 있으므로 당연히 대학교육 관련 법령이라 생각할 수 있다. 「국가공무원법」은 국립대학의 교직원이 공무원 신분이므로 당연히 대학교육 관련 법령에 포함된다. 「대학설립 · 운영규정」 「사립학교법」 「국립학교 설치령」 「교수자격기준 등에 관한 규정」은 대학교육과 관련되는 법령들이다.

2) 관련성이 쉽게 파악되지 않는 법령

이와 같이 대학교육과 관련성이 있는가 여부를 쉽게 판단할 수 있는 경우도 있지만 그렇지 않은 것도 있다. 가령 「지방교육자치에 관한 법률」이 대학교육과 관련이 있는 법률인지 여부는 좀 생각해 보아야 한다. 동법 제1조는 "교육의 자주성 및 전문성과 지방교육의 특수성을 살리기 위하여 지방자치단체의 교육, 과학, 기술, 체육, 기타 학예에 관한 사무를 관장하는 기관의 설치와 그 조직 및 운영 등에 관한 사항을 규정함으로써 지방교육의 발전에 이바지함을 목적으로 하고 있다."고 규정한다. 이 조항만 보아서는 이 법률이 대학교육과 관련이 있는가 여부를 쉽게 판단하기 어렵다. 이를 판단하기 위해서는 도립대학이나 시립대학이 지방교육의 범주에 들어가는지 여부가 우선 검토되어야 한다. 그리고 이 작업은 그렇게 쉽지 않다. 왜냐하면 동법이 규정하고 있는 조항들을 잘 살펴보아야 하고, 특히 교육감과 교육위원회의 직무를 살펴보고 대학에 관한 사항이 없는가를 판단해야 한다. 나아가 「지방자치법」의 조항들을 살펴보고 시립대학이나 지방의 고등교육체제를 규정하는 내용이 혹시 없는가도 살펴보아야 한다.

시립대학의 경우는 자치법규를 조사해 보아야 한다. 가령 서울시립대학의 경우 그 운영에 관해서는 서울특별시 조례가 정하고 있기 때문이다. 「서울시립대학교 운영에 관한 조례」 제3조의2는 대학교운영위원회를 두고 있다. 이 위원회는 당해 대학교의 종합발전계획, 투자계획, 학사운영 및 교원임용과 기타 대학교 운영에 관한 중요사항을 심의·조정하도록 되어 있고 위원장은 시장이 된다. 이와 같이 대학교육에 관련된 법령 중에는 자치법규도 있다.

대학교육과 관련이 있는지 여부가 잘 판단되지 않는 또 하나 예로 들 수 있는 것은 「교육과정심의회규정」이다. 교육과정심의 문제는 통상적으로 대학이 해당되지 않고 고등학교 이하 각급 학교에 적용되는 것으로 알고 있다. 동규정 제1조는 "교육과학기술부장관의 자문에 응하여 대학, 사범대학과 각종 학교를 제외한 각급 학교의 교육과정의 제정에 관한 사항을 심의하여 이에 관한 조사연구를 하게 하기 위하여 교육과학기술부에 교육과정심의회를 둔다."고 하였다. 그런데 동규정 제4조는 학교별 소위원회를 구성하는 가운에 교육대학 소위원회도 명시하고 있다. 그렇다면 이 규정도 대학교육 관련 법령이 된다. 이와 같이 어떤 법령이 대학교육에 관련된 것인가 여부는 생각처럼 쉽게 판단할 문제가 아니다.

따라서 대학교육 관련 법령은 대학교육에 관련된 법령이라는 지극히 상식적인 정의를 내릴 수 있을지라도 그 세부적인 측면에 들어가면 법령들을 자세히 살펴보고 판단해야 한다. 이런 점 때문에 대학행정가들은 대학교육 관련 법령의 구조와 체계를 자세히 검토해 볼 필요가 있다.

2. 대학교육 관련 법령의 성격

먼저 대학교육에 관련된 법령의 전체적 성격을 규정해 보고자 한다. 이를 위해서 「고등교육법」을 위시하여 여러 법령으로 이루어진 대학교육에 관련된 법령의 성격을 전반적으로 조망해 볼 필요가 있다.

여기서 대학교육 관련 법령의 '성격'이라 함은 개별법령이 아니라 하나의 체계적 통합체로서의 대학교육 관련 법령의 전체적 성격을 의미한다. 대학교육 관련 법령은 형식으로는 법률, 명령, 판례, 대학내규 등으로 이루어져 있고, 내용별로는 대학의 지위, 경영, 인사, 재정 등에 관한 법령으로 이루어져 있다. 이와 같이 다양한 법령으로 이루어진 대학교육 관련 법령의 성격이란 교육관계법의 전체 구조 속에서 어떤 지위와 성격을 가진 것으로 규정할 수 있는가 하는 것이다. 개별적인 관련 법령에 대한 상세한 검토에 앞서서 우선 대학교육에 '관련된 법령' 이라는 일련의 법령으로 이루어진 이 법령군의 공통적 특성과 다른 분야의 법령군과의 관계에 대해 살펴보도록 하겠다. 이는 대학교육 관련 법령의 특성을 이해하는 데 필요하다.

1) 대학자치의 구현을 위한 법령으로서 대학교육 관련 법령

'대학교육 관련 법령이라는 것이 독자적인 정체성이 있는가' 하는 것은 종전의 교육법을 폐지하고 「고등교육법」이라는 단행법을 제정한 1999년 당시의 입법 상황과 입법이유에서 단서를 찾을 수 있다.

당시 고등교육법이라는 단행법을 제정한 이유는 헌법이 보장하는 대학자치의 정신을 구현하고, 교육개혁방안의 시행 근거를 마련하며, 나아가 대학교육의 목적, 내용, 방법, 교원, 대학설치, 대학운영 등에 관한 교육개혁방안을 반영하는 것이다. 한편으로는 교육의 목적과 기능이 서로 다른 학교급별 특성을 반영하기 위하여 성격상 다른 법 내용이 혼재되어 있는 종전의 교육법으로부터 고등교육에 관한 것들을 분리했으며, 이를 통해서 법률 내용의 일관성과 통일성을 기할 수 있게 하였다고 한다. 유사한 입법사례로 프랑스는 1968년에 고등교육기본법을, 독일은 1976년에 대학기본법을 제정하여 각각 대학의 자치적 운영을 위한 구조를 만들었고, 영국도 1992년에 계속고등교육법을 제정하여 대학운영의 조건을 제시하고 있다(권형준, 1977).

이와 같이 종전의 교육법을 분리하여 고등교육법을 따로 제정한 가장 중요한 이유로는 대학 자율의 보장을 드는 견해가 일반적이다. 다만, 제정된 고등교육법이 실제로 이러한 목적과 취지를 충분히 구현했는가에 대해서는 논란이 있다.

우선 고등교육법안에 대한 비판을 보면 다음과 같다. 대학자치의 내용은 인사, 교육 및 연구, 재정 등의 자치로 이해하는 것이 보통인데, 당초의 고등교육법안은 이러한 대학자치의 보장을 위한 체제로서는 대단히 미흡하다는 비판을 받았다(권형준, 같은 곳; 이경운, 1977 등). 종전의 교육법 조항 중에서 고등교육에 관련된 조항들을 단순히 묶어서 분리한 정도라는 비판도 있었다(이경운, 같은 곳).

고등교육법이 제정된 후에도 이와 같은 비판은 계속되었다. 특히, 교무위원회제도의 법정화 문제와 관련하여 고등교육법에 대해 비판하고 있는 의견을 보면 다음과 같다. 원래 고등교육법 개정안의 골자는 교무위원회의 법정화였으나, 이것이 삭제되고 그나마 차선책으로 인식되었던 대학교육 개선 관련 입법이 미흡했다는 것이다(이시우, 1999).

교무위원회의 법정화 방안은 대학에서 평교수들의 여론을 수렴하고 대학의 독단적인 학사운영을 막기 위한 방안으로 제안된 것으로, 따라서 대학의 학사에 관한 중요사항을 심의하는 기구를 설치 · 운영하도록 규정한다는 것이었다. 세부적으로는 과거 교육법(제117조) 및 사립학교법(제26조의2) 등의 대학평의원회제도가 교무위원회의 기능을 수행할 수도 있으나, 대학평의원회는 본래 대학의 모든 중요사항을 심의하기 위한 제도이므로 이와는 별도로 교무위원회 혹은 학사위원회로 하여금 개별대학들이 내부규정으로 운영하는 위원회들과는 달리, 법정기구로서 확고한 성격을 갖게 한다는 것이었다. 그러나 이 안은 국회 교육위원회 심의 과정에서 고등교육법상의 교무위원회 법정화 규정이 “이를 법제화할 경우 현행 교육공무원법에 규정하고 있는 대학인사위원회 및 사립학교법에서 규정하고 있는 대학평의원회와 예산 · 결산자문위원회 및 교원인사위원회 등과 기능이 중복되는 등 운영상 어려움이 있어 이를 삭제하였으며”라는 이유로 폐기되었다(이시우, 같은 곳).

위에서 본 바와 같이 대학교육 관련 법령은 그 바람직한 형태로서 대학의 자치에 대해서 충분히 규정하는 것이라고 볼 수 있고, 실제로 제정된 고등교육법에 대한 검토 결과는 그러한 입법정신이 충분히 구현되었는가에 대한 논란이 있음을 알 수 있다.

2) 대학에 관한 관리 · 운영법으로서 대학교육 관련 법령

지금까지 살펴본 논의들은 기본적으로 고등교육 관계법령 내지 대학교육 관련 법령의 가장 중요한 요소를 대학자치의 법적 구현으로 보는 시각을 가지고 있다고 하겠다. 그러나 대학교육 관련법의 정체성을 오로지 대학자치의 법적 구현으로만 보는 것은 좀 미흡하다. 대학자치가 중요한 요소이지만 그것만으로 충분한 것은 아니며 다른 시각도 가능하다.

이종승(1991) 등은 대학교육 관련 법령의 구조에 대한 논의들을 소개하고 이를 바탕으로 대학의 관리 · 운영 측면에서 관련 법령을 다음과 같이 구조화하였다. 즉, 종전의 논의들로 학교교육, 교육시설, 사회교육, 과학교육, 행정일반, 공무원일반, 재정과 예산 및 회계, 보건, 체육 등으로 나눈 법전의 방식과 설립과 조직, 교직원 및 연구, 입시제도, 학생 및 정원, 재정, 사학기관, 시설과 설비 등으로 나눈 예가 있다. 이를 바탕으로 하여 대학교육 관련 법령들을 대학의 관리 · 운영 측면에서 보고 다음과 같이 구조화할 수 있다고 제시하였다.

여기서 관리 · 운영권이라 함은 설치권, 조직권, 인사권, 재정운영권, 학사관리권, 시설운영권, 기타를 의미하는 것으로 그 내용은 다음과 같다.

- 대학의 이념과 목적 관련 법령으로 헌법과 종전의 교육법 제1조, 제2조, 제108조(대학의 목적), 제118조(교육대학과 사범대학의 목적), 제128조의2(전문대학의 목적) 등이 있다.
- 대학의 설립 · 조직에 관련된 법령으로 학사운영을 포함한다. 여기에는 종전의 교육법과 동법 시행령의 관련 조항을 들 수 있다. 그리

고 사립학교법 및 동법 시행령, 국립학교설치령, 대학원규정, 서울대학교설치령, 한국교원대학설치령, 한국방송통신대설치령 등이 있다.

- 교직원 인사 관련 법령이다. 여기에는 사립학교법 및 동법 시행령, 국가공무원법, 공무원임용령, 교육공무원법, 교수자격인정령, 교육공무원징계령, 공무원복무규정 등이 있다.
- 재정 관련 법령이다. 여기에는 사립학교법 및 동법 시행령, 예산회계법, 사학기관재무회계규칙, 학교수업료 및 입학금에 관한 규칙, 조세감면규제법 등이 있다.
- 대학입학제도 관련 법령이다. 교육법의 해당 조항, (구)대학입학학력고사령 등이 있다.
- 학생 관련 법령이다. 대여장학금법, 장학금규정 등이 있다.
- 학생정원 관련 법령이 있다.
- 시설 · 설비 관련 법령이다. 여기에는 교육법 관련 조항과 대학설치기준령, 학교설립인가사무처리규칙, 학교법인의 경영재산기준령에 의한 수익용 기본재산 인정예규 등이 있다.
- 끝으로 조성 관련 법령이 있다.

3) 공공사업으로서 고등교육 수행을 위한 법령으로서 대학교육 관련 법령

대학교육 관련 법령을 규정하는 또 하나의 방법으로 대학교육이 국가적으로 중요한 거대한 공공사업의 성격이 있다는 점과, 그것을 수행하기 위해서 필요한 인적 · 물적 조건을 정비하는 것이 중요하다고 보고 접근하는 방법이 있다.

가령 학교교육을 하나의 공공사업으로 보고 그러한 교육공공사업이 영위되기 위해서 필요한 여러 측면의 활동에 관한 법체계를 학교교육법이라고 보는 관점(박재윤, 2003: 1)에서 보면, 대학교육 관련 법령 내지 고등교육 관련 법령은 고등교육이라고 하는 국가의 공공사업이 원활하게 이루어질 수 있도록 이에 필요한 인적·물적 조건을 정비하고 지원하는 데 관한 법령의 성격도 가지고 있는 것이다.

현대 국가의 고등교육체제는 이전에 비해서 그 규모가 매우 커지고 복잡해졌다. 우선 고등교육에 종사하는 사람들의 수와 재학하는 학생들의 규모가 매우 커지고, 고등교육기관들이 제공하는 교육 프로그램도 가속적으로 분화해 왔고, 국가재정 중에서 고등교육에 투입되는 부분도 매우 크다. 오늘날의 고등교육은 국가경제에 직접적 영향을 주는 요인이기도 하다.

이러한 제반 상황을 감안하면 대학교육 관련 법령은 대학의 운영(governance)을 포함하지만 훨씬 더 넓은 영역에 걸쳐 있다. 이와 같은 접근 방법은 국가가 지원하는 공공사업으로서 고등교육사업의 내용과 복잡성을 이해하는 데 도움을 줄 수 있다. 이제 일반시민들은 물론이고 교육에 직접적으로 종사하는 사람들도 고등교육에 관한 법령과 고등교육에 대한 국가의 관여와 지원에 대해서 관심을 가지지 않을 수 없게 되었다.

공공사업으로서 고등교육을 보게 되면 관련 법령은 다음과 같이 구조화될 수 있다.

- 헌법상의 대학교육 관련 조항이다.
- 대학교육기관의 종류에 관한 법령이다. 고등교육법 등이 이를 규정한다.
- 대학교육에 대한 국가행정 및 관련 기구에 관한 법령이다. 고등교육법, 국립학교설치령, 대학설립·운영규정, 교육공무원법 등이 이에 속한다.

- 대학 학사에 관한 법령이다.
- 대학 육성 및 원조와 지원에 관한 법령이다.
- 대학 운영 및 질서유지 및 감독에 관한 법령이다.
- 대학직원에 관한 법령이다. 이에는 다음과 같은 것이 있다.
  - 교육공무원에 관한 법령
  - 국가공무원에 관한 법령
  - 지방공무원에 관한 법령(시립대학 등)
- 대학교육의 재정에 관한 법령이다.
- 대학교육의 시설과 설비에 관한 법령이다.
- 기타 대학교육에 관련된 법령이다.

4) 요약

지금까지의 살펴본 바와 같이 대학교육 관련 법령은 여러 가지 의미를 가지고 있다. 즉, 대학교육 관련 법령이라는 일련의 법령군은 대학의 자치를 구현하기 위한 법령으로서의 성격도 가지고 있고, 대학에 대한 관리 · 운영을 위한 법령으로서의 성격을 가지고 있기도 하다. 아울러 고등교육이라는 거대한 국가의 공공사업이 원활하게 수행되기 위해서 필요한 인적 · 물적 및 기타 필요한 제반 사항에 대한 법령이라고도 볼 수가 있다.

대학교육이 갖고 있는 이와 같은 특징들은 모두 중요한 것으로서 이들을 종합적으로 구성하여 대학교육의 성격이 규정되어야 할 것이다. 즉, 대학교육 관련 법령은 대학의 자치와 대학의 관리 · 운영 그리고 고등교육을 원활히 운영해 나가기 위해서 필요한 제반 법령의 체계다.

3. 대학교육 관련 법령의 위상(타법령과의 관계)

대학교육 관련 법령의 성격은 앞에서 살펴보았거니와, 그렇다면 대학교육 관련 법령의 위상, 즉 법제 속에서 차지하는 위치는 무엇이고 타법령과의 관계는 무엇인가? 이 문제도 대학교육 관련 법령을 이해하기 위해서 검토해야 할 필요가 있다.

우선 대학교육 관련 법령과 다른 분야의 법(교육기본법, 초중등관계법, 평생교육관계법 등)과의 관계가 무엇인가를 기술하고자 한다. 이어서 대학교육에 관련된 법령들을 살펴보고, 이들의 상호관계를 검토하여 대학교육 관련 법령의 위상을 살펴보고자 한다.

대학교육 관련 법령의 위상이라 함은 종적, 횡적 두 가지 측면에서 검토할 수 있다. 즉, 대학교육 관련 법령이 위치하고 있는 것은 종적으로 볼 때, 즉 헌법과 교육기본법 등과의 관계에서 어떤 위상을 차지하고 있는가 하는 문제다. 횡적인 면에서의 위상은 대학교육 관련 법령이 유아교육 관련 법령, 초 · 중등교육 관련 법령 그리고 평생교육 관련 법령 등과 어떤 관계가 있는가 하는 문제로 규정할 수 있다.

1) 횡적 연계 속에서의 대학교육 관련 법령의 위상

횡적인 차원의 위상을 이해하는 것은 어렵지 않다. 유아교육, 초 · 중등교육, 평생교육과 대학교육 혹은 고등교육의 영역과 내용은 어렵지 않게 구분될 수 있으며, 이들과 관련지어서 대학교육 관련 법령의 현 위치를 파악하는 것은 비교적 용이하다.

물론 다음에 논의하지만 평생교육 관계법령과 대학교육 관계법령을 횡적으로 볼 것이냐 하는 문제가 있기는 하지만, 대체로 교육의 영역을 기준으로 하는 관점에서 볼 때 횡적 연계 속에서 대학교육 관련 법령의 위상을 파악하는 것은 크게 어려운 일이 아니다.

2) 종적 연계 속에서의 대학교육 관련 법령의 위상

종적인 측면에서 대학교육 관련 법령의 위치를 규정하는 것은 다소 어려운 작업이다. 헌법이 대학에 대해서 규정하고 있기 때문에 대학교육 관련 법령의 위상은 헌법조항을 포함하는 것으로 볼 수 있는 반면에 헌법, 교육기본법에 규정된 대학교육 관련 조항들을 제외한 나머지 법령을 대학교육 관련 법령으로 볼 수도 있다. 대학교육 관련 법령을 어떻게 볼 것인가 하는 것은 어떤 연구를 수행할 때 그 연구목적이 무엇이냐에 따라서 달라질 수 있다. 후자의 경우 논란의 여지가 있다. 구체적으로 말한다면 헌법상의 대학교육 관련 조항들이 가진 효력이 어느 정도인가 하는 문제다. 후자의 경우 대학교육 관련 법령은 헌법과 교육기본법이 정한 테두리 속에서 대학에 관한 사항을 규정하고 있는 법체계로 자리매김할 수 있다.

대학교육 관련 법령의 위상과 관련해서 논란의 대상이 될 수 있는 또 하나의 문제는 대학교육 관련 법령과 평생교육 관련 법령의 관계가 무엇이냐 하는 것이다. 즉, 평생교육을 대학교육보다 상위의 개념으로 보고 대학교육 관련 법령은 평생교육의 법적 이념과 원칙 아래에서 운영되는 법체계로 볼 것인지, 아니면 평생교육을 실질적으로는 사회교육을 의미하는 것으로 보아 학교 내 교육과 학교 외 교육의 개념으로 상정하여 양자가 동등한 것으로 볼 것인지 하는 문제다. 이것은 평생교육의 개념을 어떻게 보는가 하는 것과 관련된 문제다. 다소의 논란이 있지만, 현행 법령의 체계상 대학교육 관련 법령은 평생교육 관련 법령의 하위에 속하는 것이 아니라 같은 위치에 있다고 보는 것이 일반적이다.

4. 대학교육 관련 법령의 구조

대학교육 관련 법령의 구조는 법률의 구조에 대한 일반이론을 근기로 검토할 수 있다. 법률의 구조에 대한 일반이론 중에서 중요한 것으로 기본법과 실시법, 일반법과 특별법이론을 들 수 있다. 이와 같은 관점에서 대학교육 관련 법령의 구조를 검토해 보면 다음과 같다.

1) 기본법과 실시법

(1) 기본법의 개념

① 기본법의 대두 배경

종래의 법규범은 사회생활상의 관행이나 경험칙을 통하여 생성된 일반적 법감정을 성문화하려는 목적을 가졌다. 그러나 최근 사회국가의 등장과 함께 법규범의 목적이 국가의 새로운 정치적 · 기술적 · 조정적 · 지도적인 목적 달성을 위하여 그 계획의 수립과 실행을 법규범으로써 근거지우려는 성격이 증대하였다. 이에 따라 법의 형식도 외형적인 면에서 다양한 형태의 형식을 구비하고 있다. 특히, 법규범의 일반적인 기본 형식 외에 특수한 형식으로서 널리 채용되고 있는 입법 유형이 바로 기본법이다. 기본법이라는 것은 학문상의 용어라기보다는 법제실무상 통용되는 개념으로서, 현재 우리나라에서도 '기본법'이라는 특별한 명칭이 붙어 있는 법률이 매우 많다(이하 기본법의 내용, 효력, 위상에 관한 설명은 박영도 외, 2002).

② 기본법의 내용

기본법 형식의 법률은 일반적인 법규범의 형식과 달리 규율 내용이 개괄적이고 조망적인 경우에 많이 채용된다. 기본법은 어떤 분야의 정책의 기본적인 방향을 정하고 관련 정책의 체계화를 도모하려는 의미가 담겨져 있다. 즉, 당해 분야에 있어서 정책 목표 내지 정책 이념을 제시하고 정책 내용으로서 목표, 이념 등을 실현하기 위한 시책 내지 기본적인 항목을 열거하는 한편, 당해 분야의 정책의 책정 내지 조정에 관한 특별기구를 설치하는 것 등을 기본적인 내용으로 한다.

③ 기본법의 성격

기본법 형식은 일종의 계획법 내지 프로그램법이며, 어떤 분야의 정책을 개괄적으로 선언하고 그 정책 실시에 따른 관계자의 책무 등을 선언함으로써 관계 정책의 체계화를 도모한다. 또한 이러한 성격과 기능을 담당하는 기본법은 그곳에 열거된 정책이 법률로써 정하여야 할 사항을 포함하는 경우에도 그것을 스스로 정하는 것이 아니라 별도의 법률(실시법 내지 집행법)로써 정책의 구체적 사항을 규정한다. 따라서 기본법은 실시법 내지 집행법과의 관계에서 입법 내용에의 구속 및 현실로 입법된 규정의 해석 · 적용의 관계상 관계법령에 대하여 실제상 지도적, 우월적, 강령적, 헌장적인 기능을 갖고 있다. 또한 실시법 내지 집행법의 내용은 당연히 기본법의 목적과 취지 및 내용에 적합할 것이 요구된다.

④ 기본법의 필요성

규율 내용이 광범위한 사항에 걸쳐 추상적 · 포괄적 내지 탄력적인 내용만을 선언적으로 규정하는 경우에는 기본법 형식이 타당하며, 이 경우 기본법은 각 분야에 있어서 국가의 책무, 취하여야 할 정책의 목표, 시책의 안목, 법제상 · 재정상의 조치 등을 규정하는 한편, 기본법을 실시 또는 시행하기 위하여 또는 목적 달성을 위하여 필요한 법률의 제정 · 개폐를 예정하는 내용을 담게 된다(이하 박영도, 같은 곳).

(2) 기본법의 효력

일정한 법률관계에 관한 정책의 기본적 지침을 밝히는 이른바 기본법은 후법우선의 원리와 관련하여 문제가 있다. 실질적 내용에서 본다면 기본법은 단순한 법률에 우월하는 특수한 효력이 승인되어야 하나, 법형식 면에서 본다면 단순한 법률에 불과하므로 우월적인 지위를 인정하는 것은 불가능하다. 결국 기본법은 형식과 내용의 모순이며, '형식적인 법질서와 실질적 · 가치적 정책체계가 충돌 내지 긴장관계' 에 놓여 있는 경우라고 할 수 있다. 기본법은 일반적으로 우리가 이해하고 있는 그 이상의 의미, 즉 같은 법률이면서도 다른 법률의 상위에 위치하는 법으로 취급되고 있으며, 실제 법령집에 있어서도 유사한 법령들의 맨 앞에 편성되어 있다. 그러나 이와 같은 논리는 종전의 법이론, 즉 법률 상호 간에는 동등한 효력이 인정되며, '후법은 전법에 우선한다.' 라는 원칙과는 명백히 모순되는 것이라 할 수 있다. 따라서 기본법과 집행법은 종래의 원칙과 전혀 달리 전법인 '기본법' 이 후법인 '집행법' 에 우선하고 있음을 보여 주고 있다. 다시 말하면, 기본법과 집행법은 같은 법률임에도 불구하고 마치 헌법과 법률의 관계와 유사한 관계를 이루고 있다.

기본법의 다른 법률에 대한 우월성을 확보하는 데에는 기본법의 내용을 헌법규범을 구체화하는 것으로서 이해하는 구성적 해석을 함으로써 달성할 수 있다. 그러나 기본법의 특색은 기본적 정책의 선택이며, 장래의 국가 · 관계자의 행동 방향 설정이므로 그러한 내용을 헌법규범으로 높이는 것만으로는 그 목적을 달성할 수 없을 것이다. 또한 기본법 가운데에는 실질적 내용을 지닌 기본 원칙을 선언하고 있는 것이 아니라 오히려 넓은 의미에서의 조직법, 즉 정책적인 조직법의 성격을 지닌 것도 있기 때문에 이것을 직접 헌법규범으로 높이는 것에는 무리가 있다. 다만, 법 형식을 도외시하고 실질적 내용에서 본다면 기본법은 상급의 계획법으로서 각종 정책과 법률의 체계화 및 일관성을 도모하려는 것이므로 기본법을 다른 법률보다 우선시켜야 할 필요성도 있다. 그러나 입법 등의 국가활동의 정책체계로서의 일관성은 반드시 기본법의 존재를 인정하지 않더라도 특정 분야의 복수의 법률의 존재에 의해 자연스럽게 인정되는 경우도 있다. 즉, 정책의 흐름이나 구체적 상황을 전제로 하면서 시간의 흐름 가운데 복수의 법률을 비교하여 그 상호 간의 차이의 합리성을 고려하는 것이 바람직하다고 생각될 수도 있다. 따라서 기존의 법체계에서 소기의 목적을 달성할 수 있음에도 불구하고 또다시 기본법을 제정하는 것은 형식의 남용이며 결코 바람직한 입법태도라고 할 수 없을 것이다.

(3) 입법에 있어서 기본법의 위상

일단 기본법이 제정된 이상 기본법과 관계되는 다른 법률들을 제정하는 데 있어서는 당연히 기본법의 입법목적이나 기본 이념을 존중해야 하며, 기본법에 규정되어 있는 내용을 구체화하는 데 충실하게 제정·개정되어야 할 것이다(이하, 같은 곳). 따라서 입법에 있어서 기본법의 취지와 성격을 일관되게 유지하려는 경우에는 순수한 조직법적인 통상의 법률로서의 의미가 있는 기본법은 그 제명에서 기본법이라는 명칭을 삭제하는 것이 바람직하다. 그리고 각종 기본법의 제정에 있어서도 기본법의 성격과 기능에 유의하여 그 법적 구성을 도모하는 한편, 기본법에 규정된 개별시책을 구체적으로 실현하는 시행법 내지 집행법의 제정에 있어서도 기본법의 취지, 목적과 부합하게 이를 체계화할 것이 요망된다. 기본법체계에 속하는 법제군이 상호 저촉되거나 모순·중복되지 않도록 하여야만 기본법에 규정된 각종 정책 내용이 조화롭고 원만하게 그리고 적정하게 운용·집행될 것이다. 그러나 만약 그러한 방침과 모순·저촉하는 법률이 제정된다면 이것은 정책론으로서는 일반적으로 타당하지 않으나, 법이론상으로서는 이른바 기본법은 헌법이 아니라 동격의 법률이므로 결국 이 경우에는 '후법우선의 원리'로서 해결할 수 밖에 없다. 따라서 이 경우 후법은 정책적인 당부와는 별도로 법적으로는 당연히 유효한 것으로서 적용된다.

(4) 대학교육 관련 법령과 기본법

대학교육 관련 법령 중에서 기본법의 성격을 가진 것으로서 「교육기본법」을 들 수 있다. 교육기본법은 "교육에 관한 국민의 권리, 의무와 국가 및 지방자치단체의 책임을 정하고 교육제도와 그 운영에 관한 기본적 사항을 규정함을 목적으로 하고 있으며"(제1조), "고등교육을 실시하기 위해서 학교를 둔다."고 규정하고 있다(제9조). 또 "국가 및 지방자치단체는 학교를 설립 · 경영하고 법인 또는 사인은 법률이 정하는 바에 의하여 학교를 설립 · 경영할 수 있다."고 규정하였다(제11조).

이 교육기본법에 대하여 교육과학기술부(당시 교육인적자원부)가 펴낸 해설서(1998)는 기본법이 국가 교육활동의 기본법으로서 헌법의 정신을 바탕으로 하여 교육에 대한 국민의 권리와 의무, 국가 및 지방자치단체의 책무에 관한 기본적인 사항을 정하고, 학교교육 및 사회교육을 포괄하는 기본적인 사항을 정함으로써 교육운영에 있어서 기준이 되도록 하고 있다고 소개하고 있다.

교육기본법과 고등교육법의 관계는 대체적으로 기본법과 실시법의 관계로 볼 수 있다. 고등교육법은 교육기본법 제9조의 규정에 따라 고등교육에 관한 사항을 정함을 목적으로 하고 있기 때문이다(고등교육법 제1조).

물론 교육기본법의 여러 조항들 중 개별조항의 기본법적 성격과 범위에 대해서는 다소의 논의가 필요한 점이 있을 수 있지만, 전체적으로 볼 때 교육기본법은 대학교육 관련 법령들에 대해서 기본법의 성격을 갖는다고 하겠다.

한편, 고등교육법과 기타 대학교육 관련 법령의 관계는 기본법과 실시법의 관계가 아니라 일반법과 특별법의 관계로 파악할 수 있다.

2) 일반법과 특별법

(1) 일반법과 특별법의 개념

일반법이란 어떤 사항에 관하여 널리 일반적으로 규정하는 법령을 말하며, 특별법이란 그와 같은 사항에 관하여 특정의 사람, 지역, 기간 등을 한정하여 적용되는 내용을 규정하는 법령을 말한다(이하 특별법에 대한 설명은 박영도, 2002). 일반법과 특별법을 구별하는 실익은 법 적용과 해석에 있어서 특별법이 일반법에 우선하여 적용된다는 데 있다. 따라서 양자가 서로 저촉될 경우에는 특별법의 규정이 우선 적용되고 일반법은 특별법에 규정되어 있지 않은 사항에 대하여 보충적으로 적용된다. 그러나 일반법과 특별법의 관계는 일의적, 절대적, 고정적으로 정해지는 것이 아니라 상대적인 관념이므로, 어떤 법령에 대한 특별법이 타의 법령에 대한 일반법인 경우도 다수 존재하고 있는 점에 주의해야 한다.

형식적 효력이 동일한 법령 상호 간의 모순 · 저촉을 해결하는 원리로서 후법우선의 원리와 특별법우선의 원리의 어느 것을 적용하여야 할 것인가가 문제로 되는 경우도 많다. 특별법인 한에서는 당연히 후법우선의 원리에 의하지 않고 특별법우선의 원리가 적용되나, 경우에 따라서는 특별법으로 볼 수 있는가의 여부에 관해서 그 판단을 내리기 어려운 경우도 많다. 결국 추상적, 일반적으로 말하면 개별 구체적으로 법령의 규정에 입각하여 그 규정의 취지, 규정의 방식 등에 따라 판단하여야 할 것이다. 따라서 입법에 즈음하여 특별법을 두는 경우에는 충분히 주의하여 될 수 있는 한 입법적 해석을 시도하려는 노력이 필요하며, 특별법의 취지를 명백히 할 필요가 있다.

(2)특례법

① 특례법의 개념

일반적으로 어떤 법률에서 규정하고 있는 내용에 대하여 특례를 규정함을 목적으로 제정된 법률을 말한다. 특례법(特例法)의 개념은 학문상의 개념이라기보다는 법제실무상의 개념으로서, 실무상 이러한 예외법으로서의 특례법이 제정되는 이유로는 ① 일반법의 적용으로는 새로운 입법수요를 충족시킬 수 없는 특수한 상황에서 현실의 구체적 상황 가운데 전개되는 특수한 입법정책적 목적을 수행하기 위하여 한정된 내용만을 규정하면서 다른 법률에 대한 적용배제 또는 예외를 규정하여 강한 법 집행력을 수반할 필요성이 있는 경우, ② 사회변동으로 인하여 특수한 내용을 규율하고자 하는 입법의 필요성이 대두된 경우에 일반법의 근간은 그대로 유지하면서 한정된 범위 내에서 예외적인 조치를 내용으로 하는 특별법/특례법을 제정함으로써 법 적용의 탄력성을 유지할 필요성이 있는 경우, ③ 국가의 정책 추진의지와 입법의지를 국민에게 강하게 인식시키기 위하여 동일한 내용이라 할지라도 일반법의 규정 가운데 포함시키지 않고 예외법으로서의 특별법/특례법을 마련하여 국가정책에 대한 국민의 이해와 협조를 요구할 필요성이 있는 경우, ④ 입법기술적인 측면에서 번잡한 절차를 거치지 않고 비교적 신속하게 법규범을 제정 또는 개정할 필요성이 있는 경우 및 입법경제적인 측면에서 많은 비용과 시간이 소요되는 일반법보다는 예외법으로서의 특별법/특례법을 제정하는 것이 효율적인 경우 등이다.

② 특례법과 특별법

특례법은 다른 법률의 적용을 배제함으로써 특별대상법률에 대하여 특별법의 지위를 가지게 된다. 그러므로 법률 상호 간에 모순 · 저촉이 발생하는 경우 이를 해결하기 위한 해석원칙으로서 특별법우선의 원리가 일반법적 지위에 있는 특별대상법률과 특별법적 지위에 있는 특례법에 적용됨은 당연하다(이하 박영도, 2002). 물론 일반법과 특별법의 관계가 절대적인 분류로 볼 수 없고 개별법률 간의 상대적인 관계에 따라 분류될 수 있으므로 특별법과 특례대상법률의 관계 역시 명백히 구별하기 곤란한 경우가 많다. 따라서 특례법을 제정하는 경우에는 기존 법률과의 관계에서 상호 간에 모순 · 저촉이 생기지 않도록 특례대상법률과의 관계규정을 두어 어느 법이 특별법으로서 우선 적용될 것인가를 명백히 하여야 한다. 기존의 특례법 중에는 일시적인 필요에 의하여 제정되었음에도 계속 방치되어 있는 특례법이 있는가 하면, 지속적으로 계속 효력을 유지시킬 일반적인 내용에 대하여 특례법의 형식을 빌려 제정하는 경우도 있는데, 임시조치법의 성격을 띠고 있으면서 그 입법효과를 완수한 법률은 과감히 폐지시킴과 아울러, 일반법에 포함시켜 규정하는 것이 타당하다고 판단되는 법률에 대해서는 법체계의 정비라는 입장에서 일반법규정에 당연히 포함시켜야 할 것이다.

개개 법규범의 기본 형식 선택과 관련하여 어떤 종류와 범위의 법규범이 적당한가를 확정하고, 자유와 정의의 적절한 균형관계를 유지하며, 나아가 법규범 상호 간의 조화를 보장하는 것이 우선적으로 고려되어야 함은 당연하다. 그러한 의미에서 어떤 하나의 사안에 대해 너무나 많은 법 규정을 존치시키는 것은 국민들이 법 상태를 인식하고 적응하는 것을 매우 어렵게 한다. 특히, 각종 예외법으로서의 특별법/특례법을 제정하는 것은 법률관계를 불분명하게 하여 국민 전체의 입장에서 본다면 안전하게 생활하는 것을 어렵게 한다. 그 결과, 국민의 준법정신

공동화를 유발하고 법의 실효성의 관점에서도 법의 수용도 및 지도성의 저하를 초래한다. 따라서 어떤 법률의 기본 형식을 원칙법이 아닌 예외법으로서의 특별법/특례법으로 하는 경우에는 다음과 같은 특별한 이유가 존재하는 한도에서만 허용될 수 있다. 그러나 예외법으로서의 특별법/특례법이라는 기본 형식을 채용할 만한 충분한 이유가 있다 하더라도, 경우에 따라서는 그것을 선택함으로써 오히려 비생산적으로 작용하여 법이 촉진하고 보호하려는 가치를 손상하거나, 주어진 문제를 해결하기보다는 문제를 더욱 악화시키는 경우에는 이를 배제하여야 할 것이다.

(3) 대학교육 관련 법령에서 일반법과 특별법

대학교육 관련 법령 중 가장 중요한 일반법의 지위를 갖고 있는 법률은 「고등교육법」으로 볼 수 있다. 그러나 고등교육법의 일반법적 성격이 언제나 동일하게 유지된다고 보기는 어렵다. 가령 고등교육법상에 규정되어 있지 않은 각종 고등교육기관에 관한 법령과 고등교육법의 관계, 특히 효력 측면에 대한 것은 주의를 요한다.

이 밖에 「국가공무원법」은 국립대학 교직원에 대해서 일반법의 지위를 차지하고 있는 것으로 볼 수 있고, 「교육공무원법」은 국가공무원법에 대해서 특별법의 지위를 차지하고 있다고 볼 수 있다.

물론 이와 같은 구별은 일반법-특별법의 구별은 상대적인 것이어서 교육공무원법이 일반법이고 기타 이에 관련된 특별법들이 있는 것으로 볼 수도 있겠다.

3) 위임입법

(1) 위임입법의 개념

위임입법(delegated legislation)이란 국가기관의 분화를 전제로 어떤 국가기관이 그 권한을 다른 국가기관에게 수권(Erm chtigen)하는 것을 말한다. 즉, 의회가 법률로써 정하여야 할 사항을 스스로 정하지 않고 다른 성문법 제정권자에게 위임하여 법규범을 정립하도록 하는 것을 의미한다(이하 위임입법의 개념, 특징은 박영도, 2002). 따라서 위임입법은 의회에서 제정되는 입법에 대비하여 '종속적 입법(subordinate legislation)' 또는 그 성질상 입법적인 것이나, 전적으로 입법은 아니라는 의미에서 '준입법(quasi-legislation)'이라고도 한다. 위임입법은 본래의 입법기관인 의회로부터의 위임(수권)에 의거하여 정립되는 입법을 의미하므로, 국가기관이 헌법을 근거로 의회제정법의 수권에 의하여 제정하는 모든 법규범이 위임입법에 해당한다. 즉, 입법부에 의한 행정부로의 권한위임에 의거하여 제정되는 행정입법뿐 아니라 다른 국가기관이 헌법을 근거로 의회제정법의 수권에 의하여 제정하는 입법 및 지방자치단체의 의회가 제정하는 조례 중 법률에 의한 수권에 의하여 제정되는 것도 위임입법에 속하게 된다. 그러나 이와 같은 위임입법의 관념은 본래적 입법권을 지닌 입법권자의 존재를 전제로 하여 그것을 다른 주체에게 위임하여 행사하도록 한다는 의미에서의 위임입법의 관념과는 많은 차이가 있다. 따라서 일반적으로 위임입법이란 의회의 입법권을 전제로 의회 이외의 기관이 법률의 특별한 위임을 받아 그 기관에서 인정되고 있는 법 형식으로 법규범을 정립하는 것을 말하며, 그중에서도 주로 행정부에 대한 입법권의 위임과 이에 의거한 행정부의 입법, 즉 행정입법을 의미하는 것으로 이해되고 있다. 물론 행정입법이 전부 위임입법이라거나 행정입법은 전부 의회입법에 의한 위임(수권)을 필요로 하는 것이라고 단적으로 말하기는 어려우며, 이를 구체적으로 파악하기 위해서는 행정입법의 개념이나 의회에 의한 수권의 필요 여부, 구체적 양태에 관한 검토가 필요하다.

(2) 위임입법의 특징

입헌주의 국가에서는 국민의 기본적 인권을 보장하는 동시에 그 기본적 인권의 유효한 보장을 위하여 제도로서의 권력분립원리를 채용하고 있다. 또 기본적 인권에 관한 사항은 법률사항이라 하여 국회가 이를 규율하는 국회입법의 원칙과 법률에 의한 기본적 인권의 제약원리로서의 법치주의 원칙을 기본으로 삼는다. 우리 헌법도 제40조에서 "입법권은 국회에 속한다."라고 규정하는 한편, 제37조 제2항에서 "국민의 모든 자유와 권리는 국가안전보장, 질서유지 또는 공공복리를 위하여 필요한 경우에 한하여 법률로써 제한할 수 있다."라고 규정하여 이러한 기본 원리를 명시하고 있다. 그러나 우리 헌법도 국가 기능의 확대, 그의 전문화 · 기술화 등의 현상과 요청에 따라 국회입법의 원칙과 법률에 의한 기본적 인권의 제한원리에 대한 예외로서 행정부에 의한 실질적 의미의 입법인 위임입법을 명문으로 허용하고 있다. 즉, 헌법 제75조에서는 "대통령은 법률에서 구체적으로 범위를 정하여 위임받은 사항과 법률을 집행하기 위하여 필요한 사항에 관하여 대통령령을 발할 수 있다."라고 규정하는 한편, 제95조에서도 "국무총리 또는 행정 각부의 장은 소관사항에 관하여 법률이나 대통령령의 위임 또는 직권으로 총리령 또는 부령을 발할 수 있다."라고 규정하여 행정권에 의한 일반적 · 추상적 규율을 제정하는 권한으로서의 위임입법을 허용하고 있다.

(3) 대학교육 관련 법령과 위임입법

위임입법은 대통령령과 부령의 수준에서 많이 거론되지만, 다시 한

단계 아래로 가면 국·공립대학교의 내부 행정규칙과 규정들도 위임입법의 법리가 준용되는 경우가 많다. 국립대학의 경우 어떤 사항에 대해서 이를 '총장이 정한다' 라고 규정한 법령이 있는 경우 이것은 위임입법의 한 형태라고도 볼 수 있다. 사학의 경우 중요한 사항들을 학교법인 정관으로 정하게 하거나, 총장이 정하게 하는 경우 이것이 행정법상의 위임입법은 아닐지라도 법리상 위임입법이 적용될 수 있는 것으로 판단된다.

(4) 대학내규의 법적 성질

대학내규의 법적 성질에 대해서는 논란이 많으나, 가령 대학의 본질을 공법상 사단으로 이해하는 독일에서는 대학자치의 개념 속에 자주입법권이 내포되어 있다는 해석이 가능할 것으로 보이지만, 우리 현행 법령 하에서 국·공립대학은 그 본질상 행정기관에 불과하며, 독립된 법인격이 부여되어 있지 않기 때문에 엄격한 의미의 자주입법권이 부여된 것으로 보기는 어렵다고 한다. 결론적으로 현 실정법체계 하에서 국·공립대학의 대학내규는 행정기관의 명령(행정규칙 내지 영조물규칙)으로, 또 사립대학의 내규의 법적 성질은 사법상(私法上) 계약의 약관으로 이해하는 것이 타당하다고 한다(배영길, 2005: 322).

4) 공법과 사법

(1) 공법과 사법의 개념

공법과 사법의 구별에 관한 학설로는 ① 국가의 이익에 관한 것이 공법이고 개인의 이익에 관한 것이 사법이라고 하는 이익설, ② 권리의무의 주체가 국가인 것을 공법, 사인인 것을 사법이라고 하는 주체설, ③ 권력관계의 법이 공법이고 대등관계의 법이 사법이라고 하는 법률관계설 등 여러 가지가 있다. 대체로 국가가 그 구성원인 개인과의 관계를 규율하는 법이 공법이고 사인 상호 간의 관계를 규율하는 법이 사법이라고 할 수 있다(이하 서울대학교 법학연구소, 1987: 17–18).

이러한 공법과 사법의 구별은 자본주의 경제의 발전과 더불어 나타난 여러 가지 사회적 모순과, 이에 따라 일어나는 사회적 문제를 해결하기 위하여 국가가 시민생활에 직·간접으로 간섭하게 되면서, 순 사법적인 관계에도 국가가 개입하게 되고 사법의 영역에도 공법적인 요소가 침투하게 되었다.

이러한 상황에서 노동법, 경제법 등과 같이 공법과 사법의 중간적인 법 영역이 중요성을 띠게 되고, 이러한 경향은 복지국가적 이념에 의한 국가활동의 범위가 커져 감에 따라서 점점 더 그 폭을 넓혀 가고 있다.

(2) 자원배분규범

① 자원배분 기능의 개념

현대국가에서는 공법과 사법의 개념으로 포착하기 어려운 자원배분규범이라는 것이 있다(이하 자원배분 관련 법령의 개념, 특징은 박영도, 2002).

근대국가의 역할은 야경국가라고 일컬어지는 것처럼 방위, 경찰, 재판 운영 등 기본적으로 소극적·사후구제적인 것에 한정되었다. 법 시스템도 종교의 자유 등의 자유권적 인권과 평등한 참정권을 보장하고, 사회통제와 활동 촉진이라는 기본적인 기능을 갖고 입헌민주제와 자유경쟁시장의 원만한 작동을 외적으로 보장한다면 그것으로 충분하였다. 그러나 현대국가는 모든 시민에 대해서 단지 법적·정치적 차원에서의 형식적인 자유와 평등만이 아니라 사회·경제 차원에서의 실질적인 자유와 평등을 실현하기 위하여 사회경제생활에 적극적으로 배려·개입하고, 사회적 정의의 관점에서 자유경쟁시장의 폐해를 시정하려 한다.

그 상징적인 법적 표현이 생존권을 필두로 하는 사회적 기본권으로 삽입되기에 이른 것이다.

현대국가의 역할로는 모든 사람들에게 최저생활 수준을 보장하기 위한 사회적 서비스의 제공자, 계약 · 재산의 자유 제한 내지 경제권력의 부당한 집중 완화 등 경제활동의 규제자, 공익사업을 중심으로 각종 공기업을 경영하는 기업가, 경제활동의 공 · 사 부문 간의 공정과 균형을 유지하는 심판자 등이 중시되었다. 이에 따라 법 시스템의 수비범위도 계약의 공정한 확보, 균형 있는 형벌 · 손해배상의 부과라는 교환적 · 교정적 정의만이 아니라 사회경제적인 이익과 부담의 적정한 할당이라는 배분적 정의로까지 확대되고 있다. 현대 법 시스템은 경제활동의 규제에 한하지 않고 사회보장, 생활환경의 정비, 교육 · 공중위생 등에 관한 공적 서비스의 제공, 각종 보험이나 조세에 의한 재화의 재분배 등 시민의 사회경제생활의 질적 향상을 지향하는 다종다양한 공공정책의 실현을 위하여 중요한 수단으로서 널리 사용되기에 이른 것이다. 법의 이러한 현대적 기능을 자원배분 기능이라고 한다.

② 자원배분 기능에 관련된 법령의 특징

여기서 자원배분 기능이란 각종 자원, 재화, 서비스의 관리, 조정 · 배분에 사회적 정의를 필두로 배분적 정의의 관점에서 계획적으로 관여하는 것이다. 이러한 기능을 지닌 법령은 행정법과 세법 등 공법 외에 노동법, 사회보장법, 경제법, 공해환경법, 소비자보호법 등 공법과 사법의 융합 영역에 많다. 자원배분적 법령은 시민과 기업에 일정의 행동양식을 취할 것을 지향하거나, 공권력 행사를 규제하거나 또는 시민 상호 간의 자주적인 이해조정과 분쟁해결을 촉진하는 기능을 지닌다. 자원배분 기능은 그 안에서 사회통제 기능과 활동촉진 기능이 중복되고 있다. 그러나 사회통제나 활동촉진이라는 기능은 주로 형법이나 민법 등 고전적인 보편주의 형법을 통한 사전적 · 일반적 규제와 사법에 의한 사후적 · 개별적 구제라는 모습으로 획일적으로 실현된다. 그에 대해서 자원배분 기능은 특정의 사회경제적 목적의 달성을 위한 수단이라는 성질을 지닌 관리형 법을 통해서 각종 행정기관에 의한 적극적인 사전 · 사후 및 일반적 · 개별적인 규제나 지도 등의 모습으로 탄력적으로 실현되는 경우가 많으며, 사회통제나 활동촉진이라는 기능의 실현 양식과는 중요한 차이가 발견된다.

자원배분적 관리형 법의 증대는 근대법에서 현대법으로의 전개에서 가장 중요한 특징으로 법의 정책화 내지 행정화를 추진하며, 근대법 시스템 하에서 형성된 법의 기본적인 특질과 구조의 변용을 초래하는 원동력이 된다. 최근의 자원배분적 법령은 이른바 기본법 내지 계획법에 의해서 정책목표가 개괄적으로 제시되고 각 정책의 실시에 즈음한 기관의 조직, 권한이나 활동의 기준 · 절차를 구체적으로 규정하는 각종 법령이 제정되는 방식을 취하는 것이 많다. 형법이나 민법 등 고전적 · 보편주의형 법은 시민에 대해 구체적인 권리나 의무를 명확히 규정하고, 권리침해나 의무위반에는 사법적 구제나 강제력의 발동을 예정하고, 행위규범과 재판규범이라는 중층 구조로서 작동한다. 그에 대해 자원배분적인 관리형 법령은 시민에 의해서 직접 준수되거나, 법원에서 일반적으로 적용되는 것을 반드시 예정하지는 않은 규정이 많고, 정책의 실시에 있어서 기관의 조직 · 권한이나 활동의 기준 · 절차를 정하는 조직규범을 중심으로 작동한다. 그 때문에 자원배분적 법령에는 이른바 국가의 정책목표 내지 정치도덕적 의무를 정하는 등 개개의 국민에게 구체적인 청구권을 보장한 것이 아닌 규정이 많다.

(3) 대학교육 관련 법령과 공 · 사법의 구별

대학교육 관련 법령에 있어서 국 · 공립대학과 관련된 법령은 공법에 속하는 것으로 볼 수 있으나, 사립대학에 관련된 대부분의 법령은 사법에 속하는 것이 많다. 물론 사립학교법 자체는 공법적 요소가 강하지만 사학의 재산, 인사 등에 관한 많은 부분은 사법의 적용을 받는다. 오늘날의 고등교육에 대해서는 국가의 개입이 현저하게 증가하여 사법적 요소는 많이 감소되고 공법적 요소가 확대되어 왔다. 사립대학의 운영에 있어서 국가적 개입의 확대는 그 예다.

5) 실험법과 일반법

(1) 실험법률의 개념

실험법률(experimentelle gesetzgebung)이라는 관념은 1990년대에 독일 정치학 · 행정학에서 본격적으로 논의되기 시작하였으며, 그곳에서 '실험' 이라는 형용사를 강조하여 논의가 행해지고 있는 취지는 실험법률은 법률일반과는 구별된 유형의 법률로서 파악한다는 것이다(이하 박영도 외, 2002). 즉, 모든 법률은 일정한 목적을 달성하고 일정한 결과를 획득하는 것을 지향하고 있으며, 항상 장래에 대한 도박이다. 만약 기대된 결과가 달성되지 않으면 그 법률은 재검토된다. 따라서 넓은 의미에서 모든 법률은 실험적 성격을 가진다. 그렇다고 하여 실험법률의 문제를 법률 일반의 문제로 해소하여 버리는 것은 아니며, 실험법률은 다음의 네 가지 요건을 충족하는 것으로서 정의한다. ① 법률의 유효기간이 규정되어 있다. 이로써 실험법률의 잠정적 성격이 나타난다. ② 기한이 당해 법률 가운데 가장 처음부터 규정되어 있다. 이로써 실험이라는 의사가 보증된다. ③ 입법평가가 행해지는 것을 규정하고 있다. 이로써 단순한 한시입법과 구별된다. ④ 실험법률의 항구화가 그 입법평가를 거쳐서 행해지는 사후의 법률의 채택에 따르고 있다. 그 의미에서 실험법률의 제정은 사후에 전개되는 복잡한 입법 과정의 제1단계에 불과하다.

(2) 실험법률의 특수성

실험법률의 특수성은 그 잠정적 성격과 입법평가의 의무화의 결합이며 어느 것이 결여되어도 실험법률이 아니다(이하 박영도 외, 2002). 시행기간만이 규정되고 평가와 재심의가 결여되어 있는 법률은 피드백의 메커니즘이 결여되어 있으므로 실험적 성격을 가지지 않는다. 반대로 법률의 시행에 관한 보고서의 제출의무가 규정되어 있더라도 법률의 유효기간이 규정되어 있지 않으면 그것은 단순한 입법조사, 입법평가가 문제가 되는 데 불과하다. 실험법률에 있어서 입법평가는 불가결의 요소이나, 입법평가는 그 자체 독립되어 행해질 수도 있는 것이다. 결국 실험법률은 입법을 준비하기 위한 사회학적 조사(sociologie pre-legislative)와 구별된다. 그것은 확정적 규범을 내용으로 하는 통상의 법률 제정에 선행하는 사전조사다. 조사는 실험과 동일시될 수 있는 것은 아니다. 또한 실험적 법률은 입법 시 예상될 수 있는 효과를 측정하는 시뮬레이션과도 구별된다. 시뮬레이션은 데이터에 상응한 수량적 비교에 따르는 영역에 적합한, 실제로는 시행되지 않는 가공의 실험이다. 즉, 시뮬레이션은 법률의 제정에 우선한 '가정의 법적 실험'이다. 이에 대하여 실험법률의 경우의 실험은 규범의 효과를 평가하는 데 결부되어 있으며, 규범적 효력이 부여된 법문의 존재를 전제로 하므로 실험법률에서는 '현실의 법적 실험'이 문제가 된다. 이 의미에서 실험법률은 통상의 확정적 법률과 같은 본질적 속성을 가지고 있다.

(3) 실험법률과 대학정책

실험법률은 현재 각국에서 학교 · 교육개혁, 법조교육, 언론정책, 교통정책, 건설제도, 임차인보호 등의 행정 영역에서 적용되고 있으며, 그 배경은 개개의 실험법률을 제정하게 된 동기와 관련된다. 다시 말하면, 입법효과의 불확실성 감축이라는 동기와 실험적 시용을 명분으로

한 대립의 수습이라는 동기를 지적할 수 있다. 실험법률은 입법의 기술적 곤란함을 극복하거나 변혁에 반대하는 사람을 설득한다는 전략의 범위 내에서 구사되고 있다. 의도한 개혁에 대한 정치적 저항을 극복하기 위한 전략적 수단으로서 투입된다는 사정이 있다. 새로운 규율이 나중에 간단하게 제거 · 수정 가능하다고 유보를 강조하는 전략이 실험법률의 배후에 존재한다. 이와 같이 실험법률은 그 과도성, 합리성을 논함으로써 법률의 부작용을 우려하는 반대자를 설득하는 기능을 지니고 있다. 법률에 대해 원칙적으로 반대를 주창하는 자는 시행에 의거한 경험의 획득조차 반대하는 자라는 낙인을 하여 고립시키게 된다. 실험법률이 근래 사용되고 그 이론적인 분석이 진행되고 있는 배경에는 이 법률 유형이 입각하는 사고 방법과 현대사회의 요청이 친화적이라는 관계가 인정된다. 그러나 실험법률은 입법을 둘러싼 현대적인 제 문제를 한꺼번에 해결할 수 있는 만능약은 아니라는 점에서 극복하기 어려운 한계를 노출하고 있다. 또한 실험법률은 정치의 장에서 전략적 수단으로 이용될 수도 있음을 우려하여 법적 허용성을 둘러싸고 다양한 논의가 전개되고 있다. 예컨대 '형사법과 같이 법률의 공정성에 대한 법의식이 높은 분야에는 적당하지 않다.' 라던가, '공무원법과 같이 계속적 성격을 지닌 분야에 관한 실험은 적합하지 않다.' 라는 법 영역에 착안한 제한론 등이 있다.

(4) 대학교육 관련 법령과 실험법령

대학교육정책이 복잡해지고 시범적인 사업들이 추진될 필요성이 증가함에 따라서 대학교육 관련 법령 분야에 있어서도 실험법령의 수요가 증가하고 있다. 대학정책의 대부분은 일정한 범위나 조건 아래에서만 기간을 정하여 시행하는 것들이 많다. 가령 대학입학에 관한 법령은 거의 매년 바뀌고 있다.

향후 대학교육정책이 국제경쟁 풍토 속에서 획기적으로 전환될 것이 예상되면서 실험법령의 입법수요도 많아질 것으로 보인다.

6) 민사법과 형사법

(1) 민사법과 형사법의 개념

민사법은 크게 민법과 상법으로 이루어진다. 상법은 민사법 안에서는 일반법인 민법에 대한 특별법으로서 영리기업에 관한 법규이며 영리활동이 지니는 합리성, 기술성 때문에 그 규제는 민법에 비해 고도로 기술적이며 그 영리활동의 국제성 때문에 다분히 국제성을 띠게 된다(이하 서울대학교 법학연구소, 1987: 21−22).

형사법은 국가권력이 가장 강하게 나타나는 분야이며 인권보장의 요청이 다른 분야에 비해 한층 강하다. 죄형법정주의가 형법의 기본 원칙으로 되어 있는 것을 보면 이를 알 수 있다. 형사법의 영역은 행정법의 분야에도 미친다. 즉, 경찰법과 행형법에 관련된다.

(2) 대학교육 관련 법령 중 민사법과 형사법의 구별

고등교육의 민영화와 민간참여의 확대 그리고 국제화의 가속화 현상은 대학교육 관련 법령의 민사법의 영역을 확장하고 있다. 영리법인에 의한 대학 설립과 같은 것은 상법이 대학교육에 관련된 법이 되고 있음을 나타낸다.

한편, 대학교육 관련 법령 중에는 각종 벌칙과 형사책임을 묻는 것들이 많다. 이러한 형사법적 구성요소는 대학교육 관련 법령의 주요 요소다.

5. 대학교육 관련 주요 법령

대학교육 관련 법령의 구조를 구체적으로 판단하기 위해서 영역별로 주요 법령들을 골라 내용과 성격을 살펴보기로 한다. 법령의 자세한 내용은 각 영역에서 설명하기로 하고 여기서는 대략적인 설명에 그친다.

1) 대학의 이념 및 법적 지위와 설립 등에 관련된 법령

현행법상 대학의 법적 실체에 관련된 법령으로는 헌법, 교육기본법, 고등교육법, 교육공무원법, 사립학교법 등이 있다.

헌법 제31조는 "대학의 자율성은 법률이 정하는 바에 의하여 보장"(제4항)되고, 대학교육을 포함한 '교육제도와 그 운영, 교육재정 및 교원의 지위에 관한 기본 사항은 법률로 정한다."(제6항)고 하였다. 이 조항들은 대학의 법적 지위와 관련되는 사항의 구체적 내용을 법률에 유보하고 있는데, 그 중요한 법률들이 교육기본법, 고등교육법 등이다. 교육기본법 제9조는 대학을 포함한 학교 전반에 대하여 그 공공성과 임무 등에 관하여 규정하고 있고, 고등교육법 제3조는 대학의 설립에 관련하여 국·공·사립을 구별하고 있다. 국립학교의 설립·운영에 관하여 규율하는 국립학교설치령은 국가가 설치하는 국립대학을 나열하고, 그 관리기관으로서 총·학장 등과 하부 관리조직 및 부속시설을 규율하고 있다. 이들은 대학의 법적 실체에 대하여 구체적으로 정하고 있지는 않기 때문에 그 설립에 대통령령의 형식을 취하도록 한 국립대학을 정부조직법상의 행정조직 분류에 비추어 제4조의 부속기관의 일종으로 해석하고, 전통적 행정법이론에 따라 정부조직법상의 법인격 없는 영조물로 파악하는 방법이 있다. 이와 같이 대학의 법적 실체에 관련된 법은 헌법으로부터 교육기본법을 비롯하여 정부조직법에 이르기까지 다양하다(이하 이경운, 2004).

한편, 대학의 설립과 운영에 관한 법령은 고등교육법을 위시하여 사립학교법, 국립학교설치령, 대학설립 · 운영규정 등을 들 수 있다.

대학설립 · 운영규정은 고등교육법과 사립학교법의 규정에 의하여 대학, 산업대학, 교육대학, 전문대학 및 이에 준하는 각종 학교의 설립기준과 대학을 운영함에 있어 필요한 시설, 교원 및 수익용 기본재산 등에 관하여 필요한 사항을 규정하고 있다(대학설립 · 운영규정 제1조).

대학의 법적 지위와 설립 등에 관련된 법령을 열거하면 다음과 같다.

- 헌법(1987.10.29 전문개정)
  - 전문
  - 제22조(학문과 예술의 자유)
  - 제31조(교육의 자주성, 전문성, 정치적 중립성 및 대학의 자율성 보장)
- 교육기본법(1997.12.13 법률 제5437호, 5차개정 2004.12.30 법률제7253호)
  - 제2조(교육이념), 제3조(학습권), 제4조(교육의 기회균등), 제5조(교육의 중립성)
  - 제9조(학교교육), 제12조(학습자), 제14조(교원), 제16조(학교 등의 설립경영자)
  - 제17조(국가 및 지방자치단체)
- 고등교육법
  - 제2조(학교의 종류)
  - 제3조(국 · 공 · 사립학교의 구분)
  - 제4조(학교의 설립 등)
  - 제5조(지도, 감독)
  - 제18조(학교의 명칭)
  - 제28조(대학의 목적)

- 제41조(교육대학의 목적)
- 제47조(전문대학의 목적)
- 제52조(방송통신대학)
- 제55조(기술대학의 목적)
- 제59조(각종 학교의 목적)

• 정부조직법

- 제4조(부속기관의 설치)

• 설치령

- 서울대학교설치령
- 국립학교설치령
- 한국교원대학교 설치령
- 한국방송통신대학교설치령

• 대학설립 · 운영규정 및 동법 시행규칙

• 사립학교법(1963.6.26 법률 제1362호, 35차 개정 2005.1.27 법률 제7354호)

- 제3조(학교법인이 아니면 설립할 수 없는 사립학교 등)
- 제8조(학교법인 설립등기)
- 제10조(설립허가)
- 제12조(설립의 시기)

• 각종 학교에 관한 규칙

• 기술대학설립 · 운영규정

• 기타 대학의 법적 지위에 관한 법령

2) 교직원 관련 법령

대학의 교직원은 국 · 공립대학과 사립대학의 경우를 나누어서 보아야 한다.

국 · 공립대학의 교직원에 대한 법령으로는 국가공무원법과 동법 시행령, 교육공무원법과 동법 시행령 및 이와 관련된 각종 대통령령 등을 들 수 있다. 공립대학의 교직원에 관련된 법령으로는 지방공무원법이 있다.

사립대학의 교직원에 대해서는 사립학교법과 함께 사립대학 교직원에게 준용되는 법령들이 있다. 특히, 사립대학 교직원의 복무에 대해서는 국 · 공립대학의 교직원에 대한 규율들이 많이 준용되고 있다.

교직원 관련 법령을 열거하면 다음과 같다.

- 국가공무원법 동법 시행령
- 지방공무원법
  - 제2조(지방공무원의 구분)
- 지방공무원임용령
- 교육공무원법 및 동법 시행령
- 교수자격기준 등에 관한 규정
- 교육공무원승진규정
- 공무원보수규정
- 교육공무원임용령
- 교육공무원인사위원회규정
- 교육공무원징계령
- 교원징계처분 등의 재심에 관한 규정
- 교육공무원인사기록 및 인사사무처리규칙
- 교육공무원임용후보자선정경쟁시험규칙
- 교육공무원징계양정 등에 관한 규칙
- 국가공무원복무규정
- 근로기준법
- 사립학교법

- 제4장(사립학교 교원)
- 제52조(자격)
- 제53조(학교장의 임면)
- 제53조의 2(학교의 장이 아닌 교원의 임면)
- 제53조의 3(교원인사위원회)
- 제53조의 4(국 · 공립대학 교원에 관한 규정의 준용)

• 기타 교직원 관련 법령

3) 대학재정 관련 법령

대학재정 관련 법령은 국가나 공공단체가 대학교육을 위하여 필요한 재원을 확보, 배분, 지출, 평가하는 데 관련된 법령과 학교법인이 사립학교의 운영을 위해서 하고 있는 재정활동에 관한 법령들로 이루어진다. 예산회계법과 동법 시행령, 지방재정법과 그 시행령, 국립 및 공립학교의 회계규칙, 사학기관재무회계규칙, 시 · 도별 교육비특별회계재무회계규칙 등이 있다.

관련 법령을 열거하면 다음과 같다.

• 예산회계법
• 국유재산법 및 동법 시행령
• 지방재정법 및 동법 시행령
• 사립학교법
- 제5조(자산)
- 제6조(사업)
- 제16조(이사회의 기능)
- 제28조(재산의 관리 및 보호)
- 제29조(회계의 구분)

- 제30조(회계년도)
- 제31조(예산 및 결산의 제출)
- 제32조(재산목록 등의 비치)
- 제33조(회계규칙 등)

• 사립학교 보조와 원조에 관한 건
• 사학기관재무회계규칙
• 학교회계규칙
• 시 · 도별 교육비특별회계재무회계규칙
• 기타 조세관계 및 조세감면에 관한 법령

4) 학생선발 등 기타 학생 관련 법령

• 고등교육법
- 제32조(학생의 정원)
- 제33조(입학자격)
- 제34조(학생의 선발 방법)
- 제36조(시간제 등록)

• 사도장학금에 관한 규정 및 시행규칙
• 국외유학에 관한 규정 및 시행규칙
• 장학금규정 및 시행규칙

5) 대학시설 관련 법령

• 대학설립 · 운영규정
- 제2조(설립인가 기준 등)
- 제4조 교사(校舍)
- 제5조(교지)
- 제7조(수익용 기본재산)

- 민간투자사업법
- 사립학교법
  - 제35조의2(해산 및 잔여재산귀속에 관한 특례)

6) 대학에 대한 행정 관련 법령

대학에 대한 행정 관련 법령은 국가 수준에서 대학에 대한 정책과 행정에 관련된 법령이다. 이에는 교육과학기술부와 그 소속기관 직제를 비롯하여 대학에 대한 국가행정과 정책에 관련된 법령들이 있다.

대학에 대한 행정 관련 법령을 열거하면 다음과 같다.

- 정부조직법
  - 제26조(행정각부)
- 교육과학기술부 및 소속기관 직제
- 고등교육법
  - 제60조(시정 또는 변경명령)
  - 제62조(학교 등의 폐쇄)
  - 제63조(청문)
- 사립학교법 및 동법 시행령
  - 제14조(학교법인 임원)
  - 제15조(이사회)
  - 제16조(이사회의 기능)
  - 제17조(이사회의 소집)
  - 제19조(임원의 직무)
  - 제20조(임원의 선임과 임기)
  - 제20조의 2(임원취임의 승인취소)
  - 제21조(임원선임의 제한)

- 제25조(임시이사의 선임)
- 제26조의 2(대학평의원회)
- 제43조(국가의 지원)
- 제45조(정관변경)
- 제46조(수익사업의 정지명령)
- 제47조(해산명령)

• 책임운영기관의 설치 · 운영에 관한 법률
• 평생교육법 및 동법 시행령
• 학교기업의 설치 · 운영에 관한 규정
• 학교수업료 및 입학금에 관한 규정
• 행정권한의 위임 및 위탁에 관한 규정
• 한국사학진흥재단법
• 한국대학교육협의회법
• 한국전문대학교육협의회법
• 한국교직원공제회법
• 학술진흥법
• 기타 대학에 관한 행정에 관련된 법령

6. 외국법령과 비교해 본 한국의 대학교육 관련 법령의 특징

대학교육 관련 법령의 구조를 구체적으로 판단하기 위해서는 외국의 관련 법령과 비교하여 어떤 점에서 특징이 있는가를 검토하는 것이 필요하다. 이런 관점에서 우리나라 대학교육 관련 법령과 독일, 일본, 미국 등의 대학교육 관련 법령을 비교하여 살펴보고자 한다.

1) 독일의 대학교육 관련 법령 구조와의 비교

(1) 독일 대학교육의 특징

독일에서 대학에 관한 관리 및 행정의 책임은 주정부에 있다. 일부 종교 관련 특수대학과 1990년대 이후 독일에 설립된 소수의 외국계 사립대학을 제외하고 모든 대학이 주정부 산하에 있다고 볼 수 있다. 이와 같이 지방 분권의 전통이 강한 독일에서 각 주정부의 권한이 강한 특성 때문에, 독일은 오래전부터 전체 독일 대학에 통일성을 부여하기 위해서 연방 차원의 고등교육기본법(Hochschulrahmengesetz: HRG)를 제정하여 운영하였다. 이와 같이 독일에서는 각 주정부가 대학 설립 및 운영의 주체다. 연방의 법률 테두리 안에서 각 주정부는 대학운영에 관한 기본적인 법을 제정하여 시행하고 있다. 연방 고등교육기본법(HRG)에는 대학이 공공법인이면서 국가시설이라는 점과 동법이 정하는 범위 내에서 각 대학이 자치권을 가진다고 명시하고 있다(조상식, 2004). 한편, 독일의 고등교육기본법은 "고등교육기관은 공법상의 단체이며 동시에 국가기관이다. 고등교육기관은 법률이 규정하고 있는 범위 내에서 자치권을 갖는다." 라고 규정하고 있다(이하 박부권, 2004).

(2) 독일 대학교육 관련 법령의 구조

독일의 경우에는 대학의 법적 성격에 대해서 법률로 규정하고 있다. 이 점은 대학의 법적 지위에 대해서 아무런 명시규정을 가지고 있지 못한 우리나라와 대조적이다.

독일의 경우에는 대학이 공법상의 사단이자 국가의 시설임을 대학기본법 제58조가 밝히고 있다(이하 독일 대학의 법적 성격은 이시우, 2002).

여기서 공법상의 사단이라 함은 행정법적으로 볼 때 결합체에 속하는 개개인이 구성원의 지위를 갖는 인적 결합체를 의미한다. 구성원의 개념은 다시 그러한 결합체의 의사형성 과정에 대한 참여를 통하여 정의될 수 있는데, 특히 사항적인 결정에 대한 직접적인 참여와 각종 결합체 내부기관 선거에의 참여를 통한 간접적 참여가 이에 해당된다. 따라서 공법상의 영조물과 공법상의 사단 사이의 가장 큰 차이점은 바로 공법상의 영조물은 이용자를 가지고 있는 것인 데 반하여, 공법상의 사단은 구성원을 가지고 있다는 점에 있다. 어떤 결합체에서 의사형성 과정에 참여함으로써 영향력을 행사할 수 있는 것이 구성원의 지위이고, 결합체에서 의사형성 과정에 참여하지 못함으로써 전혀 영향력을 행사할 수 없는 것이 이용자의 지위라고 볼 때, 대학의 법적 성격을 무엇으로 보느냐에 따라 상이한 법적 효과가 나타날 수 있다. 이는 특히 대학생에 대해서 그 의미가 큰데, 대학생의 지위가 대학의 법적 성격에 따라 이용자의 법적 지위만을 가질 수도 있고 구성원의 법적 지위를 향유할 수도 있기 때문이다. 대학교수나 기타 대학 내의 종사자들은 국립대학의 경우에는 공무원으로서의 지위를 향유할 수 있으며, 또한 학문활동을 하는 교수나 연구원들은 기본법 제5조 제3항의 학문의 자유를 향유할 수도 있다. 그리고 공법상의 사단도 국가의 감독 하에 놓여 있지만, 국가의 감독은 구성원의 기본권과 단체에게 인정되는 자치 영역을 존중하는 범위 내에서 이루어지게 된다.

독일 대학의 이러한 기본적 구조에 따라서 대학교육 관련 법령은 사단으로서의 대학의 권리, 구성원의 참여권 그리고 대학에 대한 국가 감독의 범위 등에 관한 사항들이 중요한 것으로 부각된다.

(3) 독일 대학교육 관련 법령과 한국의 비교

공법상 사단으로 인정되는 독일의 경우와는 달리 우리나라 대학은 법인격 없는 영조물로 간주되고 있다. 따라서 한국의 대학교육 관련 법령은 대학의 법적 지위에 대한 규정이 중요한 것으로 여겨지지 않고 대학 구성원의 참여권도 핵심적인 조항으로 여겨지지 않는다. 국립대학의 경우 교수나 직원은 단지 공무원일 뿐이며, 공무원의 임용과 복무에 관한 것이 그대로 준용된다. 따라서 한국의 대학교육 관련 법령은 독일의 경우에 비교해서 국가기관에 관한 조항이나 국가공무원에 관한 조항이 기계적으로 적용되는 단순한 구조라고 할 수 있다.

2) 일본의 대학교육 관련 법령 구조와의 비교

(1) 일본의 국립대학체제

국립대학 법인화 이전의 일본의 대학교육 관련 법령은 우리나라와 유사하였으나, 「국립대학법인법」이 2003년 10월부터 시행되면서 일본의 국립대학들이 모두 법인이 되면서 우리나라와는 전혀 다른 제도가 정착되었다.

법인화된 일본 국립대학의 법적 지위는 더 이상 법인격 없는 영조물

‖ 표 3-1 ‖ 한국과 일본 국립대학의 운영 법제(2005)

구분	한국	일본
법적 지위	법인격 없는 영조물	법인격 있는 교육기관
총장임명권	교육과학기술부장관의 제청으로 대통령이 임명	총장선고회의의 제청으로 문부과학대신이 임명
교수임명권	부교수 이상은 대통령, 전임강사와 조교수는 교육과학기술부장관	총장
중요사항에 대한 대학단위 심의의결기구	없음	역원회
학내조직 신설 개폐권	없음(교육과학기술부장관의 인가 필요)	총장에게 권한부여
회계	정부의 회계법령 적용	법인회계 운영

‖ 표 3-2 ‖ 일본 국립대학 법인 관련 법령 구조

법령	성격	주요 내용	형식 또는 입법자
독립행정 법인통칙법	국립대학법인을 포함한 독립행정 법인의 기본 구조 규정	법인의 명칭, 법인격, 사무소, 재산적 기초, 등기, 민법의 준용, 독립행정법인평가위원회, 설립등기, 역원 및 직원, 역원의 임명, 법인의 장, 업무 운영, 중기목표, 역원의 신분 등 인사관리에 관해 규정	법률
국립대학 법인법	이사회 등 국립대학법인의 기본 구조 규정	국립대학법인평가위원회, 역원 및 직원, 역원회, 경영협의회, 교육연구평의회 등 규정	법률
ㅇㅇ대학 기본조직규칙	이사회, 대학조직 등에 관한 세부사항 규정	역원 및 교직원, 사무조직, 교육연구조직 등	역원회
ㅇㅇ대학 경영협의회규칙	경영평의회의 조직, 기능 등에 관해	설치, 조직, 관장사무, 권한, 소집, 의장(총장이 의장이 됨) 등	역원회
ㅇㅇ대학 경영협의회내규	협의회 정족수 및 의결 방법 등 규정		경영 협의회
ㅇㅇ대학교육 연구평의회규칙	교육연구평의회의 조직 등 규정	교육연구평의회의 조직, 직무, 권한, 소집, 의장(총장이 의장이 됨) 등	역원회
ㅇㅇ대학교육 연구평의회내규	평의원 등 규정	평의원의 선임, 표결 방법, 의장의 표결권, 비공개원칙 등	교육연구 평의회
ㅇㅇ대학총장 선고회의규칙	총장선출기구의 조직, 기능 등 규정	총장선고사유, 선고의 개시 방법, 대의원회, 후보자 선정, 총장예정자의 결정 등	역원회
ㅇㅇ대학총장 선고회의내규	대의원회 등 규정		총장선고 회의
ㅇㅇ대학 교직원취업규칙	교직원인사, 평가 등 규정, 종전의 교육공무원법 대신에 적용되는 규정	채용, 근무평정, 배치, 휴직, 퇴직, 해고 등	역원회
ㅇㅇ대학교직원 퇴직수당규칙	직원퇴직수당규정	목적, 퇴직수당지급, 퇴직수당 지급액, 근속기간 계산 방법	역원회

이 아니며 법인격 있는 고등교육기관이다. 대학의 교수임명권도 우리나라는 부교수 이상은 대통령, 전임강사와 조교수는 교육과학기술부장관이 가지고 있지만, 법인화된 일본의 국립대학에서는 모두 총장의 권한이다. 우리나라 국립대학에는 총장 외에 별도의 의사결정 및 심의기구가 없지만, 법인화된 일본의 국립대학에는 역원회(이사회)가 설치되어 있고 학내조직 신설개폐권도 총장에게 부여되어 있다.

(2) 일본의 국립대학 관련 법령의 구조

일본의 경우 정부산하 각종 기관들을 '행정법인통칙법(行政法人通則法)'의 제정을 통해서 독립행정법인의 형태로 법인화하였다. 여기서 독립행정법인은 사회경제의 안정 등 공공상의 견지에서 확실한 실시가 필요한 사무, 사업이기는 하지만, 국가가 주체가 되어 직접 실시할 필요는 없는 것 중에서 민간 주체에 맡기는 경우 반드시 실시되지 않을 우려가 있거나, 독점적으로 행할 필요가 있는 것을 효율적 · 효과적으로 하게 하기 위해서 설립된 법인이다(일본 독립행정법인법, 1998. 법률 제103호 제2조).

그런데 독립행정법인은 일본이 추진한 행정개혁의 일환으로 제도화된 점이 중요하다. 국립대학을 포함한 일본 행정기관들의 법인화를 초래한 행정개혁의 기본 방향(2000년 閣議결정)은 다음과 같았다.

- 행정조직과 제도의 근본개혁
- 지방분권의 추진
- 규제개혁의 추진
- 행정사무의 전자화 등 전자정부 실현
- 중앙정부개혁의 정확한 실시
- 행정조직과 사무의 감량, 효율화 등

독립행정법인화는 위의 목표 중에서 행정조직과 사무의 감량, 효율화의 일환으로 도입된 것이며, 이와 같은 독립행정법인제도 도입에 따라서 국립대학의 독립행정법인화가 추진된 것이다.

모든 독립행정법인에 적용되는 「독립행정법인통칙법」은 각종 독립행정법인에 공통적으로 적용되는 모형을 규정하였다. 그리고 「국립대학법인법」은 국립대학을 모두 독립행정법인으로 하고 대학의 장은 문부성 대신이 임명하되, 대학 자체에 법인으로서의 지위를 주고 의사결정권을 부여하였다. 국립대학법인법은 독립행정통칙법의 특별법으로 볼 수 있고 통칙법의 많은 조항들을 준용하고 있다(국립대학법인법 제5장 잡칙 참조).

(3) 한국의 대학교육 관련 법령의 특징

2003년부터 새롭게 출발한 일본의 국립대학 관련 법령과 한국의 법령의 차이는 크게 나타난다.

첫째, 한국의 대학교육 관련 법령은 일본에는 더 이상 존재하지 않는 법인격 없는 영조물 법리에 기초해 있다.

둘째, 한국의 대학인사 관련 법령은 국가공무원제도를 준용하고 있으나, 일본의 경우는 근로기준법에 기초한 취업규칙으로 대체되었다. 더욱이 직원의 신분은 모두 민간인이 되어서 사립대학의 교직원과 차이가 없게 되었다. 이러한 일본의 법제상의 획기적인 전환으로 인하여 한국과 일본의 대학교육 관련 법령의 공통점은 크게 줄어들었다.

3) 미국과 영국의 대학교육 관련 법령 구조와의 비교

(1) 미국과 영국의 대학

미국과 영국의 대학은 법인이다. 미국은 사립대학뿐만 아니라 주립대학의 경우에도 법인으로서 이사회에 의해 운영되고 있다(이하 이시우, 2002).

1636년 미국 최초의 고등교육기관으로 설립된 하버드대학의 경우 설립 당시 매사추세츠 일반법원이 하버드대학 설립을 지원하기 위한 법률을 통과시키면서, 6명의 정부 공무원과 6명의 성직자로 구성된 12명의 인사를 이사회의 위원으로 임명하고, 그들에게 학문적 기준을 결정하고 재정을 관리하며 대학교원을 임용할 권한을 부여하였다.

캘리포니아 주립대학의 경우는 캘리포니아 주 고등교육법에 따라 주립대학 이사로 구성된 위원회에 의해 대학이 운영되며, 위원회의 구성은 당연직 위원으로서 주지사, 부지사, 교육장, 이사에 의해 캘리포니아 주립대학 총장으로 임명된 자 그리고 임기 2년 임기의 동창회 선출대표 2인 및 이 외에 8년 임기로 상원 3분의 2의 동의를 받아 주지사가 임명하는 16명의 위원으로 구성된다.

영국에서도 대학은 고등교육법인에 의해 운영되며, 법인의 임원이 관리이사회를 구성한다. 예를 들어, 런던대학의 이사회는 대학의 최고 의사결정기구로서 그 구성은 총장, 부총장, 대학협의회 회장이 당연직으로 되고, 그 밖의 선출임원 17명은 학내외의 대표자들로 구성되어 학내외의 광범위한 인사들이 참여하는 제도로 되어 있다.

(2) 미국과 영국의 대학교육 관련 법령과 한국 법령의 차이점

미국과 영국의 대학과 한국의 대학의 차이점은 무엇보다도 대학의 법인성 보유 여부에 있다. 앞에서 본 바와 같이 미국과 영국의 대학은 법인격을 가지고 있고 이사회가 운영하는 시스템이다. 따라서 이와 같은 법인제도 하에서 대학교육 관련 법령은 법인의 운영, 이사회 등에 관한 것이 핵심이 되는 것이 당연하다. 그러나 한국의 대학교육 관련 법령은 사립대학의 경우는 법인과 이사회에 관련된 법령이 중요한 의미를 지니고 있지만 국·공립대학의 경우는 그러한 법령이 거의 발달되어 있지 않다.

제4장

대학생과 교직원

대학의 인적 구성 구조는 학생, 교원, 행정직원의 세 가지 유형으로 구분할 수 있다. 학생과 교원은 교육의 직접 당사자로서 교육기관 구성의 일차적 요소이며 핵심적 지위에 있다. 행정직원은 학생과 교원관계와 같은 밀접한 관계가 아니고 이들의 활동을 지원하는 위치에 있기 때문에 그 기능은 시대나 대학의 규모에 따라 달라지고 있다. 대학의 발생 초기인 12세기경의 대학은 교사와 학생이 자발적으로 만든 지적 집단 또는 지적 조합으로서, 교수-학습과 관련된 행정관리를 대부분 교사나 학생이 직접 담당하였으므로 별도 행정조직의 지원을 받거나 외부에 사무적 보고를 할 필요가 없었다.

대학에 행정직이라는 직종이 따로 등장한 것은 대학의 학생 수 등 규모가 커지고, 대학설립인가권이 국가주권의 구조 속으로 들어간 14세기경으로 추정할 수 있다. 현대에 들어와 대학교육이 대중화, 거대화, 다양화되면서 대학은 학생집단, 교수집단, 행정직원집단 또는 기능직이나 조교집단 등이 각기 독립적인 관리 영역을 갖게 되었다. 오늘의 대학은 학생회, 교수회, 직원회, 교수평의회, 직원노조, 이사회, 행정당국, 동창회, 기타 대학과 이해관계가 얽혀 있는 공적 집단 간 효율적인 상호 협력과 조정관계가 대학의 목적을 달성해 나가는 데 긴요하므로 각 집단의 권한과 책임의 범위를 명확하게 이해하는 것은 중요하다.

일반적으로 학생은 규칙적으로 학교에 다니면서 학습을 업으로 삼는 사람, 대학교원은 학생을 교육 · 지도하고 학문을 연구하는 사람 그리고 행정직원 등 직원은 학교의 행정사무와 기타의 사무를 담당하는 사람을 말한다. 그러나 현대의 대학은 사회 구조의 다양화와 더불어 그 기능이 복잡해지고 구성원들의 욕구와 의식의 격차가 커짐에 따라 대학구성집단 간의 역할을 명료하게 정의하기가 쉽지 않다. 이 점에서 대학제도에 있어 필수적 구성요소인 학생, 교수 및 행정직원의 법적 지위와 역할에 대한 논의가 요구된다.

1. 대학생

1) 대학과 학생의 법률관계

대학과 학생의 법률관계(재학관계)는 고등학교 졸업학력이 있는 사람이 대학에 입학함으로써 생성되고 퇴학 또는 졸업함으로써 소멸된다. 입학이란 제1학년에 신입학하는 것, 제2학년 이상에 편입학하는 것 그리고 재학 중 일정한 사유로 퇴학하였던 사람이 퇴학 당시 학년 이하의 학년에 재입학하는 것으로 구분할 수 있다. 또한 학생이 일정한 사유로 다른 대학에 전입하는 전학도 입학에 해당되는데, 우리나라는 이러한 전학제도를 따로 두지 않고 전문대학 졸업자나 다른 대학에서 일정기간 재학한 학력이 있는 학생이 입학하는 편입학으로 운용한다.

퇴학은 재학 중 학생의 신분을 상실하는 것을 말하며, 학생이 원하여 이루어지는 자퇴와, 징계에 의하여 이루어지는 제적 그리고 일정 기간 내에 등록을 하지 아니하거나 복학하지 아니하는 자에 대한 제적처분이 있다. 또한 학생의 신분을 보유하면서도 그 권리, 의무의 전부 또는 일부가 중단되는 휴학과 정학제도가 있다. 휴학은 재학 중 군입대, 질병, 가사형편, 기타의 사유로 본인이 원하여 이루어지며 정학은 징계에 의한 무기정학 또는 유기정학처분이 있다(김형근, 1993: 127).

대학생의 재학관계에 대한 법적 성질은 국·공립대학의 경우에는 공법관계로, 사립대학의 경우는 사법관계로 보아 왔다. 그러나 공법적 규율의 근거를 공권력성의 여부가 아니라 임무의 공공성에서 찾는다면, 대학의 임무는 국·사립에 관계없이 동일하며 그에 따라 현행 교육법은 동일한 법적 규율을 하고 있다. 이에 대하여 판례의 입장은 국립대학을 행정청으로 보아 그 처분은 행정처분으로서 행정청이 행하는 구체적 사실에 대한 법 집행으로서 공권력의 행사 또는 그 거부와 그 밖의 이에 준하는 행정작용을 말하는데, 교육(국립)대학생의 퇴학처분은 국가기관이 국가 공권력의 하나인 징계권을 발동한 행정처분임이 명백하다(대판 91.11.22.91누2114)고 하여 주체의 법적 지위를 중시하고 있다. 이상규(1990: 358)는 사립대학(엄격하게는 학교법인)과 대학생과의 관계는 통상 사법상 관계이며 그것은 또한 법령, 정관 등에 따라 획일 정형적으로 행하여지는 부합계약(附合契約)으로 이해한다.

이러한 견해에 의하면, 입학허가는 청약에 대한 승낙이며 징계제적(퇴학)은 일방의 계약위반을 한 타방(대학)의 계약해지로 보게 된다. 그렇다면 학생이 대학에 대하여 가지는 권리·의무는 법령이 따로 규정하지 아니한 경우 계약서인 학칙이 정하는 바에 따르게 되고, 그것은 사권(私權)·사의무(私義務)가 된다. 따라서 재학에 관한 권리관계의 쟁송은 민사소송이 되며, 판례도 사립학교 학생에 대한 입학에서 불합격처분이나 징계문제를 국·공립학교와 달리 민사소송으로 처리하고 있다.

그러나 일본의 경우는 재학관계에 대하여 국·공립과 사립으로 나누어 생각하지 않고 있다. 즉, 학교가 공(公)의 성질을 갖는 점을 지적하여

"사립 · 공립을 불문하고 학교장은 공법적 특별권력의 수권에 의해 학생에 대해 징계처분을 할 수 있다."[1]고 하여 사립학교의 장이 행한 정학처분은 "공법상의 특별권력관계에 의한 행위로서, 이에 의해 그 학생이 받을 권리 등을 일시 제한하는 법적 효과를 수반하므로 행정사건소송특례법 제1조에 의해 행정청인 학장이 하는 처분이라고 해석함이 상당하다."라고 소송법상의 문제까지 언급하였다. 국 · 공립학교와 사립학교의 징계처분, 기타 교육조치를 행정처분으로 보고 항고소송의 대상으로 인정하고 있으므로 이 점에서 사립학교의 재학관계는 제도상 특수한 취급을 받는다고 할 것이다.

독일의 경우 대학은 공법상의 사단이며 동시에 국가의 기관이라고 규정(대학기본법 제58조)하고 있기 때문에 대학생과 대학과의 관계는 국가기관의 이용자와 공법상 사단의 구성원으로서의 관계를 아울러 갖는다고 볼 수 있다.

미국에서 대학과 학생 간의 법적 관계를 정의하려는 노력은 전통적으로 특권(privilege), 부모대위(in Loco parentis), 계약(contract)이라는 세 가지 논의에 기초하고 있고, 그것들은 시대적 배경을 갖는 논의들에서 나왔다. 여기서 특권설이란 학생이 학교에 다닐 수 있는 권리가 아니라 시혜 또는 특권에 불과하다는 견해[2]를 말하며, 부모대위설이란 교사의 권능은 부모의 권능을 대신하여 행사하는 것이라는 Blackston 이래의 입장이다. 그리고 계약이라는 입장은 학교와 학생과의 관계를 명시적 또는 묵시적 계약관계로 보는 것이다. 이러한 계약설 견해는 특히 사립학교에 관해 오랫동안 판례가 채택해 온 입장이다.

---

1) 東京地裁 1953(ワ)제353호, 日教判, 제3권, p. 144.

2) G. A. Fowler(1984), "The Leglal Relationship Between the American College Student and the College: A Historical Perspective and the Renewall of a proposal", 13, *Journal of Law and Educatidn*, pp. 401-410.

그러나 미국의 대학에서도 대학이라는 조직의 자치와 학생의 권리 사이에 합리적인 균형을 가져오기 위해서는 대학을 공적 기능을 수행하는 주(州)의 기관으로 보는 것이 타당하다는 견해가 대두되었다. 대학을 주의 기관으로 보게 되면 대학의 행위에 대하여 정부활동에 적용되는 절차적 · 실체적 제한을 받게 된다. 즉, 대학의 재량적 권한행위에 대해서 사법심사가 가능해진다. 따라서 학생징계의 경우에도 징계규칙의 합리성 및 규칙 적용에 있어서 적정성이 심사된다. 1961년 제5연방순회항소법원은 주립대학에서의 징계에 관하여 적법 절차에 의한 보호가 이루어진다고 판시함으로써 종래의 부모대위설에 조종을 울렸다. 그러나 법원은 아직 사립대학에서의 징계에 대하여는 적법 절차에 의한 보호를 인정하지 아니하고 여전히 계약설에 따르고 있는 것으로 보인다. 계약설이 역사적으로는 학생에게 대학의 징계규칙을 강제하기 위하여 기원한 것이지만, 오늘날의 소송에서는 거꾸로 학생이 대학에 대하여 소비자의 권리를 강제하는 데 동원되고 있다.

2) 입학과 졸업행위의 성질과 내용

대학에서 입학이란 앞에서 언급한 바와 같이 신입학, 재입학, 편입학의 세 가지 유형이 있다. 이러한 입학의 법률적 성질은 학교와 학생 간의 계약행위에 속한다. 즉, 학생의 청약(입학지원)과 대학의 승낙(총장의 허가)에 의하여 입학계약이 성립된다. 이러한 계약을 우리나라에서는 국 · 공립대학의 경우는 공법상의 계약으로, 사립대학의 경우는 사법상의 계약으로 보고 입학 관련 쟁송이 발생할 경우 사립대학은 민사소송 절차에 의하고 국 · 공립대학은 행정소송 절차에 의해 다투게 된다.

우리나라 고등교육법은 대학의 입학자격(제33조), 입학정원(제32조), 학생선발 방법(제34조)에 대하여 규정하고 있다. 즉, 대학에 입학할 수 있는 자는 고등학교를 졸업한 자 또는 법령에 의하여 이와 동등 이상의 학력이 있어야 하고, 학생 입학정원에 관한 사항은 대통령령이 정하는 범위 안에서 학칙으로 정한다. 입학정원은 대학이 모집단위별로 학칙으로 정하되, 교육과학기술부장관이 학교의 여건상 필요한 경우로서 교원 1인당 학생 수 등에 관한 정원책정 기준을 정한 경우에는 당해 기준의 범위 안에서 정하여야 한다. 모집단위는 복수의 학과 또는 학부별로 정하고(의 · 약학계 등 예외 인정), 국립대학 입학정원은 교육과학기술부장관이 정하며, 공립대학 입학정원은 관계 지방자치단체장의 의견을 들어야 하고, 의료인 · 의료기사 양성 관련 정원과 약사 · 한약사 양성 관련 정원의 경우는 관계 중앙행정기관장과 협의하여야 한다(고등교육법 시행령 제28조). 학생선발은 모든 국민이 능력에 따라 균등하게 교육받을 권리를 보장하고 초 · 중등교육이 교육 본래의 목적에 따라 운영되는 것을 도모하도록 하여야 한다. 그리고 입학자 선발을 위한 전형자료는 고등학교 생활기록부의 기록, 대학수학능력시험의 성적, 대학별 고사(논술 등 필답고사, 면접 · 구술고사, 신체검사, 실기 · 실험고사 및 교직적성 · 인성검사를 말함)의 성적과 자기소개서 등 교과성적 외의 자료를 활용할 수 있다. 논술고사 외의 필답고사를 시행하는 경우 교육과학기술부장관은 이의 시정을 요구할 수 있도록 하여(시행령 제35조) 국 · 영 · 수 교과형 필답고사는 제한하고 있다.

대학입학관리에 있어서 입학지원자의 불합격처분 집행정지의 필요성과 수학능력이 없다고 판단되는 경우, 입학정원에 여석이 있는 경우에도 불합격처분이 가능한지 여부 그리고 입학시험 사정 기준을 채점이 끝난 후 새로이 정하여 적용한 경우가 문제가 된다. 판례의 입장을 보면, 행정처분의 집행정지라 함은 행정처분이 없었던 것과 같은 상태를 만드는 것에 지나지 않는 것이고, 그 이상으로 행정청에 대하여 어떤 처분을 명하는 등 적극적인 상태를 만들어 내는 경우를 포함하지 아니하므로 입학거부 처분에 의하여 생길 회복할 수 없는 손해를 피하는 데 아무런 도움이 되지 아니하므로 불합격처분에 대한 집행정지의 필요성은 없다(대판 63.6.29.62두9). 또한 국립대학교 법정대학 학생모집에 있어 모집정원에 미달했는데도 불구하고 학교가 정한 수학능력이 없다 하여 불합격처분을 한 것은 법에 위반되지 아니하여 무효라 할 수 없고, 또 수학능력 미달자를 불합격으로 처분한 것이 재량권의 남용이라고 볼 수 없다(대판 83.6.28.83누193). 그리고 대학원 입학시험에서 학칙과 입학시험 요강에 전혀 규정하지 않다가, 채점이 끝난 후 새로운 사정 기준을 정하여 불합격처분을 한 행위는 입학사정의 재량을 현저하게 일탈 내지는 남용한 것(대판 1997.7.22.97다3200)이라고 판시하였다.

대학 졸업이란 대학수학 연한에 해당하는 기간 및 모든 교육과정을 학칙상의 절차에 의하여 종료하는 것을 말한다. 고등교육법 제35조는 대학에서 학칙이 정하는 과정을 이수한 자에 대하여는 학사학위를 수여하도록 규정하고 있다. 졸업증서의 발급이나 학위의 수여는 행정상의 공증행위다. 대학의 수업연한 4년(의과대학, 한의과대학, 치과대학, 수의과대학은 6년)의 과정을 이수한 자에게는 학사학위를, 석사학위과정 및 박사학위과정 각각 2년 이상(통합된 과정의 경우는 4년 이상)의 과정을 이수하고 일정한 시험에 합격한 후 학위논문을 제출하여 심사에 통과한 자에게는 석사학위 또는 박사학위를 수여한다. 학년도는 3월 1일부터 다음해 2월 말까지로 하고, 수업은 주간수업, 야간수업, 계절수업 및 현장실습수업 등의 방법에 의하여 할 수 있다. 학사학위의 종류는 학칙으로 정하고, 석사학위와 박사학위는 학술학위와 전문학위로 구분하되, 그 종류 및 표기 방법은 교육과학기술부령으로 정한다(시행령 제43조).

대학의 졸업 또는 학위수여에 있어서 입학자격이 없는 자가 입학하여 졸업한 경우 그 무효가 치유되는지와 소정의 학위수여 절차를 모두 마친 자를 대학원위원회의 의결로 학위수여를 거부할 수 있는지가 논란이 될 수 있다. 고등학교를 중퇴한 자가 A대학에 입학하여 1학년을 수

료한 것처럼 허위서류를 꾸며 B대학에 편입학하여 졸업하고 대학원 석사학위를 취득하여 대학교수로 18년을 근무한 자를 파면처분한 경우, 처음(대학 입학)부터 무효로 대학 졸업과 석사학위 취득이 모두 법령상의 자격요건 위반으로 무효이었음을 확인시켜 주는 것에 지나지 아니하므로 신의칙 내지는 신뢰의 원칙을 적용할 수 없고, 또 무효로 인한 취소권은 시효로 인하여 소멸하지도 아니한다(대판 89.4.11.87다카131). 대학원의 박사학위과정 학생이 박사학위 논문심사와 구두시험 및 2종의 외국어시험에 합격한 경우, 법령이 정한 박사학위 수여자격을 갖추었으므로 특별한 사정이 없는 한 박사학위를 수여해야 할 것이므로 대학원위원회라 할지라도 다른 특별한 사정이 존재함을 지적함이 없이 막연히 수여부결을 의결한다는 것은 자유재량의 범위를 넘는 위법한 것(대판 71.10.12.71누49)이라고 판시하였다.

3) 대학생의 권리와 의무

대학생은 국민으로서 갖는 일반적 지위와 대학재학관계에서 갖는 학생으로서의 지위를 동시에 갖기 때문에, 헌법상 기본권의 주체라는 점에서는 일반국민과 다름이 없고 학생신분 때문에 기본권의 일부가 제한될 수 있다. 교육은 어떠한 정치적 · 파당적 또는 개인적 편견의 전파를 위한 방편으로 이용되어서는 안 되기(교육기본법 제6조) 때문에 학생들의 정치관여가 제한된다. 대학은 국 · 공 · 사립을 불문하고 필요한 여러 사항에 대해서는 법령에 특별한 규정이 없는 경우에도 학칙에 의하여 이를 규정하고 실시할 수 있는 자율적 · 포괄적인 기능을 가지고, 일반사회와 다른 특수한 부분사회를 형성하고 있다(最大判 昭 52.3.15)는 판시에서 보는 바와 같이 특수신분관계에서 발생하는 권리나 의무가 있다. 이러한 입장에서 대학생의 권리와 의무를 개인인 학생과 집단대표로서 학생으로 나누어 보기로 한다.

(1) 학생 개인으로서의 권리와 의무

① 학습(학문연구)의 자유권

모든 국민은 평생에 걸쳐 학습하고 능력과 적성에 따라 교육을 받을 권리를 가진다(교육기본법 제3조). 그리고 모든 국민은 성별, 종교, 신념, 사회적 신분, 경제적 지위 또는 신체적 조건 등을 이유로 교육에 있어서 차별을 받지 아니한다(동법 제4조). 이러한 학습과 균등한 교육은 국민 누구에게나 보장되지만, 대학생의 경우는 책임능력이 있는 성인학생으로 본다. 미국 고등교육기관의 유력한 5개 단체(미국대학교수협회, 미국대학협회, 전미학생협회 외 2개 단체)가 학생의 학문의 자유(Academic Freedom for Student)에 대하여 1967년에 발표한 '학생의 권리와 자유에 관한 성명(Joint Statement on Rights and Freedom of Student)'에 의하면, 학생의 고등교육을 받을 자유 중 교실에서의 자유에 대하여 다음과 같이 말하고 있다.

"교수는 교실 및 학생과의 회합에서 자유로운 토의, 질문, 표현을 장려하여야 한다. 학생의 성적은 모든 학문적 기초에 의하여 평가되어야 하며, 학문의 규준에 관계없는 사항에 관한 의견이나 행위에 의하여 평가되지 않아야 한다. ① 학생은 어떠한 강의에 나가 자료나 견해에 대하여도 예외를 추론하거나 판단을 유보할 수 있다. 그러나 학생은 자신이 어떠한 코스의 내용을 습득할 책임이 있다(표현의 자유 보장). ② 학생은 편견이나 기분본위의 성적평가에서 공정한 방법으로 보호될 수 있다. 동시에 학생은 자신이 택한 코스에 대하여 설정한 학습규준을 달성할 책임이 있다(부당한 성적평가에서의 보호). ③ 교수가 강의, 조언, 카운셀링 등을 통하여 얻은 학생의 견해, 신조, 정치활동 등에 관한 정보는 비밀이 보장되어야 한다. 부당한 공개에서 학생을 보호하는 것은 교수의 주요한 직무상의 임무다. 학생의 능력이나 성격에 관하여 행한 평가나 판단은 적당한 상황 하에서 학생의 승낙을 얻으면 제공될 수 있다(부당

한 공개에서의 보호)."(田畑茂二郎, 1971: 450)

독일에서도 대학생의 학습의 자유(Lernfreiheit)가 인정된다. 학생은 특별한 제한이 설정되어 있지 않는 한 대학본부의 모든 강의, 실습에 참가할 권리를 갖는다. 학생의 전학의 자유는 독일 대학 수학에 있어서 근본적인 특징이다. 그러나 이들이 수학시험 규정에 의하여 상당히 제한되어 있다(擇田徹, 1970: 399). 독일의 대학기본법에도 "학습의 자유는 학습 · 시험규칙의 규정을 손상함이 없이, 특히 수업(Lehrveranstaltung)의 자유로운 선택, 학습 과정(Stutiengang) 내에서 독립적으로 중점을 정할 권리 및 학문상 · 예술상 의견의 습득 · 표명을 그 내용으로 한다. 학습상의 문제에 관한 주무 대학기관의 의결은 교수-학습활동의 편성, 그의 질서 있는 수행 및 질서 있는 학습의 보장과 관련되는 경우에 한하여 이를 인정한다."(제3조 4항)

우리 헌법재판소는 학습권을 수학권이라 하면서 "이 권리는 통상 국가에 의한 교육조건의 개선 · 정비와 교육 기회의 균등한 보장을 적극적으로 요청할 수 있는 권리로 이해되고 있다."[3]고 지적한바 있다. 학습권의 권리성은 우리나라 헌법규정만으로는 추상적 권리이며, 구체적으로 규정한 법령이 있어야 국가에 대한 권리구제의 청구가 가능하게 된다. 고등교육법의 대학입학자격(제33조), 학위수여(제35조), 대학시설의 설치 · 운영과 국가의 지도 · 감독(제4조, 제5조) 등의 규정을 학습권을 보장하는 법규로 볼 수 있다.

② 언론 · 출판의 자유권

모든 국민은 언론 · 출판의 자유를 가지며 언론 · 출판에 대한 허가나 검열은 인정되지 아니한다(헌법 제21조 상단)는 규정은 대학생의 경우에

3) 憲裁 1992.11.12 선고, 89헌마88, 憲裁判例集 제4권, 739면 이하.

도 적용되는 것이 당연하지만, 대학 내에서 이러한 자유권이 어떻게 인정되는지 검토해 볼 필요가 있다.

대학생은 국민으로서 그리고 학생신분 측면에서도 학내에서의 자유로운 의견표명이나 팸플릿 등 유인물을 발간 · 배포할 수 있다. 그러나 교육이 어떠한 정치적 · 파당적 또는 개인적 편견의 전파를 위한 방편으로 이용되어서는 아니되고(교육의 중립성), 대학의 기능인 교육 · 연구 · 봉사활동의 수행에 방해되는 행위는 제한되어야 한다는 점에서 학내에서의 언론 · 출판의 자유가 무제한 허용되지 아니한다. 물론 영리를 목적으로 하거나 정치적 문제에 대한 비판을 담은 출판물은 제한받을 수 있지만, 대학의 정책문제에 대한 비판은 제한받을 수 없다.

미국의 경우 판례는 대학 내의 표현의 자유에 대하여 어떠한 제한을 인정하지 않고 있다. 대학생이 교내신문(학생신문)에 주의회의 교육정책을 비판하는 글을 썼다는 이유로 퇴학처분한 것은 미국 헌법 수정 제1조(표현의 자유)의 위반이라고 판시하였다.[4] 또한 연방대법원도 대학생의 표현의 자유에 대한 내용상의 제약은 인정하지 않는 것으로 보인다. 1973년의 한 사건에서 "대학이 언론과 그 전파의 시간, 장소, 방법에 대한 합리적 규율을 할 권한이 있음을 긍정하지만, 원고는 그러한 것이 아니라 신문의 허용되지 않는 내용 때문에 퇴학당한 것이다. 수정 제1조는 대학공동체에서 언론의 내용을 고려하도록 이중 기준의 여지를 두고 있지 않다."[5]고 지적하였다. 프랑스의 대학생은 교육 및 연구활동을 침해하지 아니하고, 독점 또는 선전행위를 하지 아니하고, 공공질서를 문란시키지 아니하는 조건으로 정치 · 경제 · 사회적 문제에 대

4) Dickey v. Alabama State Board of Eduacation, 273F, Supp. 613(M.D.Ala 1967).

5) Papish v. Board of Curator of Universty of Missouri, 414 U.S. (1973) 667, 93: Morris, Arval A., The Constitution and American Education, West Publishing Company, 1980.

한 정보의 자유를 갖는다(고등교육기본법 제 36조).

③ 집회 및 결사의 자유

대학생은 국민으로서 당연히 집회 · 결사의 자유를 가진다. 그러나 이 자유는 방어권이지 급부의 청구권은 아니므로 그것으로부터 자동적으로 대학의 시설이나 공간을 집회 또는 결사의 목적으로 이용할 권리가 나오는 것은 아니다.

우리나라 대학들은 대부분 학칙으로 학업에 방해가 되는 학생의 집회를 금지하고 있다. 학생들의 집단적 행위, 성토, 시위, 농성, 등교거부, 마이크 사용 등으로 말미암아 학업에 지장을 초래하는 행위는 금지한다고 학칙으로 규정하는 경우가 많다.

학생의 결사의 자유는 비교적 매우 넓게 인정된다. 우리나라 대학의 학칙은 대체로 학생이 단체를 조직하고자 할 때에는 대학당국에 신고하고 지도교수의 지도를 받도록 하고 있으나, 이것은 학생회나 과외활동 조직 등 학교의 인정을 필요로 하는 경우에 해당된다고 보아야 할 것이다.

미국의 연방대법원은 주립대학들이 전국조직인 '민주사회를 위한 학생회(SDS)' 의 지부를 조직하여 대학에 승인을 신청하였으나, 총장이 그 조직의 철학이 학교의 정책에 반대된다고 하여 불허한 사건에서 이는 수정 헌법 제1조의 위반이라고 판시하였다.[6]

독일의 경우에도 학생의 결사의 자유에 대하여 문제되는 것은 정치적 결사이지만 특별히 규제를 하지 않고 있다.

6) Healy v. James, 408 U.S.169.92(1972); A. Morris, The Constitution and American Education, West Publishing Company, 1980, p.297 ff.

④ 학습의 의무

학생의 광범한 권리에 비하면 그 의무는 상대적으로 적은 것으로 볼 수 있다. 대체로 영조물 이용자의 의무는 소정의 수수료 납부의무와 영조물 주체의 질서권에 복종할 의무, 즉 질서준수의무다. 대학생의 의무에 있어 가장 문제가 되는 것은 학습권에 대응하는 학습의무가 있느냐의 문제다. 우리나라 현행법은 대학생의 학습의무에 대하여 명문의 규정을 두고 있지 않다. 그러나 대학의 수업연한(4년)과 일정한 과정을 이수한 자에게 학위의 수여를 고등교육법에 규정하고 있고, 대학의 학칙도 성적불량자에 대한 학사경고, 학사제적 등의 처분을 할 수 있도록 규정하고 있으며, 성적부여(학점취득)에 있어서도 일정한 시간(대체로 3분의 1) 이상을 결석한 경우는 성적을 인정하지 아니하고, 출석시간 수를 점수에 반영하는 경우가 대부분이다. 이러한 점에서 대학생의 학습의무는 과정적 의무라고 할 수 있을 것이다.

사립대학이 종교교육을 받을 것을 졸업요건으로 학칙을 제정할 수 있는지와 대학의 학칙에 의한 교육과정이나 졸업 및 학위수여에 관한 학칙이 학생을 구속하는지에 대하여, 판례는 사립학교는 국·공립학교와 달리 종교교육 내지는 종교선전을 할 수 있고, 특히 대학은 헌법상 자치권이 부여되어 있으므로 사립대학은 종교교육 내지는 종교선전을 위하여 학생들의 신앙의 자유를 침해하지 아니하는 범위 내에서 학생들로 하여금 일정한 내용의 종교교육을 받을 것을 졸업요건으로 하는 학칙을 제정할 수 있다. 또한 사립대학의 학칙은 그 내용이 법령에 위배되거나 학교교육의 본질에 위배되지 아니하는 등의 특별한 사정이 없는 한 당연히 학생에 대하여 구속력을 갖는다(대판 98.11.10.96다37268).

⑤ 수업료 등의 납부의무

대학재학생은 학교가 부과하는 수업료, 기타 납부금을 납부할 의무가 있다. 고등교육법 제11조는 "학교의 설립 · 경영자는 수업료와 기타 납부금을 받을 수 있다. 수업료, 기타 납부금의 징수 등에 관하여 필요한 사항은 교육과학기술부령으로 정한다."고 규정되어 있다. 이에 따라서 「학교수업료 및 입학금에 관한 규칙」 제2조는 학교수업료 등은 국립대학의 경우는 학교별 실정과 경제적 사정의 변동을 고려하여, 사립대학은 학교의 실정에 따라 당해 대학의 장이 정하도록 하고 있다.

대학의 시설이용자가 그 이용의 대가를 지불해야 하는 것은 당연하다고 할 수 있으며, 공물이용에 대한 반대급부라는 점에서 수업료는 수수료의 성격을 갖는다. 현재 우리나라 대학생이 학교에 납부하는 등록금은 수업료 외에 입학금, 실험실습비, 기성회비(국립), 학생회비 등이 있다. 수업료 납부의무는 중세대학부터 있었으나, 시대와 국가에 따라 차이가 있다. 프랑스나 독일의 경우는 수업료를 무료로 하고 있으며, 미국 주립대학의 경우는 수업료의 수준을 주내 거주자와 주외 거주자 간 차이를 두고 있다.

⑥ 질서유지의무

우리 교육기본법 제12조 제3항은 "학생은 학습자로서의 윤리의식을 확립하고, 학교의 규칙을 준수하여야 하며, 교원의 교육 · 연구활동을 방해하거나, 학내의 질서를 문란하게 하여서는 아니된다."라고 규정하여 대학의 질서권 또는 학생의 질서의무에 대하여 명문화하였다. 질서권이란 "임무의 질서 있는 수행을 위하여 그 목적에 제공된 영역에서의 교란으로부터 방어 · 저지할 권능이다."

대학의 질서유지는 총장의 교무통할과 학생지도권 그리고 교수의 학생교육 및 지도권에 의해서 나오고, 구체적으로는 학칙에 규정된 징계대상 및 유형에 의해 강제된다.

독일의 경우 대학기본법 제28조는 학생이 폭력을 행사하거나, 폭력을 선동하거나 또는 폭력을 수반한 위협으로 ① 대학의 규정에 따른 운영, 대학의 활동 또는 대학행사의 실시 등을 방해하는 경우, ② 대학 구성원의 권리와 의무의 행사를 저지하거나 저지를 획책한 경우에는 학업 등록을 철회할 수 있도록 규정하고 있다.

미국의 경우는 대학이 학원규칙의 일환으로 학생이 지켜야 할 행위의 기준을 정하고 이를 위반한 학생에 대하여는 징계규정에 의하여 징벌을 적용하고 있다. 그리고 그것은 우리나라와 일본의 학칙 등의 규정에 비해 매우 구체적이다. 즉, 징계의 대상이 되는 학생의 행위는 보통 시험장에서의 부정행위, 수업에의 지각, 무단결석, 성적부진 등의 학사에 관한 것, 음주, 마약사용, 기숙사규정 위반 등 생활규칙에 관한 것 등이다. 캘리포니아대학의 학생행위 기준에서 학생행위 중 징벌대상이 되는 행위는 다음과 같다(澤田徹編,1970: 119-120).

- 사기, 표절 또는 고의로 대학을 속이는 정보를 퍼뜨리는 등 부정직한 행위
- 대학의 자료, 기록 또는 신분증명의 위조, 개변, 악용
- 수업 · 연구 · 관리운영 업무 · 징계처분, 대학이 행하는 공공봉사 등의 활동 그리고 대학 구내에서 행하여지는 공인된 활동 등의 방해 또는 파괴
- 대학의 소유 또는 관리하는 시설 내에 있거나 대학이 지원 또는 감독하는 활동에 종사하는 인원에의 가해행위 또는 관련된 인원의 건강과 안전에 위협 · 위험케 하는 행위
- 대학의 재산 또는 대학공동체의 멤버 또는 대학의 방문자에 대한 절도 또는 가해행위
- 대학시설에의 무단침입 또는 무단사용
- 학생조직의 등록, 대학시설의 사용 또는 공개연설을 행하는 시

간 · 장소 · 방법에 관하여 학원규칙이 정한 대학의 대책의 침해

- 법이 허가한 범위 외의 마약 또는 극약의 사용, 소유 또는 배포
- 대학의 소유 또는 관리시설의 주거규칙 위반
- 대학이 소유 또는 관리하는 시설에 있어서 또는 대학이 지원하고 감독하는 활동에 있어서 비열 · 천박 또는 풍속파괴적 행위 또는 표현
- 의무를 수행 중인 대학직원의 지시에의 불복종
- 학문적 공동체의 멤버로서 학생의 적성에 악영향을 미치는 행위

그리고 대학의 학생 징계처분 실시에 관한 최고책임자는 각 캠퍼스의 장이지만, 방교처분에 대하여는 본교 총장의 허가를 필요로 한다. 동대학에서 징계의 종류는 ① 훈계, ② 견책, ③ 근신, ④ 가정학(假停學), ⑤ 정학, ⑥ 퇴학(복학 가능성 있는), ⑦ 방교(영구적 퇴학)가 있다.

미국에서 학생의 징계에 대하여 그 권리가 헌법적 보장을 받게 된 것은 1969년 연방최고법원의 판결[7]이다. 재판부의 관점은 수정 헌법 제1조가 학생에게도 존중되어야 하며, 학생의 표현의 권리는 학교운영에 실질적이며 구체적인 방해를 하지 아니하고, 다른 학생의 권리를 침해하지 않는 한 교실이나 기숙사, 기타 다른 장소에서까지 보장되어야 한다는 것이다. 다시 말하면, 재판부의 관점은 학생의 표현에 대한 처벌의 권리와 의무를 주장하는 학교당국은 헌법적 권리의 주체인 시민으로서의 학생의 헌법적 권리를 고려하여야 한다는 것이다(강인수, 1986: 178).

우리나라 대법원의 종래의 입장은 "퇴학에 관한 징계권의 발동결정은 학교장의 교육적 재량에 속한다."(대판 71.5.24.71다510)고 하여 광범

7) Thinker Des Moines Indenpendent Community School District, 393 U.S 503(1969). Rutter and Hamilton, *The Low of Public Education*, pp. 577−585.

한 재량권을 승인하였다. 그러나 최근에는 그 입장이 바뀐 듯하다. 즉, 서울대학교에서 발생한 징계사건에 대하여 대법원은 "총학생회의 농촌봉사활동을 둘러싼 제명처분이 그 관여한 것으로 인정되는 범위의 내용 정도에 비추어 교육적 견지에서 너무 가혹하여 징계권을 남용한 위법이 있다."(대판 92.2.25.89.무2219) 하여 학교장의 교육적 재량권의 범위를 인정하는 판례를 남겼다(김형근, 1993: 140).

(2) 집단(학생회) 대표로서의 권리와 의무

우리 고등교육법은 "학생의 자치활동은 권장 · 보호되며, 그 조직 및 운영에 관한 기본적인 사항은 학칙으로 정한다."(제12조)라고 규정하고, 동법 시행령 제4조에서는 학칙 기재사항으로 '학생회 등 학생자치활동'(제1항 제10호) 부분을 두고 있다. 이 점에서 대학의 학생회는 법정조직에 속한다.

우리나라 대학의 학생조직은 1949년 학도호국단으로 시작하였다. 학도호국단에서도 어느 정도 학생의 자치적 활동이 가능했지만, 본질적으로 하향식 관료체제로서 민주적 자치활동기구로 볼 수 없었다. 따라서 4.19 이후 이 제도는 폐지되고 명실상부한 학생자치기구가 조직될 수 있었다. 그러나 10월유신 이후에 다시 학도호국단설치령을 제정(1975.5.21)하여 학생자치회를 학도호국단으로 변경하였다. 1985년에 들어와 정부는 학도호국단설치령을 개정하여 학도호국단은 비상시 기구로 한정하면서 학생자치기구의 설치를 허용하였다. 이러한 학생회의 임무나 기능은 각 대학의 학칙과 학생회칙들이 정하고 있다. 고려대학교 총학생회칙의 목적을 보면 "본회는 민주적이고 자율적인 학생자치활동과 대사회적으로 진보적이며 사회참여적인 활동을 통해 사회역사 발전에 기여하며 학교 학우들의 권리와 이해를 옹호하기 위한 노력을 전개한다."(회칙 제2조)고 밝히고 있다.

영국의 대학편람에 의하면, "학생자치회는 학생이 대학에서 생활함에 있어 중심이 되고 많은 학생의 제 활동의 센터로 되는 것이다." 라고 기술되어 있다. 학생자치회의 목적과 기능에 대하여 런던대학의 Calender에 의하면, "본 학생자치회의 목적은 학생의 복리와 공동생활을 촉진시키고, 특히… 학생에 관련된 모든 문제에 대하여 그들의 대의원을 통하여 의견을 진술할 수 있다." 고 하고, 또 기능에 대하여는 "그 사무소를 시작으로 식당, 매점 등을 설치하고 있는 자치회의 건물을 관리 · 개선하고, 학생의 복리후생을 증진하는 데 필요한 개선을 행함에 있어 학생의 이익을 대표하고 대학당국과 협력하는 일, 학내의 많은 학생동호회나 클럽 등을 조성하고 감독하는 일을 할 수 있다." 고 되어 있다. 킬(Keel) 대학의 경우는 학생회의 기능으로 ① 대학당국과의 공식의 연락기관 역할, ② 학원 내에 있어서 학생의 제 활동의 촉진 도모, ③ 학생생활에 필요한 서비스나 오락의 제공 등 세 가지로 정리되어 있다(澤田澈, 1990: 221-223).

프랑스 대학에 있어서 학생회는 대학운영에 관한 참가 또는 사회개혁활동의 일환으로 고려되어 종래의 교수진에 의한 전통적 · 형식적인 대학의 관리 · 운영에 새롭고, 세대간의 대화에 의한 개혁의 정신을 주입하고, 현대사회의 제 요청에 보다 잘 대응하는 대학을 창조하는 것을 목표로 하여 제도화되었다. 학생의 대학운영에의 참가는 1945년의 정령(政令)에 의하여 보장되었는데, 이에 의하여 각 학부마다 학생의 선거에 의하여 선출된 학생대표는 대학평의회에 참가한다. 그러나 이러한 참가는 학생에 대한 징계문제의 사건에 한하였으며, 그 밖에 대학구 총장이 적당하다고 인정할 때에는 학생생활에 관한 문제의 심의에 학생을 참가시킬 수 있지만 이 경우 표결권은 주어지지 않는다.

일본의 경우에도 학생회는 자치활동 외에 대학행정에의 참가가 1960년 후반부터 대두되었다. 학생은 단순한 영조물의 이용자로서 관리의 대상으로는 부적합하다고 보는 견해에서부터, 학생의 자치는 인정되지만 그것은 교수회의 자치와는 차원이 다르다는 주장에 이르기까지 다양하였다. 그러나 학생참가를 주장하는 견해는 학생의 교육을 받을 권리로서 이를 주장하거나 학생도 학문공동체의 구성원이라는 데에서 찾았다. 그러나 입법적 대응은 한시적인 조치에 그쳤기 때문에 대학운영에의 학생참가 문제는 각 대학에 따라 개별적으로 결정되어 왔다.

2. 대학교원

1) 대학과 대학교원의 법률관계

우리나라 고등교육법에서 대학의 교원은 대학총장, 교수, 부교수, 조교수 및 전임강사로 구분된다(제14조 제2항).그리고 교원의 임무에 대하여는 총장은 교무를 통할하고, 소속직원을 감독하며, 학생을 지도하고(제15조 제1항), 교원은 학생을 교육·지도하고 학문을 연구하되, 학문연구만을 전담할 수 있다(제15조 제2항)고 규정하고 있다.

그리고 모든 학교교원의 지위에 대하여 교육기본법 제14조는 "① 학교교육에서 교원의 전문성은 존중되며, 교원의 경제적·사회적 지위는 우대되고 그 신분은 보장된다. ② 교원은 교육자로서 갖추어야 할 품성과 자질을 향상시키기 위하여 노력하여야 한다. ③ 교원은 교육자로서의 윤리의식을 확립하고, 이를 바탕으로 학생에게 학습윤리를 지도하고 지식을 습득하게 하며, 학생 개개인의 적성을 계발할 수 있도록 노력하여야 한다. ④ 교원은 특정 정당 또는 정파를 지지하거나 반대하기 위하여 학생을 지도하거나 선동하여서는 아니된다. ⑤ 교원은 법률이 정하는 바에 의하여 다른 공직에 취임할 수 있다. ⑥ 교원의 임용·복무·보수 및 연금 등에 관하여 필요한 사항은 따로 법률로 정한다."고 규정하고 있다.

대학교원은 이러한 일반교원으로서의 지위와 대학교원이 갖는 기능을 수행하기 위해 쌍무계약에 의해 대학에 임용되는 기본적인 법률관계를 가지고 있다.

2) 대학교원 임용행위의 법적 성질

대학교원의 임용이란 대학교원으로서의 직위(직무)를 부여하는 구체적인 법률행위를 말하고, 면직이란 이러한 직위(직무)를 해지하는 법률행위를 의미한다. 우리나라 실정법상 임용은 여러 가지 의미로 쓰여지고 있으나 공무원임용령(제2조)에서는 신규채용, 승진임용, 전직, 전보, 겸임, 파견, 강임, 휴직, 직위해제, 정직, 복직, 해임, 면직, 및 파면을 총칭하는 것으로 정의하고 있다. 여기서는 신규채용과 승진임용만을 임용으로 사용하기로 한다. 임용행위는 대학과 개인 사이에 아무 제한 없이 자유롭게 행하여지는 것이 아니라 관련 법률의 규정에 따르게 되어 있다. 대학이 국 · 공립이든 사립이든 간에 교원의 임면행위에 있어 자격기준이나 임면 절차는 법률로 정하고 있다. 헌법에 규정된 교육의 기회균등 보장 그리고 교육의 자주성, 전문성, 정치적 중립성, 대학의 자율성 그리고 교육제도와 그 운영에 대한 법률유보에 의한 것이다.

국립대학은 대학관계법령이 정하는 바에 의하여 국가의 교육, 행정사무에 관하여 국가의 의사를 결정 · 표시하는 행정기관(행정관청)이므로 그 의사는 국가의 행위로서 효력을 가지고, 그 효과는 국가에 귀속되는 것이다. 국립대학 교원의 임용이란 특정인에게 대학교원의 신분을 국가가 부여하는 행위로서 공법상의 특별권력관계를 내용으로 하는 신분설정행위다. 이러한 임용행위가 어떠한 법적 성질을 가지는지에 대하여는 학설이 대립되어 있다. 즉, 절대적 단독행위설(국가의 일방적인 행정행위), 동의를 전제로 하는 단독행위설(O. Mayer 주장, 완전한 효력 발생을 위해서는 상대방 동의 필요), 쌍방적 행정행위설(G. Jellinek 등 주장, 동의는 행정행위가 유효하게 성립하기 위한 절대적 조건), 공법상의 계약설(P. Laband 주장, 국가와 특정인 사이의 의사의 합치에 의하여 성립되는 공법행위) 등이 있다. 이러한 학설들은 각기 일면의 타당성이 있으나, 대학교원 임명행위 자체는 쌍방의 자유로운 의사의 합치를 요하는 행위라는 점에서 공법상의 계약으로 보는 것이 타당할 것이다. 공법상의 계약은, 비권력적 관계에서의 행위라는 점에서 권력적 관계를 전제로 하는 행정행위와 구별되고, 쌍방의 의사가 완전한 대등가치를 가진 쌍방의사의 합치를 내용으로 하고, 사법적 효과의 발생을 목적으로 하며, 계약자유가 인정되는 사법상 계약과 구별된다.

사립대학의 교원 임용행위는 사법상의 효과 발생을 목적으로 하는 서로 대립되는 두 개 이상의 의사표시의 합치로서 성립하는 법률행위다. 대등가치를 가진 쌍방의사의 합치를 내용으로 하고 피임용자의 자격, 임용 방법, 임용 절차 등 법률로 정한 사항 이외의 것은 완전한 계약자유의 원칙이 적용된다는 점이 국립대학의 경우와 다르다.

사립학교 교원의 임용을 위한 계약은 사립학교법 소정의 절차에 의하여 이루어지는 것이지만, 그 법적 성질은 사법상의 고용계약에 다름 아닌 것으로 누구를 교원으로 임용할 것인지 여부는 원칙적으로 당해 학교법인의 자유의사 내지 판단에 달려 있고, 또한 이러한 임용계약에 조건을 붙일 수도 있는 것이며, 그 계약체결이 조건부일 때에는 당연히 그 조건의 성취 여부에 따라 계약의 효력이 좌우된다(대판 2000.12.12.99다55571).

대학교수의 승진임용이란 동일대학에서 전임강사를 조교수로 또는 부교수를 교수로 다시 직급을 승진하여 임용하는 행위로서, 이러한 임용행위는 단순한 승진발령행위가 아니라 직명을 조교수 등 교원에 임용하는 새로운 신분관계의 설정행위(대판 1997.12.23.97다25477)로 봄이 상당하므로 조교수 임용행위에 무효사유가 있다 하여 부교수 임용행위도 당연히 무효가 된다고 할 수 없다(대판 1993.9.10.93누487)는 것이므로 대학교원의 승진임용의 법적 성질은 사실상 신규임용과 차이가 없다.

3) 대학교원의 자격과 임용 방법

(1) 대학교원의 자격

대학교원이 될 수 있는 자격 기준 및 자격인정에 관한 사항은 대통령령으로 정하는데(고등교육법 제16조), 교수자격 기준 등에 관한 규정(대통령령 제17485호)에 의한 자격은 다음과 같다(제2조).

대학교원의 자격에 있어 당사자의 학력 중 대학입학자격이 없었기 때문에 대학 졸업이 무효가 되고, 이로 인하여 석사학위가 무효이고, 그 결과 대학교원 자격이 없는 자를 임용하였을 경우, 18년 이상이나 교수로 재직하였다 하더라도 무효로 인한 임용취소권은 시효로 인하여 소멸되지 아니하며, 그 흠은 치유되거나 추인되지 아니한다(대판 89.4.11.87다카131).

그러나 이러한 자격 기준에 미달하는 경우에도 별도의 인정 절차를 거치면 대학교원으로 임용할 수 있는데, 교육공무원법 제5조의 규정에

‖ 표 4-1 ‖ 대학교원 자격 기준

구분	대학졸업자 · 동등자격자			전문대학졸업자 · 동등자격자			비고
	연구실적 연수	교육경력 연수	계	연구실적 연수	교육경력 연수	계	
교수	4	6	10	5	8	13	연구실적 연수와 교육경력 연수는 상호 대치 가능
부교수	3	4	7	4	6	10	
조교수	2	2	4	3	4	7	
전임강사	2	1	3	3	3	5	

의한 대학인사위원회 또는 사립학교법 제53조의3의 규정에 의한 교원 인사위원회의 인정을 받은 자의 경우다(동규정 제2조 제1호).

또한 이러한 인정을 받아 대학교원이 될 수 있는 자격에 대하여도 규정하고 있는데(동규정 제11조), 다음과 같다.

- 대학 · 전문대학졸업자 또는 이와 동등 이상의 자격을 가진 자로서 그 졸업 또는 자격취득 후 교수자격 직명별 연구실적과 교육경력의 합계년도의 2분의 1 이상의 경력을 가진 자
- 대학 · 전문대학졸업자 또는 이와 동등 이상의 자격을 가진 자로서 그 졸업 또는 자격취득 후 교수자격 직명별 연수와 대학 · 전문대학 또는 이와 동등 정도의 학교 이외의 학교에서 직명별 교육연수의 교육경력연수를 가진 자. 이 경우에 교육학, 윤리학 등 학교장이 특히 인정하는 학과목의 교육경력연수는 연구실적연수로 대체할 수 있다.
- 국내의 학교교육으로는 이수할 수 없거나 곤란하였던 학과목을 담당할 자로서 연구실적이 직명별 연구실적연수에 해당하거나, 논문 · 저서 · 기타 연구업적이 현저하나 학력이 자격 기준에 해당하지 아니한 자
- 국가공무원법의 규정에 의하여 자연과학계의 연구관 또는 5급 이상의 농촌지도직 공무원으로 근무하고 있는 자

외국의 경우, 대학교원 임용자격 기준을 보면 다음과 같다.

- 미국: 대학교원 자격 기준에 대하여 법률로 정하지 아니하기 때문에 대학, 학과, 전공에 따라 차이가 있다. 그러나 대체로 전임강사는 박사학위소지예정자 또는 소지자, 조교수는 박사학위소지자로

서 연구잠재력(연구기금확보능력)이 있고 2, 3년의 교육경력이 있는 자, 부교수는 박사학위소지자로서 교육 · 연구 · 봉사의 탁월한 수행과 8~10년의 교육경력이 있는 자, 교수는 박사학위소지자로서 교육 · 연구 · 봉사에서 국내외적으로 탁월한 수행과 8~10년의 교육경력이 있는 자로 정리할 수 있다(강선보 외, 2002: 15).

- 프랑스: 대학교원으로 임용되기 위하여는 신제박사 · 국가박사 · 3주기박사 · 대학박사 등의 박사학위, 교수자격 학위과정인 아빌리타시옹(Habilitation a Diriger), 교수자격시험인 아그레가사옹(Agregation), 국립학문연구소 외 각종 연구센터 · 각종 대학부설 연구소 등의 연구경력, 수업보조강사 · 어학강사 · 노르말리엥 유급강사(교양강사) 등의 교육경력이 사용된다(2002년 8월 2일 법령, 1997년 12월 4일 법령).
  - 조교수: 조교 · 강사 · 연구원 등 만 4년의 교육 및 연구경력, 국가박사 · 신제박사 · 3주기박사, 기술박사 등
  - 교수: 조교수 자격요건에 아빌리타시옹 추가
- 독일: 대학교원 임용조건은 학사학위 및 박사학위, 특별히 추가적인 학술능력 또는 예술능력 소유자, 지식과 방법을 직업현장에서 최소한 5년 이상(적어도 3년은 대학 밖의 경력) 적용하고 발전시킨 경험이 있는 자, 전공 관련 탁월한 현장실무능력과 교육적 적성을 증명할 수 있는 자, 주의 법규에 의해 해당 전공 영역에서 계속교육이 실시되어야 하는 경우 자격증(예를 들면, 의학계열의 경우 의사자격증 필수), 교사교육 관련 분야의 경우 초 · 중등학교에서 적어도 3년 이상의 강의경력자(대학기본법 제44조)이어야 한다. 그리고 전임교수가 되는 방법에는 두 가지가 있는데, 종신직 교수(C3, C4급 교수)가 되는 하빌리타치온 과정과 주니어 교수제도(2010년 실시)다.
  - 하빌리타치온 과정: 박사자격 → 학술조교 → 하빌리타치온 지원

→ 사강사 → 교수자격 획득 → 전임교수

– 주니어 교수 과정: 박사자격 → 주니어 교수(전반기 3년) → 연구강의능력 평가 → 주니어 교수(후반기 3년) → 임용 절차 평가 → 전임교수

• 일본: 학교교육법 제8조는 "교장과 교원의 자격에 관한 사항은 별도의 법률이 정하는 것 외에는 감독청이 이를 정한다."고 하여 대학설치기준(문부과학성령) 제14조는 대학교원의 자격에 대하여 다음과 같이 규정하고 있다.

– 교수: 박사학위를 가지고 연구상의 업적이 있는 자, 학위규칙 제5조에 의한 전문학위를 가지고 당해 전문학위의 전공 분야에 관한 실무상의 실적이 있는 자, 대학에서 교수 · 조교수 또는 전임강사의 경력이 있는 자, 예술 · 체육 등에 있어서는 특수한 기능이 우수하다고 인정된 자, 전공 분야에 있어서 특히 우수한 지식과 경험이 있다고 인정된 자

– 조교수: 교수의 자격이 있는 자, 대학에 있어서 조교수 또는 이에 준하는 교원으로서의 경력이 있는 자, 석사학위 또는 학위규칙 제5조의2에 의한 전문학위가 있는 자, 연구소 · 시험소 · 조사소 등에 재직하고 연구상의 업적이 있는 자

– 강사: 교수 또는 조교수의 자격이 있는 자, 기타 특수한 전공 분야에 대하여 대학에서의 교육을 담당하는 데 합당한 교육상의 능력이 인정된 자

(2) 임용 방법

① 대학의 장 임용 방법

우리나라 국립대학의 장은 당해 대학의 추천(대학의장임용추천위원회의 선정 또는 해당 대학교원의 합의된 방식과 절차에 따른 선정)을 받아 4년

임기로 교육과학기술부장관의 제청으로 대통령이 임용한다(교육공무원법 제24조 참조). 대학교원의 합의된 방식이란 교수들의 투표에 의한 선거를 말하는데, 이 경우 선거운동이 제한되고 선거관리를 선거관리위원회법에 의한 구 · 시 · 군선거관리위원회에 위탁하여야 한다. 대학의 장 후보자 선거일 180일 전부터 선거일까지 선거인에게 금전, 물품, 향응, 그 밖에 재산상의 이익이나 공사의 직을 제공하거나 제공할 의사표시 또는 약속을 할 수 없고, 누구든지 대학의 장 후보자 선거와 관련하여 선거인을 호별 방문하거나 하게 하는 행위 또는 특정 장소에 모이도록 하거나 하게 하는 행위를 할 수 없으며, 누구든지 선전벽보 · 선거공보 · 소형인쇄물 · 합동연설회 · 전화 · 컴퓨터 통신을 이용한 지지 호소 이외의 방법 등으로 선거 관련 행위를 할 수 없다(제24조의2, 제24조의3 참조).

사립대학의 장은 당해 학교를 설치 · 경영하는 학교법인이 정관이 정한 임기로 임명한다. 그러나 임기는 4년을 초과할 수 없고, 1회에 한하여 중임할 수 있다(사립학교법 제53조). 따라서 사립대학 총장의 임용은 이사회가 직접 결정하거나 추천위원회를 구성하여 추천하게 하는 방법 또는 교수들의 선거에 의한 복수의 추천후보자 중 선임하는 경우 등 다양한 방법이 실시되고 있다.

외국에서의 대학의 장 임용 방법은 다음과 같다(표시열 외, 1999: i-ii).

미국의 경우 각 대학의 전통에 따라 다소 차이가 있지만, 대부분의 경우 이사회가 총장선출위원회를 구성하여 총장후보자를 공개모집하고, 정밀한 서류심사와 면접을 통하여 최종후보 2~3명을 선정하고, 이사회가 그중에서 임용한다. 총장선출위원회는 이사와 교수대표가 주된 구성원이며, 동창회대표와 지역사회 유지도 포함하여 10~30명으로 구성된다. 주립대학 등에서는 행정직원대표나 학생대표의 참여도 허용되나, 사립대학은 소극적이다.

영국의 경우 총장과 부총장이 포함된 대학이사회가 있고 대학 학사 행정을 결정하는 교수와 동창회대표로 구성된 교수평의회가 있다. 통상 총장은 동료교수들에 의하여 선출되고 임기는 1년에서 종신까지 있다. 영국 대학의 실질적인 행정책임자는 부총장인데, 부총장은 평의회에서 선출하여 이사회의 동의를 얻는다. 그러나 부총장을 평의회가 추천하여 이사회가 선출하는 대학도 있다.

프랑스의 경우는 대학운영위원회(30~60명으로 구성되며 교수대표 40~60%, 외부인사 20~30%, 학생대표 20~25%, 행정직대표 10~15%), 학술위원회, 대학생활위원회의 전 위원이 참석한 총회에서 총장을 선출한다. 총장임기는 5년이며 연임하지 못한다(프랑스 고등교육기본법 제5조).

일본의 경우는 2004년 4월 1일 국립대학이 모두 독립행정법인으로 전환되어 대학총장의 기능과 임용 방법이 종전과 달라졌다. 총장은 교무를 관리하고, 소속 교직원을 감독하며, 또한 당해 국립대학법인을 대표하고, 그 업무를 총괄한다(국립대학법인법 제11조). 국립대학 총장은 경영협의회와 교육연구평의회에서 각각 동수로 선출하여 구성하는 총장선고회의에서 선정한 총장후보에 대하여 문부과학대신이 임명한다(동법 제12조). 일본 사립대학의 총장 선임 방법은 이사회에서 선출하여 이사장이 임명하는 예가 많고, 교직원의 대표 등으로 구성된 총장후보 전형위원회 등에서 선출한 후보에 대하여 이사회에서 선임하는 경우도 있다.

② 대학 전임교원 임용 방법

국·공립대학의 교원 임용 방법과 절차에 대하여는 교육공무원법에, 사립대학 교원 임용에 대하여는 사립학교법에 상세하게 규정되어 있다. 특히, 사립대학의 교원 임용 방법과 절차에 대하여 구체적으로 법률로 규정한 외국사례는 찾아보기 어려운 특수한 것이다. 국립대학의 교수,

부교수는 대학의 장의 제청으로 교육과학기술부장관을 거쳐 대통령이 임용하고, 조교수는 대학의 장의 제청으로 교육과학기술부장관이 임용하며, 전임강사는 대학의 장이 임용한다(교육공무원법 제25조, 제26조). 그러나 교육공무원임용령(제3조)에서 교수, 부교수, 조교수의 임용권을 대학의 장에게 모두 위임하고 있다. 그리고 대학의 장이 교육공무원을 임용하고자 할 때에는 당해 대학인사위원회의 동의를 얻어야 한다. 공립대학의 교수, 부교수, 조교수는 공립대학의 장의 제청으로 지방자치단체의 장이 임용하고, 전임강사는 공립대학의 장이 임용한다(동법 제55조). 사립대학 교원의 경우는 당해 대학의 장의 제청으로 이사회의 의결을 거쳐 학교법인이 임용하며, 학교법인이 정관으로 임용권을 대학의 장에게 위임할 수 있다(사립학교법 제53조의2). 사립대학 교원 임용의 경우에도 미리 교원인사위원회의 심의를 거쳐야 한다(동법 제53조의3).

- 대학교원의 신규채용: 대학교원을 신규채용함에 있어서는 특정 대학에서 학사학위를 취득한 자가 편중되지 아니하도록(학생 모집단위별 교원 채용인원의 3분의 2를 초과하지 아니하도록) 신규채용하고자 할 경우 심사위원을 위촉(모집대상 전공 분야의 당해 대학 소속교원 또는 학식과 경험이 풍부한 관련 전문가를 위촉하고, 채용후보자의 전공에 대한 학문적 우수성을 심사하는 때는 3분의 1 이상의 심사위원은 당해 대학 소속교직원이 아닌 자로 하여야 함)하고, 심사에 있어서는 기초심사, 전공심사, 면접심사 단계를 거쳐야 하며(통합 실시 가능), 신규교원 채용공고를 지원마감일 1개월 전까지 채용 분야, 채용인원, 지원자격, 심사 기준 등에 관한 사항을 일간신문, 관보 또는 정보통신망, 그 밖의 효과적인 방법으로 공고하여야 한다(교육공무원법 제11조, 동법 시행령 제4조의3, 사립학교법 제53조의4).
- 대학교원의 계약제 임용: 대학교원은 근무기간(교수: 정년, 본인이 원

하는 경우 계약기간, 부교수: 정년 또는 계약기간, 조교수 및 전임강사:계약기간), 급여(공무원보수규정, 공무원수당 등에 관한 규정에 의한 보수 및 수당), 근무조건(교수시간, 소속학교 등에 관한 사항), 업적 및 성과(연구실적, 논문지도, 진로상담 및 학생지도 등에 관한 사항), 재계약조건 및 절차에 관한 사항, 그 밖에 대학의 장이 필요하다고 인정하는 사항을 약정하는 등 계약조건을 정하여 임용할 수 있다. 근무기간 약정에 의한 임용기간이 만료되는 때에는 임용권자는 임용기간 만료일 4개월 전까지 임용기간이 만료된다는 사실과 재임용 심의를 신청할 수 있음을 문서에 의하여 통지하여야 하고, 재임용받고자 하는 경우는 통지받은 날로부터 15일 이내에 신청하여야 한다. 재임용 신청을 받은 임용권자는 대학인사위원회의 재임용 심의를 거쳐 재임용 여부를 결정하여 임용기간 만료일 2개월 전까지 통지하여야 한다. 대학인사위원회가 재임용 여부를 심의함에 있어서는 학생교육에 관한 사항, 학문연구에 관한 사항, 학생지도에 관한 사항에 관한 평가 등 객관적인 사유로서 학칙이 정하는 사유에 근거하여야 하며, 심의 과정에서 15일 이상의 기간을 정하여 지정기일에 당해 교원이 인사위원회에 출석하여 의견을 진술하거나 서면에 의한 의견제출 기회를 주어야 한다(교육공무원법 제11조의3, 동법 시행령 제5조의2, 사립학교법 제11조의3 참조).

- 정년보장 교원 심사: 정년보장 교원을 임용하고자 할 경우에는 대학인사위원회의 동의에 앞서 정년보장교원임용심사위원회에서 당해 대학이 정하는 정년보장 심사 기준에 따라 해당 교원의 연구실적을 심사하여야 한다. 정년보장심사위원회의 구성 및 운영에 관한 사항은 당해 대학의 장이 정하고, 정년보장 교원의 정수는 교원정원의 범위 내에서 대학의 장이 정한다.

외국의 대학교원 임용 방법과 절차의 주요 내용은 다음과 같다.

미국의 경우 대학교원의 유형은 크게 두 가지로 구분되는데, 정년보장계열 교수 및 정년보장된 교수(tenure track and teneured faculty)와 비정년보장(non-teneured track)계열 교수다. 정년보장계열 신임교원(임기가 만료되면 재임용계약 등을 통해 최대 7년까지 재임 가능/이후는 정년보장심사를 통과해야 함)의 임용 절차는 대학에 따라 차이가 있지만 대체로 초빙공고(학과의 요청에 의해 교무처장 등 승인을 받음)를 거쳐 교수임용을 위한 선발위원회의 심사(서류심사 → 전화 등에 의한 2차심사 → 프리젠테이션, 면접 등 방문심사) 결과에 의거, 최종후보자를 선정하여 임용계약(직위, 연봉, 정년보장심사 유예기간 등 내용)을 체결한다. 재임용은 학과를 거쳐 학장, 수석부총장, 교무처장, 총장, 이사회의 순서에 의거하여 결정된다. 재임용 탈락은 이사회에 의거해 결정되고, AAUP는 재임용되지 아니할 경우 그 탈락사실 통보기준일을 재임기간에 따라 차이(2년째 재임용은 임기만료 3개월 전, 3년째는 6개월 전, 4년째는 12개월 전 등)를 두어야 한다는 준거를 두고 있다.

영국의 경우 대학교원 임용은 공개적 절차를 통하여 이루어지는데, 교원 임용공고(교원공석, 예산확보, 대학인사처와 협의 후) → 신임교수선발위원회의 심사(서류심사: 5~6명의 최종후보 결정, 1차 비공식 인터뷰) → 대학 내 고위관계자에 의한 2차 인터뷰 → 인터뷰 페널에 의한 3차 인터뷰를 거쳐 대학이 임용한다.

프랑스의 경우는 대학교원 임용 절차가 교육부와 대학 간 구분되어 있다. 교육부는 전국적인 교수자격 인증자 명단의 작성관리와 최종 임용고시를 담당하고, 대학은 교육부가 인증고시한 자 중에서 선발시험을 실시하여 선정된 자의 명단을 제출한다. 교수자격 인증 절차는 교수초빙 전산체제 앙타르(Antares)를 이용하여 교수지원자가 등록하면, 국가심의회(CNU)가 심사하여 인증(대체로 2/3가 탈락됨)한다. 대학은 정교수와 조교수(정교수의 임용 시는 정교수만)로 교수임용위원회를 구성하여 서류와 업적평가 및 면접을 거쳐 투표로 순위를 매기는 1차 단계를 거쳐, 대학학술심의가 교수임용위원회의 결정사항에 대하여 비밀투표로 확정하여 교육부에 제출하면 정부가 임용고시한다.

독일의 경우는 교수초빙계획 결정(학과의 요청에 의해 교수의 결원 또는 신설강좌로 인한 충원요구에 대하여 대학평의원회와 단과대학운영위원회에서 초빙 결정) → 초빙 공고(정년퇴임 6~12개월 전, 그 밖의 공석 또는 신규 채용의 경우는 3~6개월 전) → 단과대학에 교수초빙위원회 구성 및 심사와 순위 추천(교수대표, 학술연구대표, 학생대표로 구성하고, 당해 대학 출신자는 원칙적으로 배제)을 매겨 후보자에 대한 소견서와 연구 리스트를 첨부하여 주교육부로 제출하여 주정부가 임용한다. 상위직에 결원이 생긴 경우에도 승진이 아닌 신규 임용 절차에 의한다.

일본의 경우 국립대학의 교원임용은 교육공무원특례법 제4조 및 제10조가 정한 절차에 따라 당해 대학 교수회의의 심의를 거쳐 선고된 자를 총장이 문부성에 제출하여 정부가 임명하여 왔으나, 2004년 4월 1일부터 법인화됨에 따라 당해 대학에 설치된 교육연구평의회의 심의를 거쳐 총장이 임용하게 되었다. 그러나 교육연구평의회의 심의에 앞서 선고위원회의 후보자 선정심사나 학부교수회의 심의 등 절차는 대학인사 내규에 의거, 종전과 같이 실시되고 있다. 사립대학의 경우는 학교법인별로 자율적인 교수 임용 절차를 취하고 있는데, 설립자들의 배경과 대학의 규모에 큰 차이가 있어, 교수 임용 절차가 다양하다.

4) 대학교원의 권리와 의무

대학교원은 사회의 최고 지식인이므로 그에 합당한 대우와 동시에, 일반공무원보다 높은 윤리와 도덕성이 요구되고 있다. 이 점에서 대학교수의 권리와 의무문제는 실정법을 적용하고 이해하는 데 견해차가 있을 수 있다. 실정법상의 권리는 '법규범 및 그 체계인 법질서에 의하여 인정되는 활동의 범위'를 말하고, 의무는 교육 · 연구 · 봉사라는 대학의 기능 수행에 적합하고 국가의 공무담당자로서 공공적 신분에 부여되는 직무상의 복무의무라는 성격을 갖는다. 대학교원은 형식적으로 근무확인이 명확한 수업담당 의무시간이 대학별 또는 개인별로 차이가 많고, 주당 최대 9시간을 초과하지 아니하는 것이 국제적 기준이며, 여기에 연구와 학생지도 업무시간이 추가된다. 그러나 우리 교육공무원 관련 법령이나 사립학교법 등에 일반교원은 물론 대학교원의 복무의무에 대하여 따로 규정하지 아니하고 있다. 그러므로 대학교원에게 특수하게 인정되는 권리의무 이외의 것은 국가공무원법 관계규정을 그리고 사립학교 교원의 복무에 대하여는 국 · 공립학교의 교원에 관한 것을 준용토록 한 규정(사립학교법 제55조)에 따라 살펴보고자 한다.

(1) 대학교원의 권리

① 연구, 교육, 지도의 권리

대학교원의 주요 기능(임무)은 교육, 연구, 지도(고등교육법 제15조 제2항)다. 이러한 기능은 권리인 동시에 의무이기도 하다.

헌법 제31조 제4항은 "교육의 자주성, 전문성, 정치적 중립성 및 대학의 자율성은 법률이 정하는 바에 의하여 보장된다." 규정하고 있는데, 이러한 보장의 주된 대상은 교육을 직접 담당하는 교원이 된다. 즉, 대학교원은 전문적이고 자주적이며 정치적으로 중립적인 입장에서 연구하고 학생을 교육 · 지도하도록 법률이 보장한다는 의미다. 바꾸어 말하면 교원은 이러한 전문적, 자주적, 중립적 입장을 유지할 권리를 갖는다는 것이다. 대학교원에게 특히 강조되는 것은 연구의 자유에 관한 것이다. 헌법 제22조 제1항 "모든 국민은 학문과 예술의 자유를 갖는다."를 대학에 대한 학문의 자유권을 제도적으로 보장하는 것으로 해석하고,

이를 대학자치(나아가 교수의 대학자치)의 근거로 삼는 견해가 있으나, 학문의 속성이 진리탐구에 있다는 점에서 신분에 관계없이 누구든지 학문할 자유를 갖는다는 선언으로 해석된다.

그러나 대학은 최고 수준의 교육기관이기 때문에 교수의 학문연구에 관한 권리는 특히 강조되는 것이다.

학생교육과 지도의 권리는 학생에게 가장 적절한 교육 내용과 교수 방법을 선택할 권리를 말하며, 교수-학습상의 자율성으로 교육과정, 교과서, 교수 방법에 있어서의 자율권을 말한다.

학생의 생활지도, 서클활동 지도, 학생자치회 지도 등의 권리는 교원으로서 교육상 당연히 갖는 권리다.

② 신분의 안정성에 관한 권리

헌법 제31조 제6항은 "교원의 지위에 관한 기본적인 사항은 법률로 정한다."고 하여 행정권에 의한 교권 침해 우려를 제한하고 있다. 또한 교육기본법 제14조 제1항은 "교원의 전문성은 존중되며, 교원의 경제적·사회적 지위는 우대되고 그 신분은 보장된다."고 규정하고 있다. 이러한 규정은 교원의 신분보장을 일반공무원보다 강하게 보장하는 구체적인 입법정책의 근거가 된다.

대학교원이 교원으로서 신분보장이 강화되어 있는 법률의 규정은 네 가지로 구분되는데, ① 의사에 반한 휴직, 면직 등의 금지로서 교원은 형의 선고, 징계처분 또는 법에 정하는 사유에 의하지 아니하고는 본인의 의사에 반하여 휴직 또는 면직 등 불리한 처분을 받지 아니한다. 다만, 학급, 학과의 개폐에 의하여 폐직이나 과원이 된 때에는 그러하지 아니하다. 또한 교원은 권고에 의하여 사직을 당하지 아니한다(교육공무원법 제43조, 사립학교법 제56조, 교원지위향상을 위한 특별법 제6조). ② 교원의 학원 내 불체포특권으로서, 교원은 현행범인 경우를 제외하고는 소속학교 장의 동의 없이 학원 안에서 체포되지 아니한다(교육공무원법 제48조, 사립학교법 제60조, 교원지위향상을 위한 특별법 제4조). ③ 소청권으로서, 각급학교 교원의 징계처분(재임용거부처분 포함)에 대한 소청심사를 하기 위하여 교육과학기술부에 교원소청심사위원회를 둔다(교원지위향상을 위한 특별법 제7조). 그리고 소청심사위원회의 결정에 대하여 교원은 행정소송을 제기할 수 있으나, 임용권자는 이를 배제한(동법 제10조 제3항) 규정은 위헌판결로[8] 효력이 상실되었다. ④ 후임자 보충발령의 유예로서, 교원의 의사에 반하여 파면 또는 해임이나 면직처분을 하여 그 처분에 대한 소청심사가 청구된 경우에는 최종 결정이 있을 때까지 후임자의 보충발령을 하지 못한다(교원지위향상을 위한 특별법 제9조 제2항)고 하여 복귀 시의 문제점을 예방하고 있다.

대학교원의 신분안정과 관련된 주요 판례를 보면 ① 교원과 똑같은 직무를 수행해 온 강사 등이 교원과 같은 신분보장을 받을 수 있는지 여부, ② 기간을 정하여 임용한 대학교원의 임용기간 종료는 당연면직이 되는지 여부, ③ 면직처분 후 재임용기간을 경과하여 그 면직처분이 취소되면 재임용효력까지 인정되는지 여부, ④ 재임용 계약갱신 통지를 해태한 경우 자동갱신되는지 여부 등에 관한 것이다.

8) 헌법재판소, 2006.2.23.2005헌가7. 2005헌마1163(병합)전원재판부 판결: 교원지위향상을 위한 특별법 제10조 제3항은 헌법에 위배된다. 학교법인은 그 소속교원과 사법상의 고용계약관계에 있고 재심 절차에서 그 결정의 효력을 받는 일방 당사자의 지위에 있음에도 불구하고, 이 사건 법률조항은 합리적인 이유 없이 학교법인의 제소권한을 부인함으로써 헌법 제11조의 평등원칙에 위배되고, 사립학교 교원에 대한 징계 등 불리한 처분의 적법 여부에 관하여 재심위원회의 재심결정이 최종적인 것이 되는 결과, 일체의 법률적 쟁송에 대한 재판권을 법원에 부여한 헌법 제101조 제1항에도 위배되며, 행정처분인 재심결정의 적법 여부에 관하여 대법원을 최종심으로 하는 법원의 심사를 박탈함으로써 헌법 제107조 제2항에도 위배된다.

사립학교법 제56조는 교원의 신분보장에 관한 규정으로 동법 제53조의2에 규정된 임용 절차를 거쳐 임용되는 교원에 한하여 적용되고, 교원이 아닌 강사에 대하여는 적용되지 않는 것이 원칙이다. 그런데 학교법인이 교육법 제79조 및 사립학교법 제52조 소정의 교원자격을 갖춘 자를 결원된 교원 대신에 강사라는 명칭으로 채용하고 교원의 직무를 담당하면서 똑같이 상시 근무케 하였다면 비록 강사라 하더라도 교원에 준하여 사립학교법 제56조(의사에 반한 휴직, 면직 등의 금지) 소정의 신분보장을 받을 권리가 있다(대판 89.2.14.87다카2243, 동지 대판 95.6.16.94다47926). 그리고 기간을 정하여 임용된 사립대학의 교원은 학교법인의 정관이나 인사규정에 재임용의무를 부과하는 근거규정이 없다면 임용기간의 만료로 그의 대학교원으로서의 신분관계는 당연히 종료되며, 임용기간이 만료된 자를 다시 임용할 것인지 여부는 결국 임용권자의 판단에 따른 재량행위에 속한다(대판 2000.12.12.99다55571)고 하였으나, 헌법재판소는 이러한 기간부 임용제도가 헌법상의 교원지위 법정주의에 위배된다고 판결하였다. 즉, 객관적인 기준의 재임용 거부사유와 재임용에서 탈락하게 되는 교원이 자신의 입장을 진술할 수 있는 기회 그리고 재임용 거부를 사전에 통지하는 규정 등이 없으며, 나아가 재임용이 거부되었을 경우 사후에 그에 대해 다툴 수 있는 제도적 장치를 전혀 마련하지 않고 있는 이 사건 법률조항은, 현대사회에서 대학교육이 갖는 중요한 기능과 그 교육을 담당하고 있는 대학교원의 신분의 부당한 박탈에 대한 최소한의 보호요청에 비추어 볼 때 헌법 제31조 제6항에서 정하고 있는 교원지위 법정주의에 위배된다고 볼 수밖에 없다. …이 사건 법률조항의 위헌성은 기간임용제 그 자체에 있는 것이 아니라 재임용 거부사유 및 그 사전 구제 절차 그리고 부당한 재임용 거부에 대하여 다툴 수 있는 사후의 구제 절차에 대하여 아무런 규정을 하지 않음으로써 거부당한 교원이 구제받을 수 있는 길을 완전히 차단한 데 있다. 그런데 이 사건 법률조항에 대하여 단순위헌을 선언하는 경우에는 기간임용제 자체까지도 위헌으로 선언하는 결과를 초래하게 되므로 단순위헌결정 대신 헌법불합치결정을 하는 것이다(헌법재판소 2003.2.27.2000헌바26). 교원이 임용기간 만료 전에 해임, 면직, 파면 등을 당하여 그것이 무효로 판정되었다 하더라도 학교법인의 정관 등에 임용기간이 만료되는 교원에 대한 재임용의무를 부여하는 근거규정 등이 없는 한 그 임용기간의 만료로 당연히 교원의 신분을 상실한다(대판 96.2.27.95다11696). 그러나 사립학교 부교수에 대한 면직처분이 있은 뒤 그 후에 사립학교법과 학교법인의 정관 등에 의하여 재임기간을 넘겨 재임용되지 아니하였다 하더라도 그것만으로는 그에게 무효확인을 구할 이익이 없다고 할 수 없을 뿐만 아니라, 그에 대한 면직처분이 무효인 바에야 특별한 사정이 없는 한 그의 신분은 그대로 존속한다고 보아야 한다(대판 91.7.23.91다12820). 재임용계약 관련 통지의 효력에 대하여는, 학교법인의 교원인사규정에 임용권자가 계약갱신을 하고자 할 때에는 계약기간 만료일 또는 갱신하고자 하는 계약일의 3개월 전에 해당 교원에게 계약갱신을 통고하도록 규정되어 있다 하더라도, 이를 근거삼아 학교법인 측에서 해당 교원에게 이와 같은 계약갱신 통고 절차를 거치지 아니하였다 하여 동인에 대한 교원임용계약이 묵시적으로 자동갱신된 것으로 볼 수는 없다(대판 91.12.27.91다32596).

③ 보수 등 재산적 보상을 받을 권리

대학교원은 국가 또는 학교법인과 고용계약에 의하여 근무하는 지위에 있으므로 근로의 대가로 계약조건에 의거하여 금전적 보상을 받을 권리를 갖는다. 국립대학 교원은 공무원보수규정 그리고 공무원수당규정이 정하는 바에 의하여 봉급과 수당을 받으며, 또한 기성회규약에 따라서도 연구보조비 등을 받을 수 있는 권리가 있다. 대학교수의 연구수

당과 학생지도수당이 어떤 실적에 따른 실비변상의 것이 아니고, 일반적으로 대학교원에게 일정액을 정기적 · 계속적으로 지급한 것이었다면 근로의 대가인 급여로 봄이 상당하다(대판 77.9.28.77다300). 사립대학교원인 경우는 학교법인이 정하는 보수 및 수당규정이 정하는 바에 의하여 보수를 받을 권리를 갖는다. 교원지위향상을 위한 특별법 제3조는 국가와 지방자치단체가 교원의 보수를 우대하도록 규정하고 또한 사립학교의 교원 보수는 공무원인 교원의 보수 수준을 유지하도록 규정하고 있다.

대학교원은 교육공무원법과 사립학교법 관계규정에 의거하여 개인별로 근무기간, 급여, 근무조건 등 계약조건을 정하여 임용할 수 있으므로 이러한 규정에 의거, 임용된 교원의 경우는 직급이나 호봉에 따라 정형화된 보수표와 달리 특별한 보수를 받을 권리가 있다. 그러나 보수를 받았다 하여 그것이 바로 교원으로 임용되었다는 증거가 되지 아니하는 사례로서, 학교법인이 대학교원으로 하여금 임용기간이 만료된 후에도 4개월 동안 교수로서 직무를 수행하도록 하고 봉급을 지급하는 등을 하였다는 이유만으로 묵시적으로 재임용계약이 체결되었다고 볼 수는 없다(대판 95.1.20.93다55425).

또한 대학교원은 직무수행상 소요되는 비용에 대하여 따로 실비변상을 청구할 수 있으며(국가공무원법 제48조), 퇴직 시(또는 퇴직 후 정기적으로) 연금을 수령할 권리가 있다. 교육공무원은 공무원은 공무원연금법에 의하여 그리고 사립대학 교원은 사립학교교직원연금법이 정하는 바에 의하여 연금을 받는다.

④ 근무조건 향상을 위한 교섭 · 협의권

우리 헌법은 근로조건의 향상을 위하여 근로자의 자주적인 단결권, 단체교섭권 및 단체행동권을 규정하고 있으나, 동시에 공무원인 근로자는 법률이 정하는 자에 한하여 이러한 권리를 가진다(헌법 제33조)고 하여 공무원의 노동3권은 법률에 유보하였다.

국가공무원법 제66조는 “공무원은 노동운동, 기타 공무 이외의 일을 위한 집단행위를 하여서는 아니된다. 다만, 사실상 노무에 종사하는 공무원은 예외로 한다.”는 규정으로 인하여 국립대학 교원은 노동운동을 할 수 없고, 사립대학 교원도 교원의 복무에 관하여는 국립대학 교원에 관한 규정을 준용하도록 규정한 사립학교법 제55조의 규정에 의하여 노동조합 결성 등을 할 수 없다. 그러나 초 · 중등학교 교원은 「교원의 노동조합설립 및 운영에 관한 법률」에 의거, 쟁의행위를 제외한 노동조합활동을 할 수 있고, 6급 이하의 공무원과 기능직 공무원 등은 「공무원의 노동조합설립 및 운영에 관한 법률」에 의하여 노동조합활동 등을 할 수 있다.

대학교원은 사회적 지위나 전문성에 비추어 노동운동을 통한 근로조건의 향상을 기대하는 여론과 그러한 필요성에 대한 인식이 적어 자율협의체인 전국대학교수협의회, 전국국 · 공립대학교수협의회, 전국사립대학교수협의회, 대학별 교수협의회 등이 정부정책이나 대학운영관리 등 교수들의 권익, 기타 사항에 대하여 회원들의 의사를 대변하고 있다.

법률적으로 대학교수가 사용자나 국가에 교섭 · 협의할 수 있는 제도적 장치는 교육기본법 제15조에 의거, “교원은 상호 협동하여 교육의 진흥과 문화의 창달에 노력하고 교원의 경제적 · 사회적 지위 향상을 위하여 각 지방자치단체와 중앙에 교원단체를 조직할 수 있다.” 한국교원단체총연합회와 전국교원노동조합은 교육과학기술부 등과 협의교섭권을 가지고 있다. 교원지위향상을 위한 특별법 제11조는 “교원단체는 교육과학기술부장관 또는 교육감과 교섭 · 협의하고 교육감 또는 교육과학기술부장관은 교섭 · 협의에 성실히 응하여야 하고 합의된 사항은 시행에 노력하여야 한다.”고 규정하고 있다. 또한 「근로자 참여 및 협력증진에 관한 법률」에 의거, 교원대표는 노사협의회(근로자와 사용자가 동수로 구성되는 3인 이상 10인 이내의 조직)를 통하여 사용자인 대학경영주체와 교섭 · 협의할 수 있다.

(2) 대학교원의 의무

대학교원은 헌법과 법률에 규정된 일반국민으로서의 의무와 대학의 기능인 교육, 연구, 봉사활동 수행을 위해 교원직위에 부여된 임무를 성실하게 수행할 의무가 있다. 그러나 여기서는 교원으로서 복무의무(복무 기준)로 한정하기로 한다.

국 · 공립대학 교원은 공무원이므로 "공무원은 국민 전체에 대한 봉사자이며 국민에 대하여 책임을 진다."(헌법 제7조 제1항)는 헌법상의 의무가 부여되어 있고, 사립대학 교원은 사립학교법 제55조에 의거, 국 · 공립대학 교원의 복무 기준이 준용된다.

따라서 대학교원의 복무의무는 국가공무원법이 규정한 복무의무가 적용되며, 교육기본법 제14조에 규정된 교육자로서의 자질 향상과 윤리의식 확립이 요구되고, 부패방지법에 의한 공무원행동강령의 준수의무가 있다.

① 교육기본법상의 복무의무

- 품성과 자질향상의무: 교원은 교육자로서 갖추어야 할 품성과 자질을 향상시키기 위하여 노력하여야 한다(제14조 제2항). 교육자로서 갖추어야 할 품성이란 일반공무원보다 높은 도덕성이나 학생을 사랑하고 보호하는 교육적 자세 등이라 할 수 있으며, 자질은 주로 전문적 지식이나 교육, 지도 방법 등에 대한 능력으로서 이러한 교원의 향상된 품성과 자질은 궁극적으로 학생의 교육권을 보장하는 기초가 된다.

- **교육자로서 윤리의식확립의무**: 교원은 교육자로서의 윤리의식을 확립하고, 이를 바탕으로 학생에게 학습윤리를 지도하고 지식을 습득하게 하며, 학생 개개인의 적성을 계발할 수 있도록 노력해야 한다(제14조 제3항). 이 규정은 과학기술의 발전과 경제력 위주의 사회 구조에 의하여 매우 빠르게 무너져 온 윤리체계, 즉 인간으로서 지켜야 할 도덕과 규범에 대하여 적어도 교육기관의 교원은 수범을 보이고 학생들이 배울 수 있도록 해야 한다는 것이다.
- **학원에서의 정치운동금지**: 교원은 특정 정당 또는 정파를 지지하거나 반대하기 위하여 학생을 지도하거나 선동하여서는 아니된다(제14조 제4항). 교원들이 소위 혁신교수단, 학원민주화교수단 등의 조직을 만들어 학생들을 선동, 시위난동을 하는 등의 소위는 정치운동에 해당한다(대판 70.2.24.65다897). 정치적 목적의 학생선동을 금지하는 것은 헌법이 규정한 교육의 정치적 중립성을 보장하기 위한 것이다.

② 국가공무원법(사립학교법)상의 복무의무

- **취임선서의무**: 공무원은 취임할 때에 소속기관장 앞에서 대통령령이 정하는 바에 따라(국민 전체의 봉사자로서 법령 및 복무상의 명령을 준수, 복종하며 창의와 성실로써 맡은 바 책무를 다할 것) 선서하여야 한다(제55조). 그러나 실제로는 소속기관장 면전에서 구두로 선서하는 일은 거의 없고 계약서에 계약 · 추인하는 것만으로 이행되고 있다.
- **성실의무**: 모든 공무원은 법령을 준수하며 성실히 직무를 수행하여야 한다(제56조). 공무원은 주권을 가진 국민의 수임자 내지 국민 전체의 봉사자로서 공공의 이익을 위하여 성실히 근무할 의무가 있으며, 공무원의 의무 중 가장 기본적인 의무로서 여타의 의무는

여기에서 연유한다. 성실의무는 윤리성을 본질로 하고 있기 때문에 경제성에 의하여 지배되고 있는 단순한 고용관계의 노동급부의무와 구별된다. 이 의무는 공무원뿐만 아니리 인간의 기본적인 생활규범으로서 민법상의 신의성실원칙과 유사한 것이지만, 공무원의 경우는 원칙적으로 부여된 직무와 관련하여 국민 전체의 이익을 도모하는 법적 의무다. 성실의무는 공무원에게 부과된 가장 기본적인 중요한 의무로서, 최대한 공익을 도모하고 그 불이익을 방지하기 위하여 전인격과 양심을 바쳐서 성실히 직무를 수행하여야 하는 것을 내용으로 한다(대판 89.5.23.88누3161). 공무원의 성실의무는 경우에 따라 근무시간 외에 근무지 밖에까지 미칠 수도 있다(대판 97.2.11.96누2125).

• 복종의무: 공무원은 직무를 수행함에 있어서 소속상관의 직무상의 명령에 복종하여야 한다(제57조). 직무명령이란 소속상관이 소관직무에 관하여 부하에게 발하는 명령으로서 널리 일반에 대하여 효력을 갖는 법규명령과 구별되고, 상급관청이 하급관청에 발하는 훈령과도 다르다. 직무명령이 형식이 정해져 있는 경우는 그에 따라야 하지만 서면, 구술 어느 형식에 의하여도 직무명령이 가능하다. 대학교수에 있어서 소속상관이란 누구를 말하는가에 대하여 견해차이가 있을 수 있다. 대학교원의 전문성과 자주성 보장원칙에 의거, 주된 직무인 교육의 내용과 방법 그리고 학문연구 분야에 관하여는 누구도 명령할 수 없으며, 다만 동료적 차원에서 조언이나 권고가 가능하다. 대학교원에 대한 상사는 총장 이외는 학교의 학사나 행·재정 또는 시설 등 관리운영 분야에 있어서 권한과 책임을 갖는 직위(보직)에 있는 사람을 말하고, 행정기관처럼 직급체계상 명령적 위치를 갖는 상위직이라는 지위까지 포함된 개념으로 보기는 어렵다.

- 직장이탈금지의무: 공무원은 소속상관의 허가 또는 정당한 이유 없이 직장을 이탈하여서는 아니된다(제58조). 여기서 직장이란 사무소를 말하며 대학교원의 경우는 교수연구실, 해당 강의실, 실험실습실, 학내 도서관이나 연구소 등 캠퍼스 내의 교수직무 수행 또는 준비와 관련된 장소로 보아야 한다는 점에서 공무원의 지정된 근무장소보다 다양하다. 그럼에도 불구하고 대학교원은 주된 직무인 수업이 전일제가 아니라 주당 담당시간이 6~8시간이므로 5일 중 하루에 수업업무는 마칠 수 있다. 여타 시간(1일 8시간 기준)은 교내에서 연구 또는 학생지도나 상담에 응하고 출장, 기타 사유로 이탈하게 되는 경우 총장의 허가를 얻어야 한다는 것이 이 규정의 엄격한 적용에 해당된다. 그러나 사실상 규정대로 실행하기가 어렵고 또한 실익도 적기 때문에 대학에 따라서는 주당 2일 또는 3일을 자유롭게 선택하여 근무하도록 내규를 두고 있다.
- 친절공정의무: 공무원은 국민 전체의 봉사자로서 친절공정하게 집무하여야 한다(제59조). 이 규정은 단순한 도덕적 · 윤리적 의무에 그치는 것이 아니라 법적 의무이므로 이를 위반하면 징계의 원인이 된다. 친절이란 대인관계에서 대화행위상의 태도이고, 공정이란 직무상의 태도 결정행위다. 교원에 있어서 친절공정이란 학생에 대한 최대의 온정적인 지도와 공평하고 치우침이 없는 학생지도 및 성적 등 평가행위가 중요시된다.
- 비밀준수의무: 공무원은 재직 중은 물론 퇴직 후에도 직무상 알게 된 비밀을 누설해서는 아니된다(제60조). 직무상 알게 된 비밀은 자신의 직무에 관한 비밀뿐만 아니라 직무와 관련하여 알게 된 다른 공무원의 직무비밀도 포함된다. 무엇이 비밀이냐 하는 것은 법령 또는 처분에 의하여 결정된다. 이 의무의 위반은 징계의 사유가 될 뿐만 아니라 법령에 의한 직무상 비밀누설은 형법상 범죄를 구성

한다. 대학교원의 경우는 대체로 학생의 성적이나 신상 등 직무상 알게 된 사항으로서 타인에게 누설하는 것이 적당하지 아니한 경우가 주로 해당된다. 교육기본법 제23조의2는 "학생정보는 법률이 정하는 경우를 제외하고는 당해 학생의 동의 없이 제3자에게 제공되어서는 아니된다."고 규정되어 있다. 국가공무원법상 직무상 비밀이라 함은 국가 공무의 민주적·능률적 운영을 확보하여야 한다는 이념에 비추어 볼 때, 당해 사실이 일반에 널리 알려질 경우 그러한 행정의 목적을 해할 우려가 있는지 여부를 판단하여야 하며, 구체적으로는 행정기관이 비밀이라고 형식적으로 정한 것에 따를 것이 아니라 실질적으로 비밀로서 보호할 가치가 있는지, 즉 그것이 통상의 지식과 경험을 가진 다수인에게 알려지지 아니한 비밀성을 가졌는지 또한 정부나 국민의 이익 또는 행정목적 달성을 위하여 비밀로서 보호할 필요성이 있는지 등이 객관적으로 검토되어야 한다(대판 96.10.11.94누7171).

- 청렴의무: 공무원은 직무와 관련하여 직접 또는 간접을 불문하고 사례, 증여 또는 향응을 수수할 수 없고, 직무상의 관계 여하를 불문하고 그 소속상관에 증여하거나 소속공무원으로부터 증여를 받아서는 아니된다(제61조). 이 의무의 위반은 징계사유가 될 뿐만 아니라 형법상의 범죄를 구성하게 된다.
- 품위유지의무: 공무원은 직무의 내외를 불문하고 그 품위를 손상하는 행위를 하여서는 아니된다(제63조). 이 의무는 공무원이 국민에 대한 봉사자로서 신뢰를 받기 위하여는 직장 밖에서도 국민의 지탄이 되는 행위나 부도덕한 행위를 배제하기 위한 것으로서 아편, 방탕, 낭비, 과도한 부채 등과 같이 품위를 손상시키는 행위를 금지하는 것이다. 교원은 항상 사표가 될 품성과 자질의 향상에 힘쓰며, 학문의 연찬 및 교육의 원리와 방법을 탐구·연마하여 학생의 교

육에 전심전력하여야 하는 점을 고려할 때 교원에게는 일반직업인보다 더 높은 도덕성이 요구되고, 교원의 품위손상 행위는 본인은 물론 교원사회 전체에 대한 국민의 신뢰를 실추시킬 우려가 있으므로 사립학교법은 교원에 대하여도 직무와 관련된 부분은 물론 사적인 부분에서도 품위를 유지할 의무를 규정하고 있는데, 여기서 품위라 함은 국민에 대한 교육자로서의 직책을 맡아 수행해 나가기에 손색이 없는 인품을 말하고, 어떤 행위가 품위손상에 해당하는가는 구체적 상황에 따라 건전한 사회통념에 의하여 판단하여야 한다(대판 2000.6.9.98두16613).

- 영예 등의 신고의무: 공무원이 외국정부로부터 영예 또는 증여를 받을 경우는 대통령의 허가를 얻어야 한다(제62조). 이 의무는 공무원이 외국정부의 호의, 기타 사유로 어떤 혜택을 받는 것은 대체로 직무와 관련성이 있게 되므로 직무를 부여한 임용권자의 허가를 필요로 하는 의무다.
- 영리업무 및 겸직금지의무: 공무원은 공무 이외의 영리를 목적으로 하는 업무에 종사하지 못하며, 소속기관의 장의 허가 없이 다른 직무를 겸할 수 없다(제64조). 이 규정은 공무원에 대하여 영리를 목적으로 하는 업무는 어떤 형태든 종사하는 것을 금지하고, 비영리 업무의 경우에도 담당직무에 부담이나 영향을 미치는 업무에 종사하는 것을 제한하고자 하는 것이다. 영리를 목적으로 하는 업무란 상업, 공업, 금융업, 기타 영리적인 업무를 스스로 경영하여 영리를 추구함이 현저한 업무 그리고 이러한 목적의 사기업체의 이사, 감사, 업무를 집행하는 무한책임사원, 지배인, 발기인, 기타 임원이 되는 것, 그의 직무와 관련이 있는 타인의 기업에 투자하는 행위, 기타 계속적으로 재산상의 이득을 목적으로 하는 업무를 행하는 것(공무원복무규정 제25조)을 말한다. 이러한 영리행위에 공무원이

개입하게 되면 직무능률 저하, 직무에 대한 부당한 영향, 국가의 이익과 상반되는 개인적 이익의 취득 또는 경쟁업체의 불만 등이 발생할 수 있으므로 이를 배제하기 위한 것이다.

그러나 대학교원의 경우는 사기업체의 사외이사를 겸직할 수 있는 특례를 두고 있다. 즉, 고등교육법 제14조 제2항의 규정에 의한 교수, 부교수, 조교수 및 전임강사는 학생의 교육지도와 학문에 지장이 없는 범위 내에서 소속학교의 장의 허가를 받아 상업, 공업, 금융업, 그 밖의 영리를 목적으로 하는 사기업체의 사외이사(증권거래법 제12조 제19항의 규정에 의한 당해 회사의 상무에 종사하지 아니하는 이사를 말한다)를 겸직할 수 있다(교육공무원법 제19조의2). 이러한 특례에 해당하지 아니하는 사립대학 교수가 건축사무소를 개설하여 자기 명의로 등록을 필하고 영업행위를 하는 것은 교육공무원법 제43조(81.11.23개정 이전), 국가공무원법 제63조, 공무원복무규정 제24조 등에 따라 겸직금지의무에 위반된다(기획 810-775,69.8.9.대:대한건축사협회 참조).

- 정치운동의 금지의무: 공무원은 정당, 기타 정치단체의 결성에 관여하거나 이에 가입할 수 없고(고등교육법 제14조의 규정에 의한 총장·학장·교수·부교수·조교수·전임강사는 정당법 제22조의 규정에 의거 정당의 발기인 및 당원이 될 수 있음), 선거에 있어서 특정 정당 또는 특정인의 지지나 반대를 위하여 투표를 하거나 하지 아니하도록 권유운동을 하는 것, 서명운동을 기획·주재하거나 권유하는 것, 문서 또는 도서를 공공시설 등에 게시하거나 게시하도록 하는 것, 기부금을 모집하게 하거나 공공자금를 이용 또는 이용하게 하는 것, 타인으로 하여금 정당, 기타 정치단체에 가입하거나 가입하지 아니하도록 권유하는 것 등을 할 수 없다(제65조).
- 집단행위의 금지의무: 공무원은 노동운동, 기타 공무 이외의 일을 위

한 집단적 행위를 하여서는 아니된다. 다만, 사실상 노무에 종사하는 공무원은 예외로 한다(제66조). 여기서 노동운동은 헌법과 국가공무원법과의 관계 및 우리 헌법이 근로3권을 집회 · 결사의 자유와 구분하여 보장하면서도 근로3권에 한하여 공무원에 대한 헌법적 제한 규정을 두고 있는 점에 비추어 헌법 및 노동법적 개념으로서의 근로3권, 즉 단결권, 단체교섭권, 단체행동권을 의미한다고 해석해야 할 것이고, 제한되는 단결권은 종속근로자들이 사용자에 대하여 근로조건의 유지, 개선 등을 목적으로 조직한 경제적 결사인 노동조합을 결성하고 그에 가입, 활동하는 권리를 말한다고 할 것이다. 또한 '공무 이외의 집단적 행위'는 공무가 아닌 어떤 일을 위하여 공무원들이 하는 모든 집단적 행위를 의미하는 것이 아니고 언론, 출판, 집회, 결사의 자유를 보장하고 있는 헌법 제21조 제1항 헌법상의 원리, 국가공무원법의 취지, 국가공무원법상의 성실의무 및 직무전념의무 등을 종합적으로 고려하여 '공익에 반하는 목적을 위하여 직무전념의무를 해태하는 등의 영향을 가져오는 집단적 행위'라고 축소해석하여야 할 것이다(대판 92.2.24.90도2310).

5) 대학교원의 징계와 면직

대학교원이 ① 법에 의한 명령에 위반하였을 때, ② 직무상의 의무에 위반하거나 직무를 태만히 한 때, ③ 직무의 내외를 불문하고 대학교원으로서 품위를 손상하는 행위를 한 때에는 징계위원회의 의결을 거쳐 징계할 수 있다(국가공무원법 제78조, 교육공무원법 제53조, 사립학교법 제61조 참조). 징계의 종류는 파면, 해임, 정직, 감봉, 견책으로 구분되고 파면, 해임, 정직을 중징계라 하고 감봉 또는 견책을 경징계라 한다.

국립대학 교원(교육공무원)이 국가공무원법 제78조 제1항 각호의 1에 해당한다고 대학의 장이 인정한 때에는 지체 없이 당해 징계사건을 관할하는 징계위원회(교수, 부교수, 조교수, 전임강사의 경우는 교육과학기술부에 설치된 특별징계위원회)에 그 징계의결을 요구하여야 하고, 징계처분권자(대학의 장)는 징계의결서를 받은 날로부터 이를 집행하여야 한다. 사립대학 교원이 사립학교법 제61조 각호의 1에 해당한다고 대학의 장이 인정한 때에는 그 임면권자가 학교법인인 경우는 당해 법인에 설치된 교원징계위원회에, 임면권자가 대학의 장인 경우는 당해 대학에 설치된 교원징계위원회에 징계의결을 요구하여야 하고, 징계의결의 결과에 따라 징계처분을 하여야 한다.

징계의결의 요구는 징계사유가 발생한 날로부터 2년(금품 및 향응수수, 공금의 횡령, 유용의 경우는 3년)이 경과한 때에는 이를 행하지 못하며, 징계위원회의 구성, 징계의결, 기타 절차상의 하자나 징계양정의 과다를 이유로 교원지위향상특별법에 의한 교원소청심사위원회 또는 법원에서 징계처분의 무효 또는 취소의 결정이나 판결을 한 때에는 징계시효가 경과하거나 그 잔여기간이 3개월 미만인 경우에도 그 결정 또는 판결이 확정된 날로부터 3개월 이내에 다시 징계의결을 요구할 수 있다(국가공무원법 제83조의2, 사립학교법 제66조의2 참조).

공무원에 대한 징계처분은 당해 공무원의 직무상의 위반행위, 기타 비행이 있는 경우 공무원관계의 질서를 유지하고 기강을 숙정하여 공무원으로서의 의무를 다하도록 하기 위하여 과하는 제재이므로, 공무원인 피징계자에게 징계사유에 있어 징계처분을 하는 경우 어떠한 처분을 할 것인가 하는 것은 징계권자의 재량에 맡겨진 것이고, 다만 징계권자가 징계권의 행사로서 한 징계처분이 사회통념상 현저하게 타당성을 잃어 징계권자에게 맡겨진 재량권을 남용한 것이라고 인정된 경우에 한하여 위법한 것이다(대판 1992.3.27.91누9145). 징계처분 후 징계사유에 대한 형사사건으로 1심에서 유죄판결이 선고되었으나 그 후 항소심에서 무죄판결이 선고되고 이 판결이 대법원에서 확정되었다면, 그 징계처분이 근거 없는 사실을 징계사유로 삼는 것이 되어 위법하다고는 할 수 있으나, 그 하자가 객관적으로 명백하다고는 할 수 없으므로 징계처분이 당연무효가 되는 것은 아니다(대판 1994.1.11.93누14752). 사립학교 교원의 징계 절차에 있어서 교육공무원징계령을 유추적용할 수 있는지 여부는, 사립학교 교원에 대한 징계는 사립학교법에 정한 징계 절차의 규정만이 적용되고 교육공무원징계령 소정의 절차는 유추적용될 수 없다(대판 1994.10.25.93다50635).

대학교원의 면직이란 교원의 신분을 상실시키는 행위를 말하는데, 의원면직, 당연퇴직, 직권면직의 3종으로 나눌 수 있다. 의원면직이란 교원 자신의 자유로운 의사에 따라 교원관계를 소멸시키는 행위를 말한다. 이러한 면직은 교원의 사의표시만으로 되는 것은 아니며, 임면권자에 의하여 수리되기까지는 교원관계가 그대로 지속된다.[9] 교원이 비위 또는 책임을 고의로 면탈하고자 하는 의도에서 사의를 표시한 때에는 임용권자는 그 수리를 거절할 수 있으며, 이 경우에 교원이 근무를 하지 아니하여 직무수행에 지장을 초래한 때에는 직무유기죄를 구성한다 할 것이다. 임용이 일방의 의사표시에 의해서 이루어지지 아니하고 쌍방의 사의 합치에 의해서 이루어진다는 점에서 보면, 비록 당연히 수리될 것이라 하더라도 상대방의 동의가 있어야 한다. 이러한 의원면직과는 달리 법률의 규정에 의하여 당연히 퇴직하는 경우가 있는데, 그것은 국가공무원법 제33조에 규정된 공무원 임용 결격사유가 발생하는 경우(국가공무원법 제69조, 사립학교법 제57조), 국립대학 교원은 정년(65세)에 달한 날의 학기 말에(교육공무원법 제47조) 그리고 사립대학의 교원의 경우는

9) 대판 71.3.31.누7. "…사직원을 제출하고 사직원이 적법히 수리되어 처리하기 전에… 근무지를 이탈하였다는 것인바 … 원고를 파면에 처한 것이 징계권의 재량범위를 이탈했다든가 가혹하다고 볼 수 없다."; 대판 71.3.31.누14 (동지).

정관이 정한 정년규정에 따라 당연히 퇴직한다. 임기제 대학교원인 경우는 물론 재임용되지 못하면 임기 종료 시 당연히 퇴직된다.

직권면직이란 대학교원 본인의 의사와는 관계없이 대학측의 일방적인 의사에 의하여 교원의 신분을 박탈하는 행위다. 직권면직은 다시 협의의 직권면직과 징계에 의한 파면 또는 해임으로 구분할 수 있다. 국립대학 교원의 직권면직 사유는 ① 직제와 정원의 개폐 또는 예산의 감소 등에 의하여 폐직 또는 과원이 되었을 때, ② 휴직기간의 만료 또는 휴직사유가 소멸된 후에도 직무에 복귀하지 아니하거나 직무를 감당할 수 없을 때, ③ 직무수행능력이 부족하거나 근무성적이 극히 불량한 자로서 직위해제되어 대기명령을 받은 자가 그 기간 중 능력 또는 근무성적의 향상을 기대하기 어렵다고 인정된 때, ④ 전직시험에서 3회 이상 불합격한 자로서 직무수행능력이 부족하다고 인정된 때, ⑤ 징병검사, 입영 또는 소집의 명령을 받고 정당한 이유 없이 이를 기피하거나 군복무를 위하여 휴직 중에 있는 자가 재영 중 군무를 이탈하였을 때, ⑥ 당해 직급에서 복무를 수행하는 데 필요한 자격증의 효력이 상실되거나 면허가 취소되어 담당직무를 수행할 수 없게 된 때(국가공무원법 제70조 제1항)다. 이러한 사유에 의하여 교육공무원을 면직시키고자 할 경우 임용권자는 미리 관할 징계위원회의 의견을 들어야 하며, ③항의 사유로 면직시키고자 하는 경우는 징계위원회의 동의를 얻어야 한다. 사립대학 교원의 직권면직 사유는 ① 신체 또는 정신상의 장애로 1년 이상 직무를 감당하지 못할 만한 사유가 있을 때, ② 근무성적이 극히 불량한 때, ③ 정부를 파괴함을 목적으로 하는 단체에 가입하거나 이를 방조한 때, ④ 정치운동을 하거나, 집단적으로 수업을 거부하거나 또는 어느 정당을 지지 또는 반대하기 위하여 학생을 지도 · 선동한 때, ⑤ 인사기록에 있어 부정한 채점, 기록을 하거나 허위의 증명이나 진술을 한 때이고, 이러한 사유에 의하여 면직시키는 경우에는 교원징계위원회의 동의를 얻어야 한다(사립학교법 제58조).

학교법인이 그 교원을 직권면직함에 있어 사립학교법 및 당해 법인의 정관에 위배되어 무효인 법인 인사규칙에 따라 징계위원회의 동의를 얻지 아니한 경우, 그 직권면직처분은 절차상의 하자로 인하여 무효이고, 비록 소송 계속 중에 학교법인이 징계위원회를 개최하여 동의를 얻었다 하더라도 이러한 사유로 그 하자가 치유된다고 할 수 없다(대판 96.3,8.95다51847). 사립학교법 제58조에 의한 면직은 동법 제61조의 징계처분에 속하지 아니하고, 따라서 동법 제58조 제1항 제2호 내지 제5호의 사유에 의하여 면직시키는 경우에 동법 제62조의 규정에 의한 교원징계위원회의 동의는 동법 제66조에서 말하는 징계의결이라 할 수 없다. 따라서 위 동의에 관하여는 동법 제65조 제1항을 적용 또는 준용할 법적 근거가 없으므로 피고 법인의 교원징계위원회가 원고의 면직에 동의하기 전에 원고 본인의 진술을 듣지 아니하였다 하더라도 그 사유만으로서 동의가 무효라 할 수 없고, 따라서 피고의 원고에 대한 면직처분이 무효라 할 수 없다(대판 72.1.31.71다205).

3. 대학과 행정직원

1) 대학과 행정직원의 법률관계

대학의 행정직원은 대학의 행정사무, 기타의 사무를 담당한다(고등교육법 제15조 3항). 여기서 기타의 사무라 함은 교원이 담당하는 교육과 이와 직접 관련되어 교원이 담당하여야 할 성질의 사무(학생출석 확인이나 성적산출 등)와 서무, 회계 등 서류에 의한 사무 이외의 일체의 사무로서 경비, 청소, 시설유지관리 등의 사무를 말한다. 이러한 업무를 담당하는 사람을 사립학교법(제70조의2)에서는 사무직원이란 명칭을 사용하고 있다. 대학의 행정직원은 해당 직위(1인에게 부여된 직무와 책임)에 따른 업무를 성실하게 수행하고 일정한 보수를 받는 조건으로 임용권자와 쌍방계약에 의하여 근무하는 사람이다. 대학 행정직원은 대학의 3대 인적 구성 집단인 교수, 학생, 직원 중 직원을 말한다. 그리고 대학행정의 본질적인 기능은 교수와 학생 간 교육이 원활하게 이루어질 수 있도록 인적 · 물적자원을 수집, 배치, 관리하는 일체의 사무관리이므로 행정직원의 기능은 대학에서 수행하는 일체의 행정 기능 중 교수가 직접 담당하여야 할 성질의 행정사무 이외의 일체의 사무를 담당한다. 그러나 이러한 행정사무 중 일부를 보직교수나 총장 등 교원직이 담당하는 경우는 당사자를 행정직원으로 분류하지 아니한다. 국 · 공립대학의 행정직원은 그 신분이 공무원이므로 인사, 보수, 복무 등 대학과의 법률관계가 바로 국가와의 법률관계로 된다. 사립대학의 사무직원의 임면, 보수, 복무 및 신분보장에 관하여는 사립학교법에서 학교법인의 정관으로 정하도록 하였을 뿐이고 그 내용을 규정한 바가 없으며, 그 근무관계는 본질적으로 사법상의 고용계약관계라고 할 것이므로 사립학교의 사무직원의 보수, 복무 등 근로조건에 관한 사항 중 사립학교교원연금법에서 정하고 있는 퇴직 시의 급여 등을 제외한 사항은 근로기준법의 적용을 받는다(대판 97.7.22.96다38995).

대학의 교원에 관하여는 국 · 공립대학 소속과 사립대학 소속 간 그 지위가 동등하게 보장될 수 있도록 여러 가지 장치를 헌법을 비롯하여 교육기본법, 고등교육법, 사립학교법 등에 규정하고 있으나, 사립학교 행정직원의 법적 지위에 대하여는 국 · 공립대학 행정직원의 지위 등과 관하여 아무런 규정을 두고 있지 않다. 이러한 차별은 형평성 결여라는 지적의 원인이 되기도 한다. 예를 들면, 신분보장, 상훈, 교육훈련 등에서 차별이 있으며, 연금부분 등에서는 동등하다.

2) 대학 행정직원의 자격과 임용

(1) 국립대학 행정직원

① 자격

국립대학의 행정직원은 공무원이므로 정부 부·처 공무원과 같이 국가공무원법의 규정에 따라 공무원 임용 공개경쟁시험 또는 공개승진시험이나 일반승진시험에 합격하여야 한다. 그러나 공개경쟁시험에 의하여 임용하는 것이 부적당한 경우에는 동종 직무에 관한 자격증을 소지한 자를 임용할 수 있다(국가공무원법 제28조). 공무원은 시험성적, 근무성적, 기타 능력의 실증에 의하여 임용한다(동법 제26조). 그러나 공무원 임용에 있어 박사학위를 특별히 요구하는 경우 등 이외에는 대학 졸업 등 일정한 학력이 요구되지는 아니하고, 일정한 절차와 방법에 의한 시험에 합격하면 피임용권이 주어진다.

공개경쟁시험 지원은 국가공무원법이 정한 임용 결격사유에 해당되지 아니하면 헌법이 규정한 국민의 공무담임권에 의거, 누구든지 지원할 수 있다. 그러나 직종이나 직급에 따라 자격증이나 경력이 요구되기도 하고 연령이 제한되기도 한다.

5급 공무원 승진자격은 6급 공무원 중 기관별 승진자격 연수에 달하고 근무성적, 기타 평정점수가 일정한 배수의 범위 내에 해당하는 자에게 부여되고, 이들의 시험성적에 의거, 합격자가 결정되고 그 합격자에게 승진자격이 부여된다. 그러나 대통령령이 정하는 바에 따라 승진심사위원회의 심사만으로 자격이 부여될 수 있다(동법 제39조). 또한 1급 공무원의 승진은 바로 하급공무원 중에서, 2급 및 3급 공무원의 승진은 동일직군 내의 바로 하급공무원 중에서 각각 임용될 수 있다.

행정직원의 결격사유는 국가공무원법 제33조에 규정된 공무원 임용 결격사유로서 다음과 같다.

- 금치산자 또는 한정치산자
- 파산자로서 복권되지 아니한 자
- 금고 이상의 형을 받고 그 집행이 종료되거나 집행을 받지 아니하기로 확정된 후 5년을 경과하지 아니한 자
- 금고 이상의 형을 받고 그 집행유예의 기간이 완료된 날로부터 2년을 경과하지 아니한 자
- 금고 이상의 형의 선고유예를 받은 경우에 그 선고유예기간 중에 있는 자
- 법원의 판결 또는 다른 법률에 의하여 자격이 상실 또는 정지된 자
- 징계에 의하여 파면처분을 받은 때로부터 5년을 경과하지 아니한 자
- 징계에 의하여 해임처분을 받은 때로부터 3년을 경과하지 아니한 자

행정직 공무원의 정년은(국가공무원법 제74조) 5급 이상 60세, 6급 이하 57세, 연구관과 지도관 60세, 연구사와 지도사 57세, 기능직 공무원은 50~57세다.

② 임용 방법과 절차

대학의 5급 이상 행정직 공무원은 일반 행정기관 사무관 이상 공무원과 동일하게 소속장관의 제청으로 중앙인사위원회와 협의를 거쳐 국무총리를 경유하여 대통령이 임명(국가공무원법 제32조 제1항)한다. 그러나 동조 제3항은 대통령령이 정하는 바에 의하여 제1항의 임용권의 일부를 소속장관에게 위임할 수 있으며, 소속장관은 대통령령이 정하는 바에 의하여 소속장관의 소속공무원 임용권(5급 이상 공무원 이외의 일체의 공무원 임용권: 국가공무원법 제32조 제2항)의 일부와 대통령으로부터 위

임받은 임용권의 일부를 그 보조기관 또는 소속기관의 장에게 위임할 수 있다고 위임조항을 두었다.

이러한 위임규정에 따라 공무원임용령 제5조는 장관이 대통령으로부터 위임받은 임용권과 소속 보조기관 또는 산하기관의 장에게 위임한 임용권의 범위에 대하여 규정하고 있다.

국립대학 행정직원 중 최고직위인 사무국장은 대학에 따라 2급 또는 3급 공무원으로 임용되는데, 이들의 신규채용, 승진임용, 전직, 강임, 면직, 해임, 파면 등의 인사권은 소속장관에게 위임하고, 소속장관은 그 소속기관의 4급 및 5급 공무원의 전보권과 6급 이하 및 기능직 공무원의 임용권을 위임할 수 있도록 규정하고 있다.

따라서 대학의 장은 4급 및 5급 행정직원의 전보권과 6급 이하 공무원의 경우는 임용권 일체를 가지고 있다. 행정직원의 소속기관 내에서의 전보에 대하여는 보조기관의 품의에 의하여, 임용은 국가공무원법이 정한 절차와 방법에 의거, 임용권이 행사된다.

결원보충을 위한 신규채용의 경우는 공개경쟁시험 합격자 및 공개경쟁승진시험 합격자를 우선임용 또는 임용제청하여야(국가공무원법 제31조) 하므로 대학의 9급 이상 6급 이하의 공무원을 채용하는 경우 신규채용은 교육과학기술부를 통하여 배정되는 공무원시험 합격자를 채용하여야 하고, 승진임용의 경우는 대학 내 바로 하급공무원 중 근무성적평정 결과 우수한 자 중에서 대학의 장이 임용한다. 기능직, 기타 공무원이나 기성회비에 의해 임용되는 직원은 당해 대학의 장 또는 그 권한을 위임받은 자가 임용한다.

대학 행정직원의 징계에 의한 해임, 파면 등의 인사조치는 징계위원회 징계 절차를 거쳐 직급별 임용권이 있는 자가 행한다.

(2) 사립대학 행정직원

① 자격

사립대학 행정직원의 자격, 임용 방법과 절차 등에 관하여는 교원과 달리 법령에 구체적인 기준을 두고 있지 않다. 즉, 사립학교법 제70조의2 제1항은 "학교법인 또는 사립학교 경영자는 그의 사무와 그가 설치 · 경영하는 학교의 사무를 처리하기 위하여 필요한 사무기구를 두되, 그 설치 · 운영과 사무직원의 정원 · 임면 · 보수 · 복무 및 신분보장에 관하여는 학교법인 또는 법인인 사립학교 경영자의 경우에는 정관으로 정하고, 개인인 사립학교 경영자의 경우에는 규칙으로 정한다."고 규정하고, 동조 제2항은 "각급학교의 소속 사무직원은 학교의 장의 제청으로 학교법인 또는 사립학교 경영자가 임면한다."고 하여, 사립대학 행정직원의 인사에 관한 법령은 임면 절차에 있어 당해 대학장의 제청을 반드시 거치도록 규정하는 것 이외에는 일반기업의 경우와 같이 학교법인의 자체규정으로 정하도록 되어 있다.

따라서 각 대학(학교법인)은 '직원인사규정' 또는 '직원임용규정' 등을 제정하여 행정직원의 임면에 관한 사항을 규정하고 있다. 이와 같은 규정이 정한 행정직원의 임용자격을 보면, 공통적인 사항으로는 공무원인 국립대학 행정직원 임용자격과 동일하게 어떤 학력을 요구하지 아니하고, 기술관련직의 경우 자격증이 필요하며, 공개채용시험을 원칙으로 하고, 국가공무원법 제33조에 규정된 공무원 결격사유를 그대로 대학 행정직원 결격사유로 규정하고 있다. 그리고 정년의 경우도 대부분 공무원 정년을 기준하여 정하고 있다. 그러나 당해 대학 교직원의 직계가족 및 친형제자매의 신규채용 제한이나 30세 이상인 자의 신규채용을 제한하는 등 대학에 따라 별도의 부가 기준을 추가한 점이 공무원의 경우와 차이가 있다.

② 임용 방법과 절차

사립학교 사무직원의 임면, 보수, 복무 및 신분보장에 관하여는 사립학교법(제70조의2)에서 정관으로 정하도록 하였을 뿐이고 그 내용을 규정한 바가 없다. 그 근무관계는 본질적으로 사법상의 고용계약관계라고 할 것이다(대판 1997.7.22.96다38995). 사무직원의 임면은 당해 학교장의 제청으로 학교법인이 행한다(제70조의2 제2항). 여기에서 학교법인의 권한으로 되어 있는 사무직원의 임면권을 동법인의 이사회의 결의 또는 정관에 의하여 총장에게 위임할 수 있는지가 논란이 된다. 이에 대하여 "사립학교 사무직원의 임면권을 학교법인 또는 사립학교 경영자의 권한으로 규정한 이상 그 권한과 책임의 변동을 가져오는 권한의 위임은 법에 위임의 근거규정이 있을 때 가능하다고 보는 것이 권한의 위임의 법리에 합치하고, 사립학교법의 근거조항이 없음에도 불구하고 정관에서 그 임면권을 총·학장에게 위임할 수 있는 근거를 둔다면 법에서 정한 임면권자의 실질적 변경을 가져오게 되므로 사립학교법 제70조의2 제2항에 위반된다."(법제처기획 02102-15,91.5.31.대:교육부장관) 따라서 사무직원의 임면권에 대한 형식적 위임은 불가능하고, 다만 실질적으로 학교장의 의사를 충분히 수용하는 방법이 가능하다. 1990년 4월 7일 사립학교법의 개정에 의하여 종래 학교장이 가졌던 사립학교 소속 사무직원의 인사권을 갖게 됨에 따라 학교법인 산하 일반직원에 한하여 그 소속기관의 장에게 임용권을 위임할 수 있도록 되어 있던 학교법인 정관규정을 삭제했다면, 그 변경정관이 시행된 이후에는 그 산하기관의 일반직원의 인사권이 학교법인에게 귀속되면서 일반직원에 대한 징계절차 또한 학교법인의 일반직원징계위원회에서 처리하도록 변경된 것이다(대판 1995.11.14.95다14244).

행정직원의 신규임용은 대부분 공개경쟁채용시험 합격자 대상을 원칙으로 하되, 대학에 따라 일정한 사유(공개경쟁시험이 부적당하거나 특수 전문 분야 경력자 등)에 해당하는 경우는 특별임용이 가능하도록 하고 있다.

또한 각 대학 인사규정은 전보, 승진, 강임, 해직 등은 근무성적, 기타 능력의 평가에 따라 행하도록 규정하고, 행정직원의 신규임용, 승진, 승급, 전보 등에 대하여는 대학 내에 설치된 인사위원회의 심의를 거치도록 규정되어 있다. 그리고 본인의 의사에 반한 휴직 또는 면직 등 부당한 처분은 형의 선고, 징계처분 또는 기타 법령에서 정하는 사유에 의해서만 가능하도록 신분보장에 관하여 규정하고 있다.

3) 대학 행정직원의 권리와 의무

(1) 행정직원의 권리

① 직무담당에 관한 권리

대학의 행정직원은 부여된 직위와 사무분장 기준에 따라 각자 고유한 직무를 담당할 권리와 책임을 갖는다. 담당할 직무의 내용과 범위는 대학의 직제에 의한 인사발령으로 구획되고 사무의 인수에 의하여 구체적으로 확정된다. 이러한 절차가 완료되면 행정직원은 각자 자신의 권한과 책임으로 담당직무를 독립적으로 수행하게 된다. 대학의 사무는 교육과 달리 대부분 계층적 조직 구조에 의거하여 발의, 결재, 시행의 과정을 거친다. 따라서 동일한 사무에 대하여 발의자와 결재자가 다르며, 결재자의 경우도 중간결재자와 최종결재자가 있다. 행정직원은 대체로 발의(기안)하거나 중간결재권을 갖는다. 이러한 권리는 동시에 책임을 수반하게 되므로 적법 · 타당하게 행사되어야 한다.

② 신분의 안정성에 관한 권리

국 · 공립대학의 행정직원은 국가공무원법이 정하는 바에 따라 신분이 보장되고, 사립대학의 행정직원은 자체규정과 노동관계법령이 정하는 바에 의거, 신분이 보장된다. 공무원은 "형의 선고, 징계처분 또는 법령이 정하는 사유에 의하지 아니하고는 그 의사에 반하여 휴직, 강임 또는 면직을 당하지 아니한다."고 국가공무원법 제68조에 규정하고 있으며, 사립대학의 경우는 각 대학의 인사규정에 명시하고 있다. 그리고 징계처분의 경우에도 법령(사립대학의 경우는 자체규정)이 정하는 바에 의하여 징계위원회의 의결에 따르도록 하여 신분의 안정성을 기하고 있다.

③ 보수 등을 받을 권리

대학 행정직원은 공무원보수규정 또는 사립대학의 직원보수규정이 정하는 바에 따라 보수를 받기로 하고 임용된 것이다. 보수란 봉급과 각종 수당을 말하며 여비, 기타 직무수행에 수반되는 경비는 포함되지 아니한다. 따라서 직무수행을 위해 소요되는 실비는 별도로 청구할 권리가 있다.

또한 퇴직에 따른 후생 · 복지를 위해 공무원은 공무원연금법에 의하여, 사립대학 행정직원은 사립학교교직원연금법이 정하는 바에 의하여 연금을 지급받을 권리를 갖는다. 그러나 임용결격자의 경우 공무원으로 임용되어 사실상 근무하여 왔다고 하더라도 적법한 공무원으로서의 신분을 취득하지 못한 자는 공무원연금법 소정의 퇴직급여 등을 청구할 수 없으며, 나아가 임용 결격사유가 소멸된 후에 계속 근무하여 왔다고 하더라도 그때부터 무효인 임용행위가 유효로 되어 적법한 공무원의 신분을 회복하고 퇴직급여 등을 청구할 수 있다고 볼 수는 없다(대판 1966. 2.27.95누9617).

④ 근무환경 개선 요구에 관한 권리

국립대학 행정직원은 노동운동을 금지하고 있으므로 노동조합을 결성하고 가입할 수는 없으나, 「공무원직장협의회설립 · 운영에 관한 법률」에 의하여 근무환경 개선, 업무능률 향상 및 고충처리 등을 위해 직장협의회를 설립 · 운영할 수 있고, 대학의 장은 이 협의회가 문서로 명시하여 협의를 요구한 경우 이에 성실하게 임해야 한다(동법 제6조). 직장협의회는 자유로이 가입하거나 탈퇴할 수 있는데, 가입범위는 제한되어 있다. 가입이 가능한 직급은 6급 이하의 일반직 공무원 및 이에 준하는 연구특수직렬의 일반직 공무원, 기능직 공무원, 고용직 공무원, 일반직 공무원에 상당하는 별정직 공무원에 한한다. 그리고 이러한 직급의 공무원의 경우에도 노동운동이 허용되는 공무원, 지휘 · 감독 직책이나 인사, 예산, 경리, 물품출납, 비서, 기밀 및 보안, 경비 또는 자동차 운전, 기타 이와 유사한 업무에 종사하는 공무원은 협의회에 가입할 수 없다(동법 제3조).

사립대학 행정직원은 근로조건의 향상을 위해 「노동조합 및 노동관계조정법」의 관계규정에 따라 노동조합을 결성하여 가입하고 단결권, 단체교섭권 및 단체행동권을 행사할 수 있다.

그러나 간부직원이나 인사, 급여, 후생, 노무관리 등 근로조건의 결정 또는 업무상의 명령이나 지휘 · 감독을 하는 등의 사항에 대하여 사업주(학교법인)로부터 일정한 권한과 책임을 부여받은 자는 근로자에 관한 사항에 대하여 사업주를 위하여 행동하는 자(대판.89.11.4.88누6924)로서 사용자의 범위에 해당하므로 노동조합을 결성하거나 가입할 수 없다. 또한 행정직원은 「근로자참여 및 협력증진에 관한 법률」이 정하는 바에 따라 근로조건에 관하여 대학당국과 협의할 수 있다. 이러한 노사협의제도는 공무원직장협의회제도와 그 성질이 같은 것이다.

⑤ 소청심사청구 등에 관한 권리

국립대학 행정직원은 징계처분, 기타 의사에 반하여 불리한 처분을 받은 경우 그 처분이 있는 것을 안 날로부터 30일 이내에 소청심사위원회에 심사를 청구할 수 있다(국가공무원법 제 76조). 그리고 공무원은 누구나 인사, 조직, 처우 등 각종 직무조건과 기타 신상문제에 대하여 인사상담이나 고충의 심사를 청구할 수 있으며, 이를 이유로 불이익한 처분이나 대우를 받지 아니한다(동법 제76조, 제77조). 사립대학 행정직원은 단체협약이나 단체교섭 등을 통하여 의사에 반한 불리한 처분에 대한 구제장치를 둘 수 있으며, 민사소송을 통하여 권리회복을 청구할 수 있다.

(2)행정직원의 의무

공무원인 국 · 공립대학의 행정직원의 의무는 국가공무원법의 관계규정과 대학이 별도로 정한 규칙에 의하여 직무상 의무가 발생하고, 사립대학 행정직원은 당해 대학(학교법인)이 정한 직원복무규정 등에 의하여 직무상 의무가 정해진다. 사립대학은 국립대학과 동등한 공공성을 가진 국가 공교육기관이므로 사립대학 행정직원의 의무는 국립대학 행정직원의 의무와 동등하다고 할 수 있으며, 실제 각 대학이 규정한 내용을 보아도 대부분 공무원에 관한 것을 준용하고 있다.

① 취임선서의무

공무원은 취임할 때에 소속기관장 앞에서 대통령령이 정하는 바에 따라(국민 전체의 봉사자로서 법령 및 복무상의 명령을 준수 · 복종하며 창의와 성실로서 맡은 바 책무를 다할 것) 선서하여야 한다(제55조). 그러나 실제로는 소속기관장 면전에서 구두로 선서하는 일은 거의 없고 계약서에 계약 · 추인하는 것만으로 이행되고 있다.

② 성실의무

모든 공무원은 법령을 준수하며 성실히 직무를 수행하여야 한다(제56조). 공무원은 주권을 가진 국민의 수임자 내지 국민 전체의 봉사자로서 공공의 이익을 위하여 성실히 근무해야 한다. 성실의무는 공무원의 의무 중 가장 기본적인 의무로서 여타의 의무는 여기에서 연유한다. 이 의무는 윤리성을 본질로 하고 있기 때문에 경제성에 의하여 지배되고 있는 단순한 고용관계에 있어서의 노동급부의무와 구별된다. 공무원은 원칙적으로 부여된 직무에 관련하여 국민 전체의 이익을 도모하는 법적 의무다.

③ 복종의무

공무원은 직무를 수행함에 있어서 소속상관의 직무상의 명령에 복종하여야 한다(제57조). 직무명령이란 소속상관이 소관직무에 관하여 부하에게 발하는 명령으로서, 널리 일반에 대하여 효력을 갖는 법규명령과 구별되고, 상급관청이 하급관청에 발하는 훈령과도 다르다. 직무명령이 형식이 정하여 있는 경우는 그에 따라야 하지만 서면, 구술 어느 형식에 의하여도 직무명령이 가능하다. 소속상관이란 그 기관이 관청인지의 여부에 관계없이 당해 공무원의 직무에 관하여 지휘 · 감독권을 가진 자를 총칭한다. 직무명령은 일정한 요건을 갖추어야 하는데, 정당한 권한을 가진 직무에 관한 명령이어야 하며, 그 내용이 법령에 위배되지 아니하여야 한다. 공무원이 그 직무를 수행함에 있어 상관은 하관에 대하여 범죄행위 등 위법한 행위를 하도록 명령할 직권이 없고, 하관은 소속상관의 적법한 명령에 복종할 의무는 있으나, 그 명령이 참고인으로 소환한 사람에게 가혹행위를 가하라는 등과 같이 명백한 위법 내지 불법한 명령인 때에는 이는 벌써 직무상의 지시명령이라 할 수 없으므로 이에 따라야 할 의무는 없다(대판 1988.2.23.87도2358).

④ 직장이탈금지의무

공무원은 소속상관의 허가 또는 정당한 이유 없이 직장을 이탈하여서는 아니된다(제58조). 여기서 직장이란 사무소를 말한다.

⑤ 친절공정의무

공무원은 국민 전체의 봉사자로서 친절공정하게 집무하여야 한다(제59조). 이 규정은 단순한 도덕적·윤리적 의무에 그치는 것이 아니라 법적 의무이므로 이를 위반하면 징계의 원인이 된다. 친절이란 대인관계에서 대화행위상의 태도이고 공정이란 직무상의 태도 결정행위다.

⑥ 비밀준수의무

공무원은 재직 중은 물론 퇴직 후에도 직무상 알게 된 비밀을 누설해서는 아니된다(제60조). 직무상 알게 된 비밀은 자신의 직무에 관한 비밀뿐만 아니라 직무와 관련하여 알게 된 다른 공무원의 직무비밀도 포함한다. 무엇이 비밀이냐 하는 것은 법령 또는 처분에 의하여 결정된다. 이 의무의 위반은 징계의 사유가 될 뿐만 아니라 법령에 의한 직무상 비밀누설은 형법상 범죄를 구성한다. 국가공무원법상 직무상 비밀이라 함은 국가 공무의 민주적·능률적 운영을 확보하여야 한다는 이념에 비추어 볼 때 당해 사실이 일반에 널리 알려질 경우 그러한 행정의 목적을 해할 우려가 있는지 여부를 판단하여야 하며, 구체적으로는 행정기관이 비밀이라고 형식적으로 정한 것에 따를 것이 아니라 실질적으로 비밀로서 보호할 가치가 있는지, 즉 그것이 통상의 지식과 경험을 가진 다수인에게 알려지지 아니한 비밀성을 가졌는지 또한 정부나 국민의 이익 또는 행정목적 달성을 위하여 비밀로서 보호할 필요성이 있는지 등이 객관적으로 검토되어야 한다(대판 96.10.11.94누7171).

⑦ 청렴의무

공무원은 직무와 관련하여 직접 또는 간접을 불문하고 사례, 증여 또는 향응을 수수할 수 없고, 직무상의 관계 여하를 불문하고 그 소속상관에 증여하거나 소속공무원으로부터 증여를 받아서는 아니된다(제61조). 이 의무의 위반은 징계사유가 된다.

⑧ 품위유지의무

공무원은 직무의 내외를 불문하고 그 품위를 손상하는 행위를 하여서는 아니된다(제63조). 이 의무는 공무원이 국민에 대한 봉사자로서 신뢰를 받기 위하여는 직장 밖에서도 국민의 지탄이 되는 행위나 부도덕한 행위를 배제하기 위한 것으로서 아편, 방탕, 낭비, 과도한 부채 등과 같이 품위를 손상시키는 행위를 금지하는 것이다.

⑨ 영예 등의 신고의무

공무원이 외국정부로부터 영예 또는 증여를 받을 경우는 대통령의 허가를 얻어야 한다(제62조). 이 의무는 공무원이 외국정부의 호의, 기타 사유로 어떤 혜택을 받는 것은 대체로 직무와 관련성이 있게 되므로 직무를 부여한 임용권자의 허가를 요구하는 의무다.

⑩ 영리업무 및 겸직금지의무

공무원은 공무 이외의 영리를 목적으로 하는 업무에 종사하지 못하며, 소속기관의 장의 허가 없이 다른 직무를 겸할 수 없다(제64조). 이 규정은 공무원에 대하여 영리를 목적으로 하는 업무는 어떤 형태든 종사하는 것을 금지하고, 비영리 업무의 경우에도 담당직무에 부담이나 영향을 미치는 업무에 종사하는 것을 제한하고자 하는 것이다. 영리를 목적으로 하는 업무란 상업, 공업, 금융업, 기타 영리적인 업무를 스스로 경영하여 영리를 추구함이 현저한 업무 그리고 이러한 목적의 사기업체의 이사, 감사, 업무를 집행하는 무한책임사원, 지배인, 발기인, 기타 임원이 되는 것, 그의 직무와 관련이 있는 타인의 기업에 투자하는 행위, 기타 계속적으로 재산상의 이득을 목적으로 하는 업무를 행하는 것(공무원복무규정 제25조)을 말한다. 이러한 영리행위에 공무원이 개입하게 되면 직무능률 저하, 직무에 대한 부당한 영향, 국가의 이익과 상반되는 개인적 이익의 취득 또는 경쟁업체의 불만 등이 발생할 수 있으므로 이를 배제하기 위한 것이다.

⑪ 정치운동의 금지의무

공무원은 정당, 기타 정치단체의 결성에 관여하거나 이에 가입할 수 없고(고등교육법 제14조의 규정에 의한 총장·학장·교수·부교수·조교수·전임강사는 정당법 제22조의 규정에 의거, 정당의 발기인 및 당원이 될 수 있음), 선거에 있어서 특정 정당 또는 특정인의 지지나 반대를 위하여 투표를 하거나 하지 아니하도록 권유운동을 하는 것, 서명운동을 기획·주재하거나 권유하는 것, 문서 또는 도서를 공공시설 등에 게시하거나 게시하도록 하는 것, 기부금을 모집하게 하거나 공공자금를 이용 또는 이용하게 하는 것, 타인으로 하여금 정당, 기타 정치단체에 가입하거나 가입하지 아니하도록 권유하는 것 등을 할 수 없다(제65조).

⑫ 집단행위의 금지의무

공무원은 노동운동, 기타 공무 이외의 일을 위한 집단적 행위를 하여서는 아니된다. 다만, 사실상 노무에 종사하는 공무원은 예외로 한다(제66조). 여기서 노동운동은 헌법과 국가공무원법과의 관계 및 우리 헌법이 근로3권을 집회·결사의 자유와 구분하여 보장하면서도 근로3권에 한하여 공무원에 대한 헌법적 제한규정을 두고 있는 점에 비추어 헌법 및 노동법적 개념으로서의 근로3권, 즉 단결권, 단체교섭권, 단체행동권을 의미한다고 해석해야 할 것이고, 제한되는 단결권은 종속근로자들이 사용자에 대하여 근로조건의 유지, 개선 등을 목적으로 조직한 경제적 결사인 노동조합을 결성하고 그에 가입·활동하는 권리를 말한다고 할 것이다. 또한 '공무 이외의 집단적 행위'는 공무가 아닌 어떤 일을 위하여 공무원들이 하는 모든 집단적 행위를 의미하는 것이 아니고 언론, 출판, 집회, 결사의 자유를 보장하고 있는 헌법 제21조 제1항, 헌법상의 원리, 국가공무원법의 취지, 국가공무원법상의 성실의무 및 직무전념의무 등을 종합적으로 고려하여 '공익에 반하는 목적을 위하여 직무전념의무를 해태하는 등의 영향을 가져오는 집단적 행위'라고 축소해석하여야 할 것이다(대판 92.2.24.90도2310).

4) 행정직원의 징계와 면직

국립대학의 행정직원은 국가공무원 신분이므로 징계사유나 징계 절차 그리고 면직에 관한 사항은 국가공무원법과 공무원징계령의 규정이 적용된다. 국립대학 교원의 경우는 국가공무원법의 특례를 규정한 교육공무원법과 교육공무원징계령이 동시에 적용된다는 점에서 국립대학 행정직원의 징계사유나 징계 절차 등 대부분의 내용이 교원인 경우와 동일 또는 유사하다. 사립대학 행정직원에 대하여는 교원의 경우와 달리, 사립학교법에 직원의 징계나 면직에 대하여 별도로 규정하지 아니하고 학교법인의 정관으로 정하도록 규정하였다. 학교법인은 사립대학 행정직원의 법적 지위의 실질적 내용이 국립대학 행정직원과 동일하다는 측면에서, 사무직원인사규정 등에 대체로 국가공무원과 동등한 수준의 신분보장을 기준으로 징계나 면직에 관하여 규정하고 있다.

국립대학 행정직원의 징계에 있어서 특히 교원과 차이가 있는 부분은 징계위원회의 구분 설치와 징계위원회 구성에 관한 것이다. 국립대학의 2급 내지 5급공무원에 관한 징계의결은 국무총리 소속 하의 제2중앙징계위원회 소관이고, 6급 이하 공무원 및 기능직 등은 해당 대학 내에 설치하는 보통징계위원회에서 심의 · 의결한다. 2인 이상이 관련된 징계사건으로서 관할 징계위원회가 다른 경우에는 가장 상급기관에 설치된 징계위원회가(분리심의가 타당하다고 인정하는 경우는 징계위원회의 의결에 의하여 관할징계위에 이송) 심의 · 의결한다. 행정직원의 징계 유형은 파면, 해임, 정직, 감봉, 견책으로 교원과 같다. 징계처분권자는 징계의결서를 받은 날로부터 15일 이내에 집행하여야 한다. 징계의결을 요구한 기관의 장은 징계위원회의 의결이 경하다고 인정한 때에는 그 처분을 하기 전에 직근상급기관에 설치된 징계위원회에 심사 또는 재심사를 청구할 수 있다(국가공무원법 제82조 제2항).

징계위원회가 징계사건을 의결함에 있어서는 징계혐의자의 소행, 근무성적, 공적, 개전의 정, 징계요구의 내용, 기타 정상을 참작하여야 한다(공무원징계령 제17조). 공무원에 대한 징계처분은 당해 공무원의 직무상의 위반행위, 기타 비행이 있는 경우 공무원관계의 질서를 유지하고 기강을 숙정하여 공무원으로서의 의무를 다하도록 하기 위하여 과하는 제재이므로, 공무원인 피징계자에게 징계사유가 있어 징계처분을 하는 경우 어떠한 처분을 할 것인가 하는 것은 징계권자의 재량에 맡겨진 것이고, 다만 징계권자가 징계권의 행사로서 한 징계처분이 사회통념상 현저하게 타당성을 잃어 징계권자에게 맡겨진 재량권을 남용한 것이라고 인정된 경우에 한하여 위법한 것이다(대판 92.3.27.91누9145).

행정직원 면직의 유형은 의원면직, 정년퇴직, 명예퇴직, 당연퇴직, 직권면직, 징계해임(파면), 계약기간 경과 면직 등이 있다. 사직원의 효력에 관한 판례를 보면, 감사담당 직원이 공무원에 대한 비리를 조사하는 과정에서 사직하지 아니하면 징계파면이 될 것이고… 퇴직금 지급상의 여러 가지 불이익 등을 고려하여 사직서를 제출한 경우 이를 강요에 의한 것이라 볼 수 없다(대판 95.12.5.95누12033). 공직풍토정화운동의 일환으로 공무원들의 재신임을 묻는다는 취지에서 임용권자 앞으로 일괄 사직원을 제출한 경우 위 사직원의 제출은 제출 당시 임용권자에 의하여 수리 또는 반려 중 어느 하나의 방법으로 처리되리라는 사정을 예측할 수 있는 상태에서 이루어진 것으로, 그 사직원에 따른 의원면직처분은 그 의사에 반하지 아니한 것으로서 비록 사직원 제출자가 내심에 있어 실제로 사직할 뜻이 없었다 하더라도 그 의사가 외부적 · 객관적으로 표시된 이상 그 의사표시는 표시된 대로 효력을 발생하는 것이므로 위 사직원을 받아들인 의원면직처분을 당연무효로 볼 수는 없다(대판 86.7.22.86누43)고 하였다.

제5장

대학의 조직 및 의사결정 구조

오늘날의 대학은 국가 법령에 의해 사회적 힘을 갖고 있는 권위적 조직이며, 규모의 차이가 있으나 거대한 관료조직이라 할 수 있다. 사회적 힘을 갖고 있다는 것은 법적으로 부여된 권한을 갖고 있다는 것이다.

대학은 학생을 선발할 권한을 갖는다. 대학은 고등학교 졸업학력, 수학능력이 없는 사람에 대해서는 입학을 불허할 수 있다. 대학은 교육과정을 성공적으로 이수한 학생에 대해 졸업을 인정하고 학위를 수여할 수 있으며, 그렇지 않은 학생에 대해서는 이를 거부할 수 있다. 특정 직업의 경우에는 성공적으로 대학의 교육과정을 이수하지 못하면 그 직업에 종사할 자격 자체를 취득할 수 없다. 의사, 약사, 한의사, 교사 등이 그 예다. 또한 기업 등은 직원을 채용하면서 지원자에게 대학졸업학력을 지원요건으로 요구하기도 한다. 이런 점에서 대학의 학위수여권은 막강한 사회적 권력이라고 할 수 있다.

한편, 학년당 모집정원이 100여 명 정도인 소규모대학도 있지만 대부분의 대학이 수천 명에서 수만 명의 학생, 수십 명에서 수백 명의 교수와 직원을 두고 있다. 이런 대학은 계층 구조를 갖게 되며, 대학 자체의 기능 수행을 위해 많고도 복잡한 조직과 관료제적 의사결정 구조를 갖게 된다.

또한 우리나라에서 대학 입학은 국가적 중대사이기도 한다. 대학수학능력시험이 치러지는 날이면 국가의 모든 영역이 비상이다. 항공기 운항, 전투기 비행이 제한될 정도이며, 일반국민들의 출근시간까지 변경된다. 대학은 사적 영역으로 존재하지 아니하고 국가의 중요한 영역이 되고 있으며, 국가정책의 대상이 되고 있다. 따라서 대학의 조직과 의사결정 구조를 살피기 전에 국가 차원의 대학에 관한 의사결정 구조를 먼저 살펴보는 것은 의미 있는 작업이라 할 것이다.

1. 국가의 대학에 대한 의사결정 구조

1) 입법부(국회)

헌법은 고등교육과 관련하여 제31조 제4항에서 "대학의 자율성은 법률이 정하는 바에 의하여 보장된다." 제31조 제6항에서 "학교교육 및 평생교육을 포함한 교육제도와 그 운영, 교육재정 및 교원의 지위에 관한 기본적인 사항은 법률로 정한다."고 하여 학교로서 대학의 자율성과 고등교육제도에 관한 기본적인 사항을 법률로 정하도록 하고 있다. 또한 헌법 제41조는 "입법권은 국회에 속한다."고 하고 있어, 입법권을 갖고 있는 국회는 법률제정활동을 통하여 고등교육체제를 결정하는 막중한 권한을 갖고 있다고 할 수 있다.

국회는 고등교육법, 사립학교법 등 대학 제도의 설정·운영에 관한 입법 외에 대학의 인적자원개발 기능 등과 관련한 입법을 통해서도 대학에 영향을 미치고 있다. 우리 의료법은 의사와 간호사의 경우 반드시 관련 전공의 대학을 졸업한 자만이 관련 면허자격을 취득할 수 있도록 규정하고 있다. 또한 수도권 집중을 제한하기 위한 수도권정비계획법은 수도권에서의 대학생 증가를 억제하기 위한 규제를 하고 있다. 학생 수가 몰리는 수도권대학은 이에 대한 불만이 많고 이를 교육과학기술부가 규제하고 있는 것으로 인식하고 있는 사람들도 많으나, 실상은 국가의 수도권정책의 하나로서 종합적인 수도권의 질서 있는 정비와 국토의 균형 있는 발전을 목적으로 1982년 12월 31일 법률 제3600호로 제정되어 현재까지 운용되어 오고 있다.

〈의료법〉

제5조 (의사, 치과의사 및 한의사의 면허) 의사, 치과의사 또는 한의사가 되고자 하는 자는 다음 각호의 1에 해당하는 자격을 가진 자로서 제9조의 규정에 의한 해당 예비시험(제3호의 자에 한한다)과 국가시험에 합격한 후 보건복지가족부장관의 면허를 받아야 한다.

1. 의학 또는 치과의학을 전공하는 대학을 졸업하고 의학사 또는 치과의학사의 학위를 받은 자
2. 한방의학을 전공하는 대학을 졸업하고 한의학사의 학위를 받은 자
3. 보건복지가족부장관이 인정하는 외국의 제1호 또는 제2호에 해당하는 학교를 졸업하고 외국의 의사, 치과의사 또는 한의사의 면허를 받은 자

제7조 (간호사의 면허) 간호사가 되고자 하는 자는 다음 각호의 1에 해당하는 자로서 제9조의 규정에 의한 간호사국가시험에 합격한 후 보건복지가족부장관의 면허를 받아야 한다.

1. 간호학을 전공하는 대학 또는 전문대학을 졸업한 자
2. 보건복지가족부장관이 인정하는 외국의 제1호에 해당하는 학교를 졸업하고 외국의 간호사의 면허를 받은 자

〈수도권정비계획법〉

제7조 (과밀억제권역 안에서의 행위제한) ① 관계행정기관의 장은 과밀억

제권역 안에서 다음 각호의 행위나 이의 허가, 인가, 승인 또는 협의 등을 하여서는 아니된다.

1. 대통령령이 정하는 학교, 공공청사, 연수시설, 기타 인구집중 유발시설의 신설 · 증설(용도변경을 포함하며, 학교의 증설은 입학정원의 증원을 말한다. 이하 같다)

또한 국회는 국립대학에 대한 예산지원뿐만 아니라 대학에 대한 각종의 재정지원사업, 연구개발사업, 산업 · 국토개발사업 관련 예산 등에 대한 심의 · 확정을 통해서도 대학에 영향을 미치고 있다. 헌법 제54조 제1항은 "국회는 국가의 예산안을 심의 · 확정한다."고 하여 예산편성제출권은 행정부에 있지만 최종적으로 이를 심의 · 확정할 권한은 국회에 두고 있다.

국회의 법률안 심사 및 의결은 소관 정부부처별 상임위원회의 심사를 거쳐 법제사법위원회, 본회의의 심사 · 의결 절차를 거치게 되어 있으며, 예산안의 심사 및 의결은 소관 정부부처별 상임위원회의 심사를 거쳐 예산결산특별위원회, 본회의의 심사 · 의결을 거치게 되어 있다.

2) 행정부

헌법 제66조 제4항은 "행정권은 대통령을 수반으로 하는 정부에 속한다."고 규정하고 있으며, 정부는 대통령, 국무총리, 행정각부의 장 등으로 구성되어 있고, 대통령과 국무총리 및 국무위원인 행정각부의 장을 위원으로 하는 '국무회의'라는 회의체 심의기구에 의한 의사결정체제를 두고 있다.

(1) 대통령

대통령은 행정권의 수반으로서 국회의 동의를 얻어 국무총리를 임명하고, 국무총리의 제청을 받아 행정각부의 장을 임명하며, 헌법과 법률이 정하는 바에 의하여 공무원을 임면한다. 다만, 행정각부의 장을 임명함에 있어 미리 국회의 인사청문을 거치도록 하고 있다(국가공무원법 제31조의2). 또한 대통령은 모든 중앙행정기관의 장을 지휘 · 감독하고, 국무총리와 중앙행정기관의 장의 명령이나 처분이 위법 또는 부당하다고 인정할 때에는 이를 중지 또는 취소할 수 있는 권한을 갖는다(정부조직법 제11조). 대통령은 법률에서 구체적으로 범위를 정하여 위임받은 사항과 법률을 집행하기 위하여 필요한 사항에 관하여 법률의 하위 법령으로서 대통령령을 발할 수 있다.

이와 같은 대통령의 권한에 따라, 고등교육정책에 있어 대통령은 행정부의 수반으로서 국무총리와 행정각부의 장 및 고위공무원에 대한 인사권과 지휘감독권, 대통령령제정권 등을 통해 직 · 간접적인 영향을 미친다.

(2) 국무총리

국무총리는 대통령을 보좌하며, 행정에 관하여 대통령의 명을 받아 행정각부를 통할하고 지휘 · 감독하며, 국무위원의 해임을 대통령에게 건의할 수 있고, 국무회의 부의장으로서 의장인 대통령을 대행하여 국무회의를 주관할 수 있다. 국무총리는 중앙행정기관의 장의 명령이나 처분이 위법 또는 부당하다고 인정할 때에는 대통령의 승인을 얻어 이를 중지 또는 취소할 수 있다. 또한 국무총리는 소관사무에 관하여 법률이나 대통령령의 위임 또는 직권으로 총리령을 발할 수 있는데, 국무총리는 이와 같은 권한을 통해 고등교육정책에 영향을 미친다 할 수 있다.

(3) 국무회의, 국무위원 및 행정각부의 장

헌법 제88조는 정부의 권한에 속하는 중요한 정책의 심의기구로서 대통령이 의장이 되고, 국무총리가 부의장이 되며, 15인 이상 30인 이하의 국무위원으로 구성되는 국무회의를 두도록 하고 있으며, 헌법 제89조는 다음의 사항을 국무회의에서 심의하도록 하고 있다.

- 국정의 기본계획과 정부의 일반정책
- 헌법개정안, 국민투표안, 조약안, 법률안 및 대통령령안
- 예산안 결산, 국유재산처분의 기본계획, 국가의 부담이 될 계약, 기타 재정에 관한 중요사항
- 행정각부 간의 권한의 획정
- 정부안의 권한의 위임 또는 배정에 관한 기본계획
- 국정처리 상황의 평가 · 분석
- 행정각부의 중요한 정책의 수립과 조정
- 정부에 제출 또는 회부된 정부의 정책에 관계되는 청원의 심사
- 검찰총장, 합동참모의장, 각군참모총장, 국립대학교총장, 대사, 기타 법률이 정한 공무원과 국영기업체 관리자의 임명
- 기타 대통령, 국무총리 또는 국무위원이 제출한 사항

한편, 행정각부의 장은 국무위원으로서 국무회의의 심의사항에 대한 심의 · 의결에 참여할 권한을 갖는다. 행정각부의 장은 각 부처에서 발의하는 법안이나 중요 정책에 대해 부처협의를 요청하거나 부처협의에 응할 권한과 의무가 있다. 이를 통해 교육과학기술부장관 외의 국무위원과 행정각부의 장도 고등교육정책에 영향을 미치게 된다.

특히, 국무위원인 기획재정부장관은 정부조직법 제23조와 국가재정법 등의 법률에 따라 각 부처의 예산을 편성하고, 집행을 관리하며, 기

금의 신설이나 운용계획 등을 심사할 권한을 갖고 있다. 고등교육재정을 포함한 국가의 교육재정은 1차적으로는 교육과학기술부장관이 편성하지만, 기획재정부장관이 국무회의에 상정한 정부예산안의 최종편성권을 갖고 있다. 기획재정부장관은 이 같은 예산편성권, 기금심사권 등을 통해 고등교육정책에 상당한 영향력을 행사하게 된다.

〈정부조직법〉

제23조 (기획재정부) ① 기획재정부장관은 중장기 국가발전 전략 수립, 경제 · 재정정책의 수립 · 총괄 · 조정, 예산 · 기금의 편성 · 집행 · 성과관리, 화폐 · 외환 · 국고 · 정부회계 · 내국세제 · 관세 · 국제금융, 공공기관 관리, 경제협력 · 국유재산 · 민간투자 및 국가채무에 관한 사무를 관장한다.

〈국가재정법〉

제29조 (예산안편성지침의 통보) ① 기획재정부장관은 국무회의의 심의를 거쳐 대통령의 승인을 얻은 다음연도의 예산안편성지침을 매년 4월 30일까지 각 중앙관서의 장에게 통보하여야 한다.

제31조 (예산요구서의 제출) ① 각 중앙관서의 장은 제29조의 규정에 따른 예산안편성지침에 따라 그 소관에 속하는 다음연도의 세입세출예산 · 계속비 · 명시이월비 및 국고채무부담행위 요구서를 작성하여 매년 6월 30일까지 기획재정부장관에게 제출하여야 한다.

제32조 (예산안의 편성) 기획재정부장관은 제31조 제1항의 규정에 따른 예산요구서에 따라 예산안을 편성하여 국무회의의 심의를 거친 후 대통령의 승인을 얻어야 한다.

제66조 (기금운용계획안의 수립) ② 기획재정부장관은 제75조의 규정에 따른 기금정책심의회와 국무회의의 심의를 거쳐 대통령의 승인을 얻은 다음연도의 기금운용계획안 작성지침을 매년 4월 30일까지 기금관리주체에게 통

보하여야 한다.

④ 기획재정부장관은 제2항의 규정에 따라 기금관리주체에게 통보한 기금운용계획안작성지침을 국회 예산결산특별위원회에 보고하여야 한다.

⑤ 기금관리주체는 제2항의 규정에 따른 기금운용계획안작성지침에 따라 다음연도의 기금운용계획안을 작성하여 매년 6월 30일까지 기획재정부장관에게 제출하여야 한다.

⑥ 기획재정부장관은 제5항의 규정에 따라 제출된 기금운용계획안에 대하여 기금관리주체와 협의 · 조정하여 기금운용계획안을 마련한 후 국무회의의 심의를 거쳐 대통령의 승인을 얻어야 한다.

제99조 (예산 및 기금운용계획의 집행 및 결산의 감독) 기획재정부장관은 예산 및 기금운용계획의 집행 또는 결산의 적정을 기하기 위하여 소속공무원으로 하여금 확인 · 점검하게 하여야 하며, 필요한 때에는 각 중앙관서의 장에게 관련 제도의 개선을 요구하거나 국무회의 심의를 거친 후 대통령의 승인을 얻어 예산 및 기금운용계획의 집행과 결산에 관한 지시를 할 수 있다.

행정안전부장관은 정부조직법 제29조의 규정에 따라 정부조직과 공무원 정원 관리 등에 관한 권한을 통해 교육과학기술부와 국 · 공립대학의 조직과 공무원 배치, 국 · 공립학교 교원 등 국가공무원인 교육공무원의 정원 배정 등에 관해 실질적 권한을 행사함으로써 고등교육정책 등 교육정책에 영향력을 갖고 있다. 정부의 일도 결국 사람인 공무원이 한다는 점에서 교육관계조직과 정원에 관한 권한을 갖고 있는 행정안전부장관의 권한은 매우 크다고 할 수 있다. 한편, 이 조직과 정원에 관하여 정부조직법 제9조는 "행정기관 또는 소속기관을 설치하거나 공무원의 정원을 증원할 때에는 반드시 예산상의 조치가 병행되어야 한다."고 하여 예산편성권을 가진 기획재정부장관에게 협의권을 부여하고 있다.

〈정부조직법〉

제8조 (공무원의 정원 등) ① 각 행정기관에 배치할 공무원의 종류와 정원, 고위공무원단에 속하는 공무원으로 보하는 직위와 고위공무원단에 속하는 공무원의 정원, 공무원 배치의 기준 및 절차, 그 밖에 필요한 사항은 대통령령으로 정한다. 다만, 각 행정기관에 배치하는 정무직 공무원(대통령비서실에 배치하는 정무직 공무원은 제외한다)의 경우에는 법률로 정한다.

제9조 (예산조치와의 병행) 행정기관 또는 소속기관을 설치하거나 공무원의 정원을 증원할 때에는 반드시 예산상의 조치가 병행되어야 한다.

제29조 (행정안전부) ① 행정안전부장관은 국무회의의 서무, 법령 및 조약의 공포, 정부조직과 정원, 공무원의 인사 · 윤리 · 복무 · 연금, 상훈, 정부혁신, 행정능률, 전자정부 및 정보보호, 정부청사의 관리, 지방자치제도, 지방자치단체의 사무지원 · 재정 · 세제, 낙후지역 등 지원, 지방자치단체 간 분쟁조정, 선거, 국민투표, 안전관리정책 및 비상대비 · 민방위 · 재난관리제도에 관한 사무를 관장한다.

이 외에 지식경제부장관, 보건복지가족부장관, 농림수산식품부장관 등도 소관 분야의 인력양성, 기술개발, 연구개발, 산업지원정책 등을 통해, 노동부장관은 근로자 등에 대한 능력개발지원사업, 기능인력양성사업 등을 통해 대학에 직 · 간접적인 영향력을 행사하고 있다.

한편, 행정각부의 장은 헌법 제95조의 규정에 따라 소관사무에 관하여 행정입법으로서 법률이나 대통령령의 위임 또는 직권으로 부령을 발할 수 있으며, 행정각부의 설치 · 조직 및 직무범위는 헌법 제96조의 규정에 의하여 법률로 정하게 되어 있다. 이에 따라 대통령을 보좌하는 행정각부의 장이지만 그 권한은 법률에 의해 엄격하게 정해지며, 직무범위 외의 권한은 행사할 수 없다.

(4) 교육과학기술부장관

중앙정부 차원에서 고등교육정책을 포함한 교육정책은 정부조직법에 따라 교육과학기술부장관이 담당한다.

〈정부조직법〉

제28조 (교육과학기술부) ① 교육과학기술부장관은 인적자원개발정책, 학교교육 · 평생교육, 학술에 관한 사무와 기초과학정책 · 연구개발, 원자력, 과학기술인력 양성, 그 밖에 과학기술 진흥에 관한 사무를 관장한다.

이 정부조직법의 규정에 의거하여 교육과학기술부장관이 학교교육, 평생교육 및 학술 등에 관한 사무를 관장하고 있다. 대학 등 고등교육기관에 관한 교육과학기술부장관의 구체적 권한은 고등교육법, 사립학교법, 교육공무원법 등 개별법률에 구체적으로 명시되어 있다. 다음의 관련 법령을 보면 고등교육정책과 고등교육기관에 대한 지도 · 감독에 있어 교육과학기술부장관에게 막대한 권한이 주어져 있음을 알 수 있다.

〈고등교육법〉

제4조 (학교의 설립 등) ② 국가 외의 자가 학교를 설립하고자 하는 경우에는 교육과학기술부장관의 인가를 받아야 한다.

③ 공 · 사립학교의 설립 · 경영자는 학교를 폐지하거나 대통령령이 정하는 중요사항을 변경하고자 하는 경우에는 교육과학기술부장관의 인가를 받아야 한다.

제5조 (지도 · 감독) ① 학교는 교육과학기술부장관의 지도 · 감독을 받는다.

② 교육과학기술부장관은 학교에 대한 지도 · 감독을 위하여 필요한 경우에는 학교의 장에 대하여 대통령령이 정하는 바에 따라 관련 자료의 제출을 요구할 수 있다.

제6조 (학교규칙) ② 학교의 장이 ~ 학칙을 제정 또는 개정한 때에는 이를 지체 없이 교육과학기술부장관에게 보고하여야 한다.

제60조 (시정 또는 변경명령) ① 교육과학기술부장관은 학교가 시설, 설비, 수업 및 학사, 기타 사항에 관하여 교육관계법령 또는 이에 의한 명령이나 학칙을 위반한 경우에는 기간을 정하여 학교의 설립 · 경영자 또는 학교의 장에게 그 시정 또는 변경을 명할 수 있다.

② 교육과학기술부장관은 제1항의 규정에 의한 시정 또는 변경명령을 받은 자가 정당한 사유 없이 지정된 기간 내에 이를 이행하지 아니한 경우에는 대통령령이 정하는 바에 의하여 그 위반행위를 취소 또는 정지하거나, 당해 학교의 학생정원의 감축, 학과의 폐지 또는 학생의 모집정지 등의 조치를 할 수 있다.

〈사립학교법〉

제4조 (관할청) ③ 다음 각호의 1에 해당하는 자는 교육과학기술부장관의 지도 · 감독을 받는다.

1. 사립의 대학, 산업대학, 전문대학, 기술대학 및 이들에 준하는 각종 학교
2. 제1호에 규정한 사립학교를 설치 · 경영하는 학교법인
3. 제1호에 규정한 사립학교와 기타의 사립학교를 아울러 설치 · 경영하는 학교법인

제10조 (설립허가) ① 학교법인을 설립하고자 하는 자는~ 교육과학기술부장관의 허가를 받아야 한다.

제20조 (임원의 선임과 임기) ② 임원은 관할청의 승인을 얻어 취임한다.

제20조의2 (임원취임의 승인취소) ① 임원이 다음 각호의 1에 해당하는 행위를 하였을 때에는 관할청은 그 취임 승인을 취소할 수 있다.

1. 이 법과 「초 · 중등교육법」 「고등교육법」의 규정을 위반하거나 이에 의한 명령을 이행하지 아니한 때

2. 임원 간의 분쟁, 회계부정 및 현저한 부당 등으로 인하여 당해 학교운영에 중대한 장애를 야기한 때
3. 학사행정에 관하여 당해 학교의 장의 권한을 침해하였을 때
6. 관할청의 학교의 장에 대한 징계요구에 불응한 때

제25조 (임시이사의 선임) ① 관할청은 다음 각호의 어느 하나에 해당되는 경우에는 이해관계인의 청구 또는 직권으로 조정위원회의 심의를 거쳐 지체 없이 임시이사를 선임하여야 한다.

1. 학교법인이 이사의 결원보충을 하지 아니하여 학교법인의 정상적 운영이 어렵다고 판단될 때
2. 제20조의2의 규정에 의하여 학교법인의 임원취임 승인을 취소한 때
3. 제25조의2의 규정에 의하여 임시이사를 해임한 때

제28조 (재산의 관리 및 보호) ① 학교법인이 그 기본재산을 매도, 증여, 교환 또는 용도변경하거나 담보에 제공하고자 할 때 또는 의무의 부담이나 권리의 포기를 하고자 할 때에는 관할청의 허가를 받아야 한다. 다만, 대통령령이 정하는 경미한 사항은 이를 관할청에 신고하여야 한다.

제45조 (정관변경) 학교법인의 정관의 변경은 이사정수의 3분의 2 이상의 찬성에 의한 이사회의 의결을 거쳐 교육과학기술부장관의 인가를 받아야 한다.

제47조 (해산명령) ① 교육과학기술부장관은 학교법인에 다음 각호의 1에 해당하는 사유가 있다고 인정할 때에는 당해 학교법인에 대하여 해산을 명할 수 있다.

1. 설립허가조건에 위반한 때
2. 목적의 달성이 불가능한 때

제48조 (보고징수 등) 관할청은 감독상 필요한 때에는 학교법인 또는 사학지원단체에 대하여 보고서의 제출을 명하거나, 장부 · 서류 등을 검사할 수 있으며, 이에 따른 필요한 조치를 명할 수 있다.

제54조 (임면에 관한 보고 및 해직 등의 요구) ① 각급학교의 교원의 임면

권자가 교원을 임면한 때에는 임면한 날부터 7일 이내에 관할청에 보고하여야 한다.

③ 관할청은 사립학교의 교원이 이 법에 규정된 면직사유 및 징계사유에 해당한 때에는 당해 교원의 임면권자에게 그 해직 또는 징계를 요구할 수 있다.

제54조의2 (해임요구) ① 각급학교의 장이 다음 각호의 1에 해당할 때에는 관할청은 임면권자에게 당해 학교의 장의 해임을 요구할 수 있다. 이 경우 해임을 요구받은 임명권자는 특별한 사유가 없는 한 이에 따라야 한다.

1. 제58조 제1항 각호의 1에 해당할 때
2. 학생의 입학(편입학을 포함한다), 수업 및 졸업에 관한 당해 학교의 장의 권한에 속하는 사항으로서 교육관계법률 또는 그 법률에 의한 명령에 위반할 때
3. 이 법 또는 이 법에 의한 명령 또는 다른 교육관계법령에 위반하였을 때
4. 학교에 속하는 회계의 집행에 관하여 부정 또는 현저히 부당한 일을 행하였을 때

제70조 (보고 · 조사 등) 관할청은 사립학교의 교육에 관하여 조사를 하거나, 통계 · 기타 필요한 사항에 관한 보고를 하게 하거나, 소속공무원으로 하여금 장부 · 기타 서류 등을 검사하게 하거나, 교육의 실시 상황을 조사하게 할 수 있다.

〈교육공무원법〉

제24조 (대학의 장의 임용) ① 대학(공립대학을 제외한다)의 장은 당해 대학의 추천을 받아 교육과학기술부장관의 제청으로 대통령이 임용한다.

⑥ 제1항의 규정에도 불구하고 대학의 장 임기만료 후 3월 이내에 해당 대학이 대학의 장 후보자를 추천하지 아니하는 경우 해당 대학의 장은 교육과학기술부장관의 제청으로 대통령이 임용한다.

또한 교육과학기술부장관은 법률의 위임에 의한 하위 법령과 훈령, 예규, 고시 등 행정명령의 제정권 등을 통해서도 고등교육정책에 관하여 매우 포괄적이면서도, 개별적 사안에 따라서는 매우 구체적인 권한을 갖고 있다. 물론 대부분 대통령령으로 정하도록 하고 있으나, 대통령령의 제정은 주무부처가 그 주도권을 갖는다는 점에서 주무부처장관의 관련 대통령령 제정과 관련한 권한은 거의 절대적이다. 참고로 「고등교육법」에 규정된 교육과학기술부장관의 권한에 관한 사항을 일부 살펴보면 다음과 같다.

〈고등교육법〉

제8조 (실험실습비 등의 지급) 국가는 학술 · 학문연구의 진흥과 교육의 연구를 조장하기 위하여 실험실습비, 연구조성비 또는 장학금의 지급, 기타 필요한 조치를 강구하여야 한다.

제17조 (겸임교원 등) 학교에는 대통령령이 정하는 바에 의하여 제14조 제2항의 교원 외에 겸임교원, 명예교수 및 시간강사 등을 두어 교육 또는 연구를 담당하게 할 수 있다.

제20조 (학년도 등) ② 학기, 수업일수 및 휴업일 등에 관하여 필요한 사항은 대통령령이 정하는 범위 안에서 학칙으로 정한다.

제23조 (학점의 인정) 학교는 국내외의 다른 학교에서 취득한 학점을 대통령령이 정하는 범위 안에서 학칙이 정하는 바에 의하여 이를 당해 학교에서 취득한 학점으로 인정할 수 있다.

제32조 (학생의 정원) 대학(산업대학, 교육대학, 전문대학, 방송통신대학, 기술대학 및 각종 학교를 포함한다)의 학생정원에 관한 사항은 대통령령이 정하는 범위 안에서 학칙으로 정한다.

제34조 (학생의 선발 방법) ① 대학(산업대학, 교육대학 및 전문대학을 포함하며, 대학원대학을 제외한다)의 장은 제33조 제1항의 규정에 의한 자격이

있는 자 중에서 일반전형 또는 특별전형에 의하여 입학을 허가할 학생을 선발한다.

② 제1항의 규정에 의한 일반전형 또는 특별전형의 방법, 학생선발 일정 및 그 운영에 관하여 필요한 사항은 대통령령으로 정한다.

③ 교육과학기술부장관은 입학전형 자료로 활용하기 위하여 대통령령이 정하는 시험을 시행할 수 있다.

제35조 (학위의 수여) ⑤ 학위의 종류 및 수여에 관하여 필요한 사항은 대통령령으로 정한다.

아울러 교육과학기술부장관은 법령입안권 외에도 학술진흥 및 연구비지원정책, 장학정책, 재정지원예산의 1차적 편성권 등을 통해 고등교육정책에 대해 막강한 권한을 행사하게 된다. 국민의 정부에서부터 추진하기 시작한 두뇌한국21사업, 기초학문육성사업, 전문대학특성화지원사업과 참여정부에서 추진하고 있는 지방대학혁신역량강화사업, 수도권대학특성화지원사업, 대학구조개혁지원사업 그리고 이명박정부에서 시작하고 있는 세계 수준의 연구중심대학육성사업 등을 통한 대학의 교육 및 연구여건 개선 추진 등이 그 대표적인 사례라 할 수 있다.

〈고등교육법〉

제8조 (실험실습비 등의 지급) 국가는 학술 · 학문연구의 진흥과 교육의 연구를 조장하기 위하여 실험실습비, 연구조성비 또는 장학금의 지급, 기타 필요한 조치를 강구하여야 한다.

3) 사법부 및 헌법재판소

비록 소극적 권한이기는 하나, 대법원 등 사법부와 헌법재판소도 고등교육 관련 법령이나 행정처분 등에 대한 재판권과 헌법재판을 통해

직·간접적인 영향을 미친다고 할 수 있다. 특히, 헌법재판소는 고등교육 관련 법률의 위헌심사를 통해 상당한 영향력을 갖고 있다. 헌법재판소는 사립학교 교원의 징계처분 등에 관한 교원소청심사위원회의 결정에 대해 처분권자인 사립학교의 설립·경영자는 불복하여 재판을 청구할 수 없도록 한 「교원지위향상을 위한 특별법」 제10조 제2항의 규정에 대해 위헌결정(2006. 2. 23. 선고, 2005헌가7, 2005헌마1163)을 내렸으며, 사립대학 교원의 기간제 임용제도와 관련하여서도 임용계약 만료 후에 재임용과 관련하여 어떠한 절차적 권리도 부여하지 아니한 것은 헌법에 합치하지 아니한다고 결정(2003. 12. 18. 선고, 2002헌바14·32)하였다.

또한 2006년 4월 27일 헌법재판소는 국립대학의 장의 임용과 관련한 2005년 5월 31일 개정 교육공무원법에 대한 헌법소원사건에 대하여 위헌이 아님을 결정하였는데, 그 요지를 소개하면 다음과 같다.

교육공무원법 제24조 제4항 등 위헌 확인 [2005헌마1047, 2006. 4. 27. 선고]

〈관련 조문: 2005. 5. 31. 개정 교육공무원법〉

제24조 (대학의 장의 임용) ① 대학(공립대학을 제외한다)의 장은 당해 대학의 추천을 받아 교육과학기술부장관의 제청으로 대통령이 임용한다.

③ 제1항 본문의 규정에 의한 대학의 장의 임용 추천을 위하여 대학에 대학의장임용추천위원회(이하 '위원회'라 한다)를 둔다.

④ 위원회는 해당 대학이 정하는 바에 따라 다음 각호의 어느 하나의 방법에 의하여 대학의 장 후보자를 선정하여야 한다.

1. 위원회에서의 선정

2. 해당 대학교원의 합의된 방식과 절차에 따른 선정

⑥ 제1항의 규정에도 불구하고 대학의 장 임기만료 후 3월 이내에 해당

대학이 대학의 장 후보자를 추천하지 아니하는 경우 해당 대학의 장은 교육과학기술부장관의 제청으로 대통령이 임용한다.

⑦ 위원회의 구성 · 운영 등에 관하여 필요한 사항은 대통령령으로 정하되, 위원의 일정비율 이상은 여성으로 한다.

제24조의3 (대학의 장 후보자 추천을 위한 선거사무의 위탁) ① 대학의 장 후보자를 추천함에 있어서 제24조 제4항 제2호의 규정에 따라 해당 대학교원의 합의된 방식과 절차에 따라 직접선거에 의하는 경우 해당 대학은 선거관리에 관하여 그 소재지를 관할하는 선거관리위원회법에 의한 구 · 시 · 군선거관리위원회(이하 '구 · 시 · 군선거관리위원회' 라 한다)에 위탁하여야 한다.

② 중앙선거관리위원회는 제1항의 규정에 따라 구 · 시 · 군선거관리위원회가 대학의 장 후보자 추천선거를 수탁 · 관리함에 있어서 후보자 등록, 선거기간, 선거운동, 선거비용, 투표, 개표 등 필요한 사항에 관하여 선거관리위원회법 제3조 제5항의 규정에 따라 중앙선거관리위원회규칙으로 정하고자 하는 경우에는 미리 교육과학기술부장관과 협의하여야 한다. 이 경우 교육과학기술부장관은 각 대학의 의견을 들어야 한다.

결정요지

국립대학 교수나 교수회가 대학의 자율과 관련한 기본권 주체성이 있는지 여부

헌법재판소는 대학의 자율성은 헌법 제22조 제1항이 보장하고 있는 학문의 자유의 확실한 보장수단으로 꼭 필요한 것으로서 대학에게 부여된 헌법상의 기본권으로 보고 있다(1992. 10. 1. 92헌마68등, 판례집 4, 659, 670). 그러나 대학의 자치의 주체를 기본적으로 대학으로 본다고 하더라도 교수나 교수회의 주체성이 부정된다고 볼 수는 없고, 가령 학문의 자유를 침해하는 대학의 장에 대한 관계에서는 교수나 교수회가 주체가 될 수 있고, 또한 국가에 의한 침해에 있어서는 대학 자체 외에도 대학 전 구성원이 자율성을 갖는 경우도 있을 것이므로 문제 되는 경우에 따라서 대학, 교수, 교수회 모두가 단독 혹은 중첩적으로 주체가 될 수 있다고 보아야 할 것이다.

교수나 교수회에게 헌법 제31조 제4항의 대학의 자율의 보장 내용에 포함되는 헌법상의 기본권인 국립대학의 장 후보자 선정에 참여할 권리가 있는지 여부

전통적으로 대학자치는 학문활동을 수행하는 교수들로 구성된 교수회가 누려 오는 것이었고, 현행법상 국립대학의 장 임명권은 대통령에게 있으나, 1990년대 이후 국립대학에서 총장 후보자에 대한 직접선거 방식이 도입된 이래 거의 대부분 대학 구성원들이 추천하는 후보자 중에서 대학의 장을 임명하여 옴으로써 대통령이 대학총장을 임명함에 있어 대학교원들의 의사를 존중하여 온 점을 고려하면, 청구인들에게 대학총장 후보자 선출에 참여할 권리가 있고, 이 권리는 대학의 자치의 본질적인 내용에 포함된다고 할 것이므로 결국 헌법상의 기본권으로 인정할 수 있다.

대학의 자율을 제한하는 법률에 대한 위헌심사 기준

대학의 자율도 헌법상의 기본권이므로 기본권 제한의 일반적 법률유보의 원칙을 규정한 헌법 제37조 제2항에 따라 제한될 수 있고, 대학의 자율의 구체적인 내용은 법률이 정하는 바에 의하여 보장되며, 또한 국가는 헌법 제31조 제6항에 따라 모든 학교제도의 조직, 계획, 운영, 감독에 관한 포괄적인 권한, 즉 학교제도에 관한 전반적인 형성권과 규율권을 부여받았다고 할 수 있고, 다만 그 규율의 정도는 그 시대의 사정과 각급학교에 따라 다를 수밖에 없는 것이므로 교육의 본질을 침해하지 않는 한 궁극적으로는 입법권자의 형성의 자유에 속하는 것이라 할 수 있다. 따라서 교육공무원법(2005. 5. 31. 법률 제7537호로 개정된 것) 제24조 제4항 본문 및 제1호, 제6항, 제7항 중 위원회의 구성 · 운영 등에 관하여 필요한 사항은 대통령령으로 정하되 부분, 제24조의2 제4항, 제24조의3 제1항이 대학의 자유를 제한하고 있다고 하더라도 그 위헌 여부는 입법자가 기본권을 제한함에 있어 헌법 제37조 제2항에 의한 합리적인 입법한계를 벗어나 자의적으로 그 본질적 내용을 침해하였는지 여부에 따라 판단되어야 할 것이다.

대학의 장 후보자 선정의 방식으로 '대학의장임용추천위원회에서의 선정'을 규정한 교육공무원법 제24조 제4항은 간선제를 강요하여 대학의 자율을 침해하는 것인지 여부

대학의장임용추천위원회(이하' 위원회' 라 한다)에서의 선정은 원칙적인 방식이 아닌 교원의 합의된 방식과 선택적이거나 혹은 실제로는 보충적인 방식으로 규정되어 있는 점, 대학의 장 후보자 선정과 관련하여 대학에게 반드시 직접선출 방식을 보장하여야 하는 것은 아니며, 다만 대학교원들의 합의된 방식으로 그 선출 방식을 정할 수 있는 기회를 제공하면 족하다고 할 것인데, 교육공무원법 제24조 제4항은 대학의 장 후보자 선정을 위원회에서 할 것인지, 아니면 교원의 합의된 방식에 의할 것인지를 대학에서 우선적으로 결정하도록 하여 이를 충분히 보장하고 있는 점, 또한 이 규정은 개정 전 교육공무원임용령(1991. 8. 8. 대통령령 제13448호로 개정되고 2005. 9. 14. 대통령령 제19043호로 개정되기 전의 것) 제12조의3 제4항과 동일한 내용으로서 청구인들이 속한 각 대학은 개정 전 위 시행령에 근거하여 직선제의 방식으로 대학의 장 후보자를 선출해 온 점을 고려하면, 이전의 시행령의 내용을 그대로 담고 있는 교육공무원법 제24조

제4항이 대학에게 총장 후보자 선출에 있어서 새로운 제한을 추가하거나 가중한 것이라고 볼 수 없으므로, 위 규정이 매우 자의적인 것으로서 합리적인 입법한계를 일탈하였거나 대학 자율의 본질적인 부분을 침해하였다고 볼 수 없다.

대학의 장 임기만료 후 3월 이내에 후보자를 추천하지 아니하는 경우 대학의 추천 없이 대통령이 교육과학기술부장관의 제청을 받아 대학의 장을 임용하도록 한 교육공무원법 제24조 제6항은 대학의 자율을 침해하는 것인지 여부

국립대학에서 총장이 임명되지 못하는 경우에 대통령이 교육과학기술부장관의 제청으로 총장을 임용하는 것은 그 공백 상태를 해결하기 위한 적절한 수단이며, 이 경우 임시적 지위를 갖는 총장을 임용하는 일시적인 임용 형태를 취할 것인지, 아니면 통상의 총장지위를 갖는 정식의 임용 형태를 취할 것인지는 입법자의 재량사항에 속한 것으로 볼 수 있는 점, 또한 총장 임기만료 후 3개월이 경과한 경우에만 대통령이 위의 권한을 행사하도록 함으로써 대학에게 그 총장 후보자의 선출에 대한 자율권을 행사할 충분한 기간과 기회를 제공하고 있는 점, 대학의 자율도 국민의 교육받을 권리를 존중하여 가능한 한 이를 침해하여서는 안 되며, 대학이 총장의 임기만료 후에도 만연히 대학의 장 후보자를 선출하지 아니한 채 국가가 관여하는 것을 배제해 달라고 주장하는 것은 합리적인 대학의 자율의 범위라고 볼 수 없는 점, 국립대학의 총장은 구성원의 대표로서의 성격 외에도 국가 행정관청의 장으로서의 성격도 겸하고 있으므로 국립대학의 총장 미임명으로 인한 국가행정의 공백이나 불안정 상태를 막을 긴급한 필요가 있는 점 등을 고려할 때 교육공무원법 제24조 제6항이 매우 자의적인 것으로서 합리적인 입법한계를 일탈하였거나 대학의 자율의 본질적인 부분을 침해하였다고 볼 수 없다.

대학의 장 후보자 선정을 직접선거의 방법으로 실시하기로 해당 대학교원의 합의가 있는 경우 그 선거관리를 선거관리위원회에 의무적으로 위탁시키는 교육공무원법 제24조의3 제1항은 대학의 자율을 침해한 것인지 여부

국가의 예산과 공무원이라는 인적 조직에 의하여 운용되는 국립대학에서 선거관리를 공정하게 하기 위하여 중립적 기구인 선거관리위원회에 선거관리를 위탁하는 것은 선거의 공정성을 확보하기 위한 적절한 방법인 점, 선거관리위원회에 위탁하는 경우는 대학의 장 후보자를 선정함에 있어서 교원의 합의된 방식과 절차에 따라 직접선거에 의하는 경우로 한정되어 있는 점, 선거에 관한 모든 사항을 선거관리위원회에 위탁하는 것이 아니라 선거관리만을 위탁하는 것이고 그 외 선거권, 피선거권, 선출 방식 등은 여전히 대학이 자율적으로 정할 수 있는 점, 중앙선거관리위원회에서 위 선거관리와 관련한 규칙을 제정하고자 하는 경우 대학들은 교육과학기술부장관을 통하여 그 의견을 개진할 수 있는 점(교육공무원법 제24조의3 제2항), 선거관리위원회는 공공단체의 직접선거와 관련하여 조합원이 직접투표로 선출하는 조합장선거(농업협동조합법 제51조 제4항)와 교육위원 및 교육감선거(지방교육자치에 관한 법률 제51조 제1항)의 경우에도 그 선거사무를 관리하고 있는 점을 고려하면, 교육공무원법 제24조의3 제1항이 매우 자의적인 것으로서, 합리적인 입법한계를 일탈하였거나 대학의 자율의 본질적인 부분을 침해하였다고 볼 수 없다.

대학의장임용추천위원회의 구성 · 운영 등에 관하여 필요한 사항을 대통령령에 정하도록 위임한 교육공무원법 제24조 제7항은 포괄위임입법금

지의 원칙이나 교육제도 법정주의에 반하는 것인지 여부

교육공무원법 제24조 제7항은 위원회의 구성 · 운영 등에 관하여 구체적인 위임의 범위를 정하지 아니하고 시행령에 위임하였으나, 이 위원회는 대학의 장 후보자를 추천하기 위한 위원회임은 목적상 명백하고, 또한 위원회는 대학의 모든 구성원이 아닌 해당 대학교원을 중심으로 구성될 것임을 알 수 있어 그 대강의 내용을 예측할 수 있고, 각 대학마다 규모나 지역 등의 사정에 따라 탄력적으로 위원 수나 위원자격을 정하도록 할 필요가 있어 구성과 운영 등에 관한 사항을 시행령에 위임하여야 할 합리적인 이유가 있으므로 위임입법의 한계를 일탈하였다고 할 수 없다.

한편, 위의 연혁과 관련 규정의 내용에 기초하여 볼 때, 위원회는 해당 대학이 대학의 장 후보자 추천권한을 행사하기 위한 것으로서 위 규정은 청구인들의 권리를 제한하는 규정이라기보다는 추천권 행사를 위한 형성적 법률규정에 가깝다고 볼 수 있고, 위 규정은 교수들이나 특히 여성위원들의 참여를 보장하고 있어 청구인들의 기본권이나 대학의 자율을 증진시키는 측면도 있으므로 위 규정이 대학자치의 본질을 침해한다거나 교육제도 법정주의에 반하여 위헌이라고 보기도 어렵다.

2. 대학의 조직과 의사결정 구조 개관

1) 관계법령의 구조와 특징

우리나라 대학의 조직과 의사결정 구조에 관한 기본법은 고등교육법이라 할 수 있다. 여기서 고등교육법의 목적이나 그 성격을 살펴보면 교육기본법 제9조 제1항은 "유아교육, 초등교육, 중등교육 및 고등교육을 실시하기 위하여 학교를 둔다." 같은 조 제4항은 "학교의 종류와 학교의 설립 · 경영 등 학교교육에 관한 기본적인 사항은 따로 법률로 정한다."고 규정하고, 고등교육법 제1조은 "이 법은 교육기본법 제9조의 규정에 따라 고등교육에 관한 사항을 정함을 목적으로 한다."고 규정하고 있다. 이렇게 볼 때 고등교육법에서 규정하고 있는 대학의 조직과 의사결정 구조에 관한 내용은 고등교육을 수행하는 교육기관으로서의 대학의 본질적 목적 수행을 위하여 필요한 조직과 의사결정 구조에 관한 사항을 규정하고 있다고 보아야 할 것이다.

이 같은 성격을 갖는 고등교육법의 제 규정은 고등교육기관의 설립주체가 누구냐에 상관없이 고등교육법의 적용을 받는 모든 국립, 공립 및 사립의 대학에 적용된다. 다만, 특별법에 의해 설치된 특수목적의 고등교육기관의 경우에는 개별 설치법이 우선적으로 적용되나, 이 경우에도 교육활동과 관련하여서는 고등교육법과 기타 교육관계법령의 적용을 받고 있다. 한국과학기술원법에 의한 한국과학기술원, 광주과학기술원법에 의한 광주과학기술원, 사관학교설치법에 의한 육군사관학교, 공군사관학교, 해군사관학교, 한국학중앙연구원육성법에 의한 한국학중앙연구원대학원, 기능대학법에 의한 기능대학 등이 그 예라 할 수 있다.

이 같은 구조로 인해 개별대학의 조직과 의사결정 구조를 정확히 알기 위해서는 개별대학의 설치 · 운영에 관해 직접적으로나 간접적으로 적용되는 모든 법령과 규정들을 살펴보아야 한다. 예를 들어, 국립대학은 교육기관으로서 고등교육법, 교원지위향상을 위한 특별법은 물론이고, 교육공무원법, 교육공무원임용령의 적용을 받고, 또한 정부조직의 하나로서 정부조직법, 국가공무원법, 공무원임용령, 공무원의 노동조합설립 및 운영 등에 관한 법률, 국가재정법, 국유재산법, 국가를 당사자로 하는 계약에 관한 법률 등 수많은 개별법령 등의 적용을 받고 있기 때문이다. 또한 교육과학기술부장관의 관장 하에 있는 개별 국립대학의 경우에는 서울대학교설치령, 국립학교설치령, 한국교원대학교설치령, 한국방송통신대학교설치령 등 당해 대학을 직접적으로 설치하고 있는 대통령령에서 그 조직 구조를 찾아볼 수 있다.

그러나 국립, 공립 및 사립의 모든 대학에 공통적으로 적용되는 고등교육법에서 규정하고 있는 조직과 의사결정 구조에 관한 사항은 매우 빈약하다고 할 수 있으며, 과연 고등교육법에서 대학을 행정기관으로 보고 있는지, 교육기관으로 보고 있는지 의문이 들 정도다. 우선 대학의 조직에 관하여 고등교육법 제19조에서 "학교는 그 설립목적을 달성하기 위하여 대통령령이 정하는 범위 안에서 필요한 조직을 갖추어야 한다. 학교의 조직에 관한 기본적 사항은 국립학교의 경우에는 대통령령 및 학칙으로 정하고, 공립학교의 경우에는 당해 지방자치단체의 조례 및 학칙으로 정하며, 사립학교의 경우에는 당해 학교법인의 정관 및 학칙으로 정한다."는 규정이 전부이며, 이에 의한 고등교육법 시행령도 제9조에서 "학교는 그 조직을 갖추는 때에는 학교의 설립목적에 부합하고, 학생의 교육받을 권리를 존중하며, 교원의 교육 및 연구를 도모할 수 있도록 하여야 한다. 대학에는 학과 또는 학부를 둔다. 대학의 교원은 학과 또는 학부에 소속되는 것을 원칙으로 한다."는 정도가 전부다.

또한 대학의 의사결정 구조와 관련하여서는 고등교육법 제14조 제1항에서 대학에 학교의 장으로서 총장 또는 학장을 두며, 제15조 제1항에서 "총장 또는 학장은 교무를 통할하고, 소속교직원을 감독하며, 학생을 지도한다."고 규정하고 있을 뿐이다. 물론 학칙제정권을 학교의 장에게 부여하고 있는 등 개별적 사안에 따라 학교의 장의 권한사항을 규정하고 있는 것을 찾아볼 수 있으나, 이 외의 다른 의사결정 구조에 대하여는 다른 특별한 규정을 찾아볼 수 없다. 물론 교원 인사와 관련하여 관련 법령에 사안별로 심의 또는 의결기구를 두고는 있지만, 적어도 고등교육법에서는 특별한 규정이 없다. 이 같은 점에서 보면 우리 고등교육 관련 법제는 대학을 대학의 장이 총괄 지휘하는 행정기관형 교육기관으로 보고 있다는 평도 가능해진다.

이는 일본이 종전의 국립대학설치법, 현행의 국립대학법인법 및 사립학교법 등에서 학교의 행정업무와 교육업무에 관하여 회의체를 두도록 하고 있는 것과는 대조적이라 할 수 있다.

예를 들어, 종전의 국립대학설치법은 법적 운영주체가 국가이나, 개별 국립대학별로 당해 국립대학의 교직원이 아니면서 대학에 관하여 폭넓고 높은 식견을 가진 자로서 학장의 신청에 의하여 문부대신이 임명하는 '운영자문회의' 를 두어 대학의 교육연구상의 목적 달성을 위한 기본계획에 관한 중요사항, 대학의 교육연구활동 등의 상황에 대해 당해 대학이 행하는 평가에 관한 중요사항, 기타 대학의 운영에 관한 중요사항에 대하여 학장의 자문에 응하여 심의를 하거나 학장에 대하여 조언 또는 권고를 행하도록 하였다.

또한 학장, 학부장, 대학원 연구과의 장, 교양부의 장, 대학부설연구소의 장, 교육공무원특례법 제2조 제3항에 규정된 부국장(대학의 부학장, 학부장과 정령으로 정하는 부국의 장), 문부성령이 정하는 바에 따라 당해 대학이 정한 자, 평의회가 정한 바에 따라 학부, 대학원 연구과, 교양부, 대학부설연구소에서 선출된 교수, 평의회의 의결에 따라 학장이 지명한 교원 등으로서 학장의 신청에 의하여 문부대신이 임명하는 '평의회' 를 두어 대학의 교육연구상의 목적을 달성하기 위한 기본적 계획에 관한 사항, 학칙과 기타 중요한 규칙의 제정과 개정 및 폐지에 관한 사항, 예산의 편성방침에 관한 사항, 학부 · 학과 · 기타 중요한 조직의 설 · 폐와 학생 정원에 관한 사항, 교원인사 방침에 관한 사항, 교육과정 편성 방침에 관한 사항과 학생의 후생과 보도(補導)에 관한 사항, 학생의 입학 · 졸업과 과정 수료 · 재적(在籍) · 학위수여 방침에 관한 사항, 대학의 교육연구활동 등의 상황에 관하여 당해 대학이 행하는 평가에 관한 사항, 기타 대학의 운영에 관한 중요사항에 관하여 심의를 하고, 다른 법률과 교육공무원특례법의 규정에 의해 그 권한에 속하는 사항을 행하도록 하였다.

기타 '교수회'를 학부, 대학원 연구과, 교양부, 대학부설연구소 등에 두어 학부와 연구과의 교육과정의 편성에 관한 사항, 학생의 입학 · 졸업 · 과정의 수료 · 기타 재적 · 학위수여에 관한 사항, 기타 당해 교수회가 속하는 조직의 교육과 연구에 관한 중요사항 등을 심의하고, 교육공무원특례법에서 규정하고 있는 그 권한에 속하는 사항을 행하도록 하였다. 이 같은 회의체들은 국립대학법인법의 제정으로 일본의 국립대학이 법인체제로 전환됨에 따라 다른 회의체로 변하게 되었다. 이는 후술하기로 한다.

우리 고등교육법은 제12조에서 학생자치활동에 관해서도 규정하고 있으나, 이 역시 문자 그대로 학생자치활동에 관한 규정일 뿐이며, 대학의 의사결정에의 참여에 관한 규정은 아니다. 대학의 조직 및 의사결정 구조에 해당하는 고등교육법의 관련 규정을 정리하면 다음과 같다.

〈고등교육법〉

제12조 (학생자치활동) 학생의 자치활동은 권장 보호되며, 그 조직 및 운영에 관한 기본적인 사항은 학칙으로 정한다.

제14조 (교직원의 구분) ① 대학, 산업대학, 교육대학 및 방송통신대학에는 학교의 장으로서 총장 또는 학장을 두며, 전문대학 및 기술대학에는 학장을 둔다.

② 학교에 두는 교원은 제1항의 규정에 의한 총장 및 학장 외에 교수, 부교수, 조교수 및 전임강사로 구분한다.

제15조 (교직원의 임무) ① 총장 또는 학장은 교무를 통할하고, 소속교직원을 감독하며, 학생을 지도한다.

③ 행정직원 등 직원은 학교의 행정사무와 기타의 사무를 담당한다.

제19조 (학교의 조직) ① 학교는 그 설립목적을 달성하기 위하여 대통령령이 정하는 범위 안에서 필요한 조직을 갖추어야 한다.

② 학교의 조직에 관한 기본적 사항은 국립학교의 경우에는 대통령령 및 학칙으로 정하고, 공립학교의 경우에는 당해 지방자치단체의 조례 및 학칙으로 정하며, 사립학교의 경우에는 당해 학교법인의 정관 및 학칙으로 정한다.

〈고등교육법 시행령〉

제9조 (학교의 조직) ① 학교는 법 제19조의 규정에 의하여 그 조직을 갖추는 때에는 학교의 설립목적에 부합하고, 학생의 교육받을 권리를 존중하며, 교원의 교육 및 연구를 도모할 수 있도록 하여야 한다.

② 대학에는 학과 또는 학부를 둔다.

③ 대학의 교원은 제2항의 규정에 의한 학과 또는 학부에 소속되는 것을 원칙으로 한다.

2) 대학의 장으로서 총 · 학장

앞서 고등교육법은 대학을 행정기관형 교육기관으로 보고 있는 것이 아닌가 하는 문제를 제기하였다. 고등교육법에서 독임제 기관장으로서 총 · 학장의 지위와 직무상의 권한을 비교적 상세히 규정하고 있기 때문이다.

먼저 고등교육법은 제14조 제1항에서 학교의 장으로서 대학 · 산업대학 · 교육대학 및 방송통신대학에는 총장 또는 학장을, 전문대학 및 기술대학에는 학장을 두도록 하고 있으며, 제15조 제1항에서 학교의 장으로서 "총장 또는 학장은 교무를 통할하고, 소속교직원을 감독하며, 학생을 지도한다."고 하여 학교의 장의 권한과 임무를 교무 통할, 소속교직원 감독 및 학생지도권 등으로 규정하고 있으며, 이는 행정기관으로서 기관장의 성격을 강하게 나타내는 규정이라 할 수 있다. 또한 고등교육법 제14조 제2항은 "학교에 두는 교원은 제1항의 규정에 의한 총장 및 학장 외에 교수, 부교수, 조교수 및 전임강사로 구분한다."고 하여 총·학장도 교원의 범주에 포함시키고 있어 총·학장은 학교의 장이면서 동시에 교원으로서의 지위도 갖는다고 할 수 있다. 따라서 총·학장은 교원의 지위에서 학생들의 교육을 직접 담당할 수도 있다.

또한 총·학장은 대학운영에 관하여 학칙을 제정하고, 수업료를 책정·징수하며, 학생이 법령과 학칙을 위반한 경우 징계하고, 교육과정을 운영하며, 이에 따른 수업일수 및 휴업일을 조정하고, 학생을 선발하며, 학생의 편입학이나 재입학을 허가하고, 학위논문심사료를 징수하며, 학위수여증서를 발급할 수 있다. 기타 학교의 장으로서 학교의 업무에 속하는 사항에 대한 각종 증명을 발급하고, 이에 따른 수수료를 징수할 수 있다. 관련 법령을 보면 다음과 같다.

〈고등교육법〉

제6조 (학교규칙) ① 학교의 장은 법령의 범위 안에서 학교규칙을 제정 또는 개정할 수 있다.

제11조 (수업료 등) ① 학교의 설립·경영자는 수업료와 기타 납부금을 받을 수 있다.

제13조 (학생의 징계) ① 학교의 장은 교육상 필요한 때에는 법령과 학칙이 정하는 바에 의하여 학생을 징계할 수 있다.

제21조 (교육과정의 운영) ① 학교는 학칙이 정하는 바에 의하여 교육과정을 운영하여야 한다.

제34조 (학생의 선발 방법) ① 대학(산업대학·교육대학 및 전문대학을 포함하며, 대학원대학을 제외한다)의 장은 제33조 제1항의 규정에 의한 자격이 있는 자 중에서 일반전형 또는 특별전형에 의하여 입학을 허가할 학생을

선발한다.

제35조 (학위의 수여) ① 대학(산업대학・교육대학을 포함하며, 대학원대학을 제외한다)에서 학칙이 정하는 과정을 이수한 자에 대하여는 학사학위를 수여한다.

〈고등교육법 시행령〉

제11조 (수업일수) ① 법 제20조 제2항의 규정에 의한 수업일수는 매 학년도 30주 이상으로 한다.

② 학교의 장은 천재・지변・기타 교육과정의 운영상 부득이한 사유로 인하여 제1항의 규정에 의한 수업일수를 충족할 수 없는 경우에는 교육과학기술부장관의 승인을 얻어 매 학년도 2주의 범위 안에서 수업일수를 감축할 수 있다.

제12조 (휴업일) ① 법 제20조 제2항의 규정에 의한 휴업일은 교육과정의 운영에 지장을 주지 아니하는 범위 안에서 정한다.

② 학교의 장은 비상재해, 기타 급박한 사정이 발생한 때에는 임시휴업을 할 수 있다. 이 경우 학교의 장은 지체 없이 교육과학기술부장관에게 보고하여야 한다.

제29조 (입학・편입학 등) ① 대학의 장은 제28조 제1항의 규정에 의하여 학칙이 정하는 모집단위별 입학정원의 범위 안에서 입학(편입학을 포함한다)을 허가한다.

제29조의2 (재입학) ① 대학의 장은 제28조 제1항의 규정에 의하여 학칙이 정하는 계열별 학생정원을 포함한 학생정원의 범위 안에서 재입학을 허가할 수 있다.

제30조 (대학원의 학생정원 등) ② 대학원을 둔 학교의 장은 학칙이 정한 입학정원의 범위 안에서 입학을 허가하며, 당해 학년도 입학정원에서 재학생수를 뺀 범위 안에서 편입학 또는 재입학을 허가할 수 있다.

제31조 (학생의 선발) ① 대학의 장이 법 제34조 제1항의 규정에 의하여 입

학자를 선발함에 있어서는 모든 국민이 능력에 따라 균등하게 교육받을 권리를 보장하고 초·중등교육이 교육 본래의 목적에 따라 운영되는 것을 도모하도록 하여야 한다. 이 경우 국립대학의 장은 국가의 균형발전을 도모하도록 하는 방안을 함께 강구하여야 한다.

제45조 (학위논문심사료) 대학·산업대학 및 교육대학의 장은 대학원위원회의 심의를 거쳐 석사학위논문 또는 박사학위논문의 제출자로부터 실비에 상당하는 심사료를 징수할 수 있다.

제48조 (학위의 수여) ① 학교의 장은 법 제35조 제1항 내지 제4항의 규정에 의하여 학위를 수여하는 때에는 학위증서를 발급하여야 한다.

〈학교수업료 및 입학금에 관한 규칙〉

제2조 (징수금액) ① 학교는 다른 법령에 특별한 규정이 있는 경우를 제외하고 다음에 의하여 정하여진 수업료 및 입학금을 징수하여야 한다.

1. 국립의 학교의 수업료 및 입학금은 각급학교별 실정과 경제적 사정의 변동을 고려하여 당해 학교의 장이 정한다.
2. 공립의 대학(전문대학을 포함한다)의 경우 수업료 및 입학금은 당해 학교의 장이 정한다.
3. 사립의 대학, 산업대학, 전문대학, 방송통신대학, 기술대학 ~의 수업료 및 입학금은 그 학교의 실정에 따라 당해 학교의 장이 정한다.

제7조 (징벌) ① 학교의 장은 수업료 징수기일 경과 후 체납이 2월 이상이 된 자에 대하여는 출석정지처분을 할 수 있다.

② 입학금을 납입하여야 할 자가 소정의 기간 내 이를 납입하지 아니한 때에는 학교의 장은 당해 학생의 입학허가를 취소할 수 있다.

총·학장은 이 같은 법령의 범위 안에서 그 권한을 행사한다. 한편, 한 가지 유의할 것은 총·학장의 권한 행사에 대한 불복 방법이 국·공립대학과 사립대학이 다르다는 점이다. 물품구매계약이나 공사계약 등과 같이 대등한 당사자로서의 지위에서 행한 사안에 대한 분쟁은 국·공립이나 사립대학 모두 민사소송에 의해 처리되나, 학생에 대한 퇴학처분 등과 같은 처분, 즉 총·학장이 우월적 지위에서 행한 것에 대한 분쟁은 국·공립대학의 장은 행정기관의 장으로서의 지위를 갖기 때문에 행정심판이나 행정소송 등에 의해 처리되고 총·학장이 당사자가 된다. 그러나 사립대학의 경우에는 사립대학은 원칙적으로 사적 기관으로서의 지위를 갖고 있고, 또한 사립대학은 사법인인 학교법인이 운영하는 사업체의 성격으로 그 학교의 장인 총·학장은 대표성을 갖지 못하기 때문에 사립대학 총·학장이 학생에게 행한 징계처분은 민사소송의 대상이 되며, 그 당사자도 총장이 아닌 사립대학의 설치·경영자인 학교법인이 된다.

참고로 대학의 권한과 기능 및 대학의 장으로서 총·학장의 지위와 권한에 관하여 독일의 사례를 보면, 독일은 대부분의 대학이 주립대학 체제로 운영되고 있는데, 여기서는 함부르크 주립대학법에 규정된 함부르크대학의 사례를 소개한다.

함부르크대학 총장의 권한과 지위

- 총장은 대학을 관리하며 대학을 대표한다.
- 총장은 대학행정을 관리하고 그 범위 안에서 지시를 내린다. 그는 경영행정과 인사행정의 개별적 업무의 수행 등을 대학의 다른 부서에 위임할 수 있다. 총장은 전공계열부장을 통해서 대학의 구성원들이 그들의 강의, 학과 자문, 시험책임을 규율에 맞게 수행할 수 있도록 노력한다. 그리고 총장은 전공계열부장들에게 이와 관련된 행정규정을 공포할 수 있다.
- 총장은 대학의 다른 부서의 결정이나 조처들이 위법이라고 인정되는

경우 이의를 제기하고 시정을 요구할 수 있다.

–총장은 대학의 영역 내에서 모든 업무에 대하여 보고받을 수 있다. 문서의 제출을 요구하고, 대학의 모든 전문협의회의 회의에 참가하고 자문하며, 대표자를 파견할 수 있으며, 전문협의회의 소집을 요구할 수 있다.

–총장은 대학의 해당 부서들에게 특정한 업무의 자문과 입장표명이나 결정을 요구할 수 있다.

–총장은 위임업무로서 건물불가침권과 공권력을 대학의 기관들과 대학부지 내에서 행사한다. 총장은 특정한 분야나 특정한 경우에 있어 이러한 권한을 행사하는 것을 다른 사람들에게 위임할 수 있다. 학문기관들의 사용규칙이 정해져 있지 않는 한 총장은 대학 소유의 토지와 기관들의 사용규칙을 정할 수 있다.

3) 교육의 수행자로서 교원

고등교육법의 규정에만 의하는 경우 대학교원은 '학생을 교육 · 지도하고 학문을 연구하는 자'이며 학문연구에만 전념할 수도 있다. 학생에 대한 교육의 경우 대학교원은 매 학년도 30주를 기준으로 매주 9시간의 수업을 하는 것을 원칙으로 하되, 학교의 장이 필요하다고 인정하는 경우에는 학칙으로 다르게 정할 수 있다.

대학은 "인격을 도야하고, 국가와 인류사회의 발전에 필요한 학술의 심오한 이론과 그 응용 방법을 교수 · 연구하며, 국가와 인류사회에 공헌"하는 것을 그 목적으로 하는바, 이 같은 목적을 직접 수행하는 자가 바로 교원이다. 교원은 대학을 구성하는 핵심적 주체로서 교원의 신분보장은 무엇보다 중요한 가치라 할 수 있다.

이는 대학교원의 신분보장과 처우 등에 관하여는 고등학교 이하의 각급학교의 교원과 마찬가지로 많은 법령에서 반복적으로 규정하고 있는 데서도 잘 알 수 있다. 헌법은 제31조 제6항에서 학교교육 및 평생교육을 포함한 교육제도와 그 운영 및 교육재정을 포함하여 교원의 지위에 관한 기본적인 사항 역시 법률로 정하도록 하여 교원의 지위를 우대할 수 있는 헌법적 근거를 두고 있다. 이 헌법규정에 의거하여 「교육기본법」「교원지위향상을 위한 특별법」「교육공무원법」 및 「사립학교법」 등의 법률에서 교원의 지위, 예우, 신분보장, 보수에서의 우대 등에 관해 규정하고 있으며, 특히 징계처분 등 불이익처분에 대하여는 국·공립대학의 교원은 물론 사립대학의 교원도 교원소청심사위원회에 소청을 제기할 수 있도록 하여 신속히 구제받을 수 있도록 하고 있다. 관련 법률 규정을 보면 다음과 같다.

〈교육기본법〉

제14조 (교원) ① 학교교육에서 교원의 전문성은 존중되며, 교원의 경제적·사회적 지위는 우대되고 그 신분은 보장된다.

⑤ 교원은 법률이 정하는 바에 의하여 다른 공직에 취임할 수 있다.

〈교원지위향상을 위한 특별법〉

제2조 (교원에 대한 예우) ① 국가, 지방자치단체, 기타 공공단체는 교원이 사회적으로 존경받고 높은 긍지와 사명감을 가지고 교육활동을 할 수 있는 여건이 조성되도록 노력하여야 한다.

② 국가, 지방자치단체, 기타 공공단체는 교원이 학생에 대한 교육과 지도를 함에 있어서 그 권위가 존중되도록 특별히 배려하여야 한다.

③ 국가, 지방자치단체, 기타 공공단체는 그가 주관하는 행사 등에 있어서 교원을 우대하여야 하며, 교원이 교육활동을 원활하게 수행할 수 있도록 적극 협조하여야 한다.

제3조 (교원보수의 우대) ① 국가 및 지방자치단체는 교원의 보수를 특별히 우대하여야 한다.

② 사립학교법 제2조의 규정에 의한 학교법인 및 사립학교 경영자는 그가 설치 · 경영하는 학교교원의 보수를 공무원인 교원의 보수 수준으로 유지하여야 한다.

제4조 (교원의 불체포특권) 교원은 현행범인인 경우를 제외하고는 소속학교의 장의 동의 없이 학원 안에서 체포되지 아니한다.

제6조 (교원의 신분보장) 교원은 형의 선고, 징계처분 또는 법률이 정하는 사유에 의하지 아니하고는 그 의사에 반하여 휴직, 강임 또는 면직을 당하지 아니한다.

제9조 (소청심사의 청구 등) ① 교원이 징계처분, 그 밖에 그 의사에 반하는 불리한 처분에 대하여 불복이 있을 때에는 그 처분이 있은 것을 안 날부터 30일 이내에 심사위원회에 소청심사를 청구할 수 있다.

〈교육공무원법〉

제34조 (보수결정의 원칙) ① 교육공무원의 보수는 우대되어야 한다.

제43조 (교권의 존중과 신분보장) ① 교권은 존중되어야 하며, 교원은 그 전문적 지위나 신분에 영향을 미치는 부당한 간섭을 받지 아니한다.

② 교육공무원은 형의 선고, 징계처분 또는 이 법에서 정하는 사유에 의하지 아니하고는 그 의사에 반하여 휴직, 강임 또는 면직을 당하지 아니한다.

③ 교육공무원은 권고에 의하여 사직을 당하지 아니한다.

제48조 (교원의 불체포특권) 교원은 현행범인인 경우를 제외하고는 소속학교의 장의 동의 없이 학원 안에서 체포되지 아니한다.

〈사립학교법〉

제56조 (의사에 반한 휴직 · 면직 등의 금지) ① 사립학교 교원은 형의 선

고 징계처분 또는 이 법에 정하는 사유에 의하지 아니하고는 본인의 의사에 반하여 휴직 또는 면직 등 불리한 처분을 받지 아니한다. 다만, 학급, 학과의 개폐에 의하여 폐직이나 과원이 된 때에는 그러하지 아니하다.

② 사립학교 교원은 권고에 의하여 사직을 당하지 아니한다.

대학의 교원은 이 외에 고등학교 이하 각급학교 교원이 누리는 지위 이상의 특권적 지위를 누리고 있는 사례가 적지 아니하다. 먼저 대학의 교원은 공직선거법 제53조 제1항의 규정에 따라 고등학교 이하 각급학교의 교원과 달리 공직선거에 있어 현직을 갖고서 입후보할 수 있으며, 정당법 제22조 제1항의 규정에 따라 정당의 발기인이 되거나 당원이 될 수 있다. 이에 따라 대학의 교원은 국회법 제29조의 규정에 따라 국회의원에 당선된 경우 그 직을 휴직한 채 국회의원직을 수행할 수 있으며, 지방자치법 제35조, 지방교육자치에 관한 법률 제5조의 규정에 따라 대학교원의 직과 지방의원의 직을 겸할 수 있다.

〈정당법〉

제22조 (발기인 및 당원의 자격) ① 국회의원 선거권이 있는 자는 공무원, 그 밖에 그 신분을 이유로 정당 가입이나 정치활동을 금지하는 다른 법령의 규정에 불구하고 누구든지 정당의 발기인 및 당원이 될 수 있다. 다만, 다음 각호의 어느 하나에 해당하는 자는 그러하지 아니하다.

1. 국가공무원법 제2조(공무원의 구분) 또는 지방공무원법 제2조(공무원의 구분)에 규정된 공무원. 다만 대통령, 국무총리, 국무위원, 국회의원, 지방의회의원, 선거에 의하여 취임하는 지방자치단체의 장, 국회의원의 보좌관 · 비서관 · 비서, 국회 교섭단체의 정책연구위원과 고등교육법 제14조(교직원의 구분) 제1항 제2항의 규정에 의한 총장, 학장, 교수, 부교수, 조교수, 전임강사인 교원을 제외한다.

2. 총장, 학장, 교수, 부교수, 조교수, 전임강사를 제외한 사립학교의 교원

3. 법령의 규정에 의하여 공무원의 신분을 가진 자

〈국회법〉

제29조 (겸직) ① 의원은 정치활동 또는 겸직을 금지하는 다른 법령의 규정에 불구하고 다음 각호의 1에 해당하는 직을 제외한 다른 직을 겸할 수 있다.

6. 정당법 제6조 단서의 규정에 의하여 정당의 당원이 될 수 없는 교원

③ 정당법 제6조의 규정에 의하여 정당의 당원이 될 수 있는 교원이 의원으로 당선된 때에는 임기 중 그 교원의 직은 휴직된다.

〈지방자치법〉

제33조 (겸직 등 금지) ① 지방의회 의원은 다음 각호의 1에 해당하는 직을 겸할 수 없다.

7. 「정당법」 제22조의 규정에 의하여 정당의 당원이 될 수 없는 교원

또한 대학의 교원은 영리업무를 금한 국가공무원법 제64조 및 사립학교법 제55조의 규정에 불구하고 벤처기업의 대표자 또는 임 · 직원을 겸임 또는 겸직할 수 있으며, 상업 · 공업 · 금융업 · 그 밖에 영리를 목적으로 하는 사기업체의 사외이사를 겸할 수 있고, 고등학교 이하 각급학교 교원의 정년이 62세인 반면 대학교원은 65세 정년을 보장받고 있다.

〈국가공무원법〉

제64조 (영리업무 및 겸직금지) ① 공무원은 공무 이외의 영리를 목적으로 하는 업무에 종사하지 못하며, 소속기관의 장의 허가 없이 다른 직무를 겸할 수 없다.

〈사립학교법〉

제55조 (복무) 사립학교의 교원의 복무에 관하여는 국 · 공립학교의 교원에 관한 규정을 준용한다.

〈벤처기업육성에 관한 특별조치법〉

제16조의2 (교육공무원 등의 겸임이나 겸직에 관한 특례) ① 교육공무원 등 또는 대통령령이 정하는 정부출연연구기관(국방 분야의 연구기관을 제외한다)의 연구원은 그 소속기관의 장의 허가를 받아 벤처기업의 대표자나 임 · 직원을 겸임하거나 겸직할 수 있다. 다만, 공무원에 대한 허가는 직무상의 능률을 저해할 우려가 없는 경우만 할 수 있다.

〈교육공무원법〉

제19조의2 (영리업무 및 겸직금지에 관한 특례) ① 고등교육법 제14조 제2항의 규정에 의한 교수, 부교수, 조교수 및 전임강사는 학생의 교육 · 지도와 학문의 연구에 지장이 없는 범위 안에서 소속학교의 장의 허가를 받아 상업, 공업, 금융업, 그 밖에 영리를 목적으로 하는 사기업체의 사외이사(자본시장과 금융투자업에 관한 법률 제9조 제3항에 따른 당해 회사의 상무에 종사하지 아니하는 이사를 말한다)를 겸직할 수 있다.

〈교육공무원법〉

제47조 (정년) ① 교육공무원의 정년은 62세로 한다. 다만, 고등교육법 제14조의 규정에 의한 교원인 교육공무원의 정년은 65세로 한다.

② 교육공무원(임기가 있는 교육공무원을 포함한다)은 그 정년이 달한 날이 3월에서 8월 사이에 있는 경우에는 8월 31일에, 9월부터 다음 해 2월 사이에 있는 경우에는 다음 해 2월 말일에 각각 당연히 퇴직된다.

그러나 이 같은 몇 가지 특별대우가 있지만 대학의 교원은 교육공무원법 제11조의3, 사립학교법 제53조의2의 규정에 의해 고등학교 이하 각급학교 교원과는 달리 그 임용과 동시에 바로 정년이 보장되는 것이 아니라 우선은 근무기간과 급여, 근무조건, 업적 및 성과약정 등 계약조건을 정하는 계약제로 임용되고, 교수로 바로 임용되거나 교수로 승진 임용된 경우에 한하여 65세 정년이 보장되고 있다는 점에서 크게 다르다고 할 수 있다.

〈교육공무원법〉

제11조의3 (계약제 임용 등) ① 대학의 교원은 대통령령이 정하는 바에 의하여 근무기간 · 급여 · 근무조건, 업적 및 성과약정 등 계약조건을 정하여 임용할 수 있다.

② 제1항의 규정에 의하여 임용된 교원의 임용권자는 당해 교원의 임용기간이 만료되는 때에는 임용기간 만료일 4월 전까지 임용기간이 만료된다는 사실과 재임용 심의를 신청할 수 있음을 당해 교원에게 통지(문서에 의한 통지를 말한다. 이하 이 조에서 같다)하여야 한다.

③ 제2항의 규정에 의하여 통지를 받은 교원이 재임용을 받고자 하는 경우에는 통지를 받은 날부터 15일 이내에 재임용 심의를 임용권자에게 신청하여야 한다.

④ 제3항의 규정에 의한 재임용 심의를 신청받은 임용권자는 대학인사위원회의 재임용 심의를 거쳐 당해 교원에 대한 재임용 여부를 결정하고 그 사실을 임용기간 만료일 2월 전까지 당해 교원에게 통지하여야 한다. 이 경우 당해 교원을 재임용하지 아니하기로 결정한 때에는 재임용하지 아니하겠다는 의사와 재임용 거부사유를 명시하여 통지하여야 한다.

⑤ 대학인사위원회가 제4항의 규정에 의하여 당해 교원에 대한 재임용 여부를 심의함에 있어서는 다음 각호의 사항에 관한 평가 등 객관적인 사유로서

학칙이 정하는 사유에 근거하여야 한다. 이 경우 심의 과정에서 15일 이상의 기간을 정하여 당해 교원에게 지정된 기일에 대학인사위원회에 출석하여 의견을 진술하거나 서면에 의한 의견제출의 기회를 주어야 한다.

1. 학생교육에 관한 사항
2. 학문연구에 관한 사항
3. 학생지도에 관한 사항

⑥ 재임용이 거부된 교원이 재임용 거부처분에 대하여 불복하고자 하는 경우에는 그 처분이 있음을 안 날부터 30일 이내에 교원지위향상을 위한 특별법 제7조의 규정에 의한 교원소청심사위원회에 심사를 청구할 수 있다.

〈교육공무원임용령〉

제5조의2 (대학교원의 계약제 임용 등) ① 법 제11조의2의 규정에 의한 대학교원의 임용은 다음 각호의 범위 안에서 계약조건을 정하여 행한다.

1. 근무기간

가. 교수: 법 제47조의 규정에 의한 정년까지의 기간. 다만, 본인이 원하는 경우에는 계약으로 정하는 기간으로 한다.

나. 부교수: 법 제47조의 규정에 의한 정년까지의 기간 또는 계약으로 정하는 기간

다. 조교수 및 전임강사: 계약으로 정하는 기간

2. 급여

공무원보수규정에 의한 보수 및 공무원수당 등에 관한 규정에 의한 수당

3. 근무조건

교수시간 및 소속학과 등에 관한 사항

4. 업적 및 성과

연구실적, 논문지도, 진로상담 및 학생지도 등에 관한 사항

5. 재계약조건 및 절차

근무기간 종료 후 다시 임용되는 조건 및 절차에 관한 사항

6. 그 밖에 대학의 장이 필요하다고 인정하는 사항

② 대학의 장은 필요하다고 인정하는 경우에는 본인의 동의를 얻어 체결한 계약조건을 변경할 수 있다.

③ 대학의 장은 대학인사위원회의 심의를 거쳐 제1항의 규정에 의한 계약조건에 관한 세부적인 기준을 정한다.

〈사립학교법〉

제53조의2 (학교의 장이 아닌 교원의 임면) ③ 대학교육기관의 교원은 정관이 정하는 바에 따라 근무기간 · 급여 · 근무조건, 업적 및 성과약정 등 계약조건을 정하여 임용할 수 있다. 이 경우 근무기간에 관하여는 국 · 공립대학의 교원에게 적용되는 관련 규정을 준용한다.

⑧ 재임용이 거부된 교원이 재임용 거부처분에 대하여 불복하고자 하는 경우에는 그 처분이 있음을 안 날부터 30일 이내에 교원지위향상을 위한 특별법 제7조의 규정에 의한 교원소청심사위원회에 심사를 청구할 수 있다.

한편, 고등교육법은 제17조에서 총 · 학장과 교수, 부교수, 조교수 및 전임강사 외에 겸임교원, 명예교수 및 시간강사 등을 두어 교육 또는 연구를 담당하게 할 수 있도록 하고 있는데, 이는 비정규교원으로서 학교운영에 대하여 특별히 참여할 권리를 갖고 있지 아니하며, 교육관계법이 정한 신분보장 대상에서도 제외된다.

3. 국 · 공립대학의 조직과 의사결정 구조

1) 국 · 공립대학의 조직과 의사결정 구조 개관

국 · 공립대학은 국가나 지방자치단체의 한 행정조직 형태를 띠고 있다. 고등교육법에서는 국 · 공립대학에만 고유한 조직이나 의사결정 구조에 대한 특별한 규정이 없으며, 다른 법률에서도 이를 포괄적으로 규정한 것을 찾아볼 수 없다. 국립대학을 설치하고 있는 근거가 되고 있는 대통령령인 서울대학교설치령, 국립학교설치령 등에서도 의사결정 구조보다는 행정관리 조직을 중심으로 규정하고 있는데, 학교의 규모, 학교의 종별에 따라 그 조직 구조를 달리한다. 반면에 개별 국립대학 학칙에서는 설치령상의 행정관리 조직을 반복적으로 규정함과 아울러 법령에 있지 아니한 의사결정 구조에 관한 사항도 규정하고 있는 것을 알 수 있다. 또한 공립대학의 경우에도 광역자치단체별로 행정기관설치조례(서울시립대학교는 '서울특별시행정기관설치조례'에 의해 설치되어 있다)에서 당해 공립대학을 설치하면서 자치단체장의 지도 · 감독을 받도록 하고 있는 것 외에 특별한 사항을 찾아보기 어렵다.

이 같은 법적 규정의 특징에 비추어 볼 때 국 · 공립대학은 총 · 학장이 책임을 지고 운영하는 행정기관적 성격이 강하다고 할 수 있는데, 총 · 학장의 임명에 관한 사항을 살펴보면, 국립대학의 총 · 학장은 국가공무원인 교육공무원이고, 공립대학의 총 · 학장은 지방공무원인 교육공무원으로 모두 교육공무원법에서 이를 규정하고 있다.

국립대학의 장은 당해 대학의 추천을 받아 교육과학기술부장관의 제청으로 대통령이 임용한다. 대학의 장의 임용추천을 위하여 대학에 대학의장임용추천위원회를 둔다.

위원회는 해당 대학이 정하는 바에 따라 위원회에서의 선정 또는 해당 대학교원의 합의된 방식과 절차에 따른 선정 중에 어느 하나의 방법에 의하여 대학의 장 후보자를 선정하여야 한다. 대학의 장 후보자를 추천함에 있어서 해당 대학교원의 합의된 방식과 절차에 따라 직접선거에 의하는 경우 해당 대학은 선거관리에 관하여 그 소재지를 관할하는 선거관리위원회법에 의한 구 · 시 · 군선거관리위원회에 위탁하여야 한다. 공립대학의 장은 당해 공립대학의 추천을 받아 지방교육공무원인사위원회의 자문을 거쳐 지방자치단체의 장이 임용한다.

국 · 공립대학이 국가나 지방자치단체의 한 행정조직 형태를 띠고 있어 예산, 회계, 재산관리, 사무관리 등에서는 기관의 장으로서 총 · 학장에게 개별적 권한과 책임이 부여되고 있는데, 이는 고등교육기관으로서의 대학의 조직과 의사결정 구조의 특성과는 관계가 없다고 할 수 있다.

2) 사례: 서울대학교

(1) 총장 및 부총장

서울대학교는 교육과학기술부장관의 관할을 받으며, 총장과 부총장을 두고, 총장은 학교를 대표하며, 부총장은 총장이 부득이한 사유로 직무를 수행할 수 없을 때에는 그 직무를 대행한다.

(2) 교수회(학칙 제18조)

대학과 전문대학원의 중요사항을 심의 · 의결하기 위하여 전임교수로 구성되며, 학장 또는 원장이 의장이 되는 교수회를 두고 있다. 교수회는 당해 학장 또는 원장의 소관업무 중 학칙 · 제 규정의 제정과 변경 발의, 입학, 수료 및 졸업, 학생지도, 장학 및 후생, 학생 포상 및 징계, 교과과정, 각 대학(원) 인사위원회 위원 선출, 학부 또는 학과 간의 업무조정, 학부 또는 학과의 설치 및 폐지에 관한 건의, 기타 필요하다고 인정하는 사항에 대해 심의 · 의결한다.

(3) 평의원회(학칙 제42조)

대학발전과 교육에 관한 중요사항을 심의 · 의결하기 위하여 교수회에서 선출하는 전임교수 및 총장이 위촉하는 학외 인사 등 50인 이상 100인 이내로 평의원회를 구성, 운영하고 있다. 그 구성에 있어 총장이 위촉하는 학외 평의원의 수는 전체 평의원의 4분의 1 이내로 하고 있으며, 총장, 부총장, 학(원)장, 처 · 실장, 도서관장, 부학(원)장, 부처 실장 및 본부장 등 주요 보직교수는 평의원이 될 수 없도록 하고 있다.

평의원의 임기는 2년으로 하고, 평의원회는 평의원 중에서 호선하는 의장과 부의장 각 1인을 두고, 그 회의는 매 학기 2회 정기회가 소집되며, 임시회는 총장 · 의장 또는 재적의원 4분의 1 이상의 요구에 의하여 소집된다. 그 의사는 재적의원 과반수의 출석으로 개회하며, 출석의원 과반수의 찬성으로 의결한다.

총장은 평의원회가 의결한 안건에 대하여 재의를 요구할 수 있으며, 평의원회는 총장이 재의를 요구한 안건에 대하여 재적의원 과반수의 출석과 출석의원 3분의 2 이상의 찬성으로 전과 같은 의결을 하면 그 안건은 평의원회의 의결로써 확정된다.

평의원회는 교육 및 학사운영의 기본 방침에 관한 사항, 대학(원) 또는 부속시설의 설치와 폐지에 관한 사항, 학부 · 학과의 설치와 폐지에 관한 사항, 교원인사의 기본 방침에 관한 사항, 총장후보추천위원회의 구성에 관한 사항을 의결하며, 학칙 및 기타 중요규정의 제 개정에 관한 사항, 대학의 중장기 발전계획에 관한 사항, 예산운영의 기본계획에 관한 사항, 총장후보 선정 및 추천에 관한 사항, 기타 총장 · 의장 또는 재적의원 4분의 1 이상이 대학운영상 중요하다고 인정하여 심의를 요구하는 사항에 대해 심의하는 기능을 수행한다.

한편, 평의원회에는 상임위원회와 특별위원회를 둘 수 있으며, 특별위원회에는 평의원이 아닌 교수, 직원, 학생, 동문, 학부모 및 학외 인사를 위원으로 참여시킬 수 있다.

(4) 학장회(학칙 제33조)

대학의 중요사항을 종합 · 심의하기 위하여 총장이 의장이 되고, 부총장 · 학(원)장 · 기초교육원장 · 교무처장 · 학생처장 · 연구처장 · 기획실장 · 사무국장 · 시설관리국장 및 중앙도서관장으로 구성되는 학장회를 두고 있다. 학장회는 총장이 소집하며, 대학(원) · 학부 · 학과 · 전공 및 부속시설의 설치와 폐지에 관한 사항, 입학 · 수료 및 졸업에 관한 중요사항, 고사 및 시험에 관한 사항, 학생지도 · 장학 및 후생에 관한 사항, 대학(원) 간의 조정을 요하는 사항, 학칙 · 제 규정의 제정과 변경에 관한 사항, 연구비 · 장학금 등 제 보조금의 지급에 관한 사항, 기타 필요하다고 인정하는 사항에 대해 심의한다.

(5) 총장후보선정위원회(서울대학교 총장후보 추천에 관한 규정)

총장후보 추천에 관한 사항을 관장하기 위하여 10인 이상 50인 이내의 위원으로 하되, 부교수 이상의 전임교수 중에서 평의원회가 선임하는 것을 원칙으로 하고, 위원 중 평의원회의 의원은 전체 위원의 4분의 1을 초과하지 아니하며, 특히 필요하다고 인정되는 경우에는 외부 인사가 위원으로 참여하는 총장후보선정위원회를 두고 있다. 이 위원회는 총장후보 대상자의 자격 기준 설정, 총장후보 대상자의 추천 및 심사, 5인 이내의 총장후보 대상자 지명, 전체 전임교수 투표관리 등의 사무를 관장한다.

(6) 대학인사위원회(학칙 제37조)

대학교원의 인사에 관한 중요한 사항을 심의하기 위하여 학(원)장 · 기초교육원장 · 교무처장 · 학생처장 · 연구처장 · 기획실장과, 부교수 이상의 전임교수 중에서 총장이 임명하는 10인 이내의 위원으로 구성되는 대학인사위원회를 두고, 전임교수의 임명 제청 · 전보 제청 또는 임명의 동의에 관한 사항, 부총장 · 학(원)장의 임용 동의에 관한 사항, 기타 필요하다고 인정하는 사항을 심의하도록 하고 있는데, 이는 교육공무원법이 정한 법정위원회다. 총장이 임명하는 위원은 전체 위원 중 여성위원이 20퍼센트 이상이 되도록 하고 있다.

(7) 기타의 조직

서울대학교는 법률에 의한 법인으로 대학부속병원의 기능을 수행하는 서울대학교병원과 서울대학교치과병원, 재단법인 서울대학교발전기금, 재단법인 사회과학정보화교육연구재단, 재단법인 서울대학교경영대학교육연구재단, 재단법인 서울대학교공과대학교육연구재단, 재단법인 서울대학교농업생명과학대학교육연구재단, 재단법인 서울대학교약학대학교육연구재단, 재단법인 서울대학교의과대학교육연구재단, 재단법인 서울대학교치과대학교육연구재단, 재단법인 서울대학교보건연구재단, 재단법인 서울대학교출판부, 서울대학교기성회 서울대학교학생의료공제회, 서울대학교생활협동조합 등의 조직을 갖고 있다.

4. 사립대학의 조직과 의사결정 구조

국 · 공립대학이 고등교육법 외에 정부조직법 또는 지방자치법의 적용을 받는 반면, 사립대학은 고등교육법 외에 사립학교법의 적용을 받고 있다. 이로 인해 국 · 공립대학과 사립대학의 조직과 의사결정 구조에 있어 공통점과 차이점이 있다.

먼저 공통점으로는 국 · 공립대학은 그 설립주체인 국가나 지방자치단체의 한 기관으로서의 지위를 갖고 있고, 사립대학은 학교법인이 운영하는 주목적 사업체로서의 지위를 갖고 있어 국 · 공립이나 사립대학 모두 대학 자체가 독립적 의사결정 구조를 갖지 못하고 있다는 점이다. 다음으로 차이점은 국가나 지방자치단체의 학교 설립 · 운영은 그 영역에 속하는 여러 사무 중에 하나인 데 반하여, 학교법인의 학교 설립 · 운영은 그 자체가 학교법인의 단일의 목적사업이라는 점이다. 이로 인해 국가나 지방자치단체는 상대적으로 국 · 공립대학에 대해 공무원 정원, 예산, 재산관리 등을 제외하고는 그 운영권을 폭넓게 위임하고 있는 반면, 학교법인은 상대적으로 그 위임의 폭에 제한이 있을 수밖에 없다.

1) 학교법인

(1) 학교법인의 지위 및 성격

학교법인은 오직 교육관계법에 따라 사립학교만을 설치 · 경영함을 목적으로 사립학교법에 의하여 설립되는 법인을 말한다. 우리나라에서 학교법인제도는 1963년 6월 26일 법률 제1362호로 사립학교법이 제정되면서 도입되었다. 사립학교법 제정 전에는 종전의 교육법에 따라 사인이나 현행의 학교법인이 아닌 법인에 의해 학교가 설립 · 운영되어 왔고 초등학교, 중학교, 고등학교, 대학과 같은 기간학제를 구성하는 학교는 민법상의 재단법인에 의해 운영되어 왔다. 그런데 당시 재단을 중심으로 야기되는 불미스러운 분규나 부정을 불식하고 건전한 재단 운영과 사립학교의 육성을 위하여 5 · 16혁명정부 당시 사립학교법을 제정 · 시행하게 되었다고 한다.

학교법인은 일정한 재산의 출연을 전제로 한다는 점에서 민법상 재단법인의 변형된 형태라고 이해되고 있다. 학교법인을 설립하고자 하는 자는 일정한 재산을 출연하여야 하고, 하교 설립 · 운영에 필요한 자산을 갖고 있어야 하기 때문이다. 그러나 학교법인은 민법상의 재단법인과는 다른 몇 가지 특징을 가지고 있다. 첫째, 학교법인은 오로지 학교만을 설립 · 경영함을 목적으로 설립되는 특수한 법인이다. 둘째, 학교법인에는 임원으로서 7인 이상의 이사와 2인 이상의 감사를 반드시 두어야 한다. 셋째, 이사로 구성되는 이사회가 학교법인과 학교의 주요 사항들을 심의 · 의결하도록 함으로써 이사회를 실질적인 사립학교의 최고 의사결정기구로 하고 있다. 넷째, 그 잔여재산이 학교법인이나 국가 또는 지방자치단체에 귀속된다. 다섯째, 국가와 지방자치단체로부터 재정적 지원을 받을 수 있다는 점 등이다. 또한 학교법인은 그 설립에 있어 막대한 재산이 투입되어야 하고, 수익용 기본재산을 갖추고, 그 수입금의 80% 이상을 학교운영에 투입하여야 한다.

그러나 학교운영경비 중에서 학교법인에 투입된 재산의 과실이 차지하는 부분은 미미하고 대부분이 학생들의 등록금에 의존하고 있다는 점에서 보면, 민법상의 재단법인과는 또 다른 특성을 보이고 있다. 실제로 사립대학의 학교회계 운영수입 중 등록금이 70% 정도를 차지하고 있고, 학교법인의 전입금수입은 8% 정도에 불과하다. 물론 학교법인이 설치한 시설 및 설비에 대한 이용비용이나 감가상각비를 고려한다면 학교법인 전입금수입의 비중은 더 높아질 것이다. 그러나 사학이 학생들의 등록금수입을 적립하여 학교시설에 재투자하고 있다는 점을 고려할 경우에 과연 학교법인이 재단법인이라 할 수 있는지에 대한 의문도 제기되고 있다. 또한 순수한 의미의 재단법인은 그 법인이 소유하고 있는 기본재산의 과실금을 가지고 목적사업을 하는 데 반해, 거대한 규모의 대학을 학교법인에 투여된 기본재산의 수익으로 운영한다는 것은 사실상 불가능하고, 그 목적사업인 대학을 경영함에 있어 학생들에게 수업료를 받도록 하고, 그 운영이 주로 수업료 수입에 의존하고 있다는 점에서 보면 학교법인의 재단법인성은 약해진다고 볼 수 있다. 한편, 학교법인은 회계상 '이익'의 개념이 없고 소정의 급여 이외에는 그 수입을 법인의 구성원에게 분배할 수 없기 때문에 비영리법인으로서의 성격을 갖는다.

(2) 학교법인의 기관

① 임원: 이사장, 이사, 감사

학교법인에는 임원으로서 7인 이상의 이사와 2인 이상의 감사를 두어야 한다. 임원은 정관이 정하는 바에 의하여 이사회에서 선임하되, 관할청의 승인을 얻어 취임한다. 이사장 · 이사 및 감사의 임기는 정관으로 정하되, 이사는 5년, 감사는 2년을 초과할 수 없으나, 연임에 특별한 제한은 없다. 그러나 2007년 7월 27일 시행된 개정 사립학교법에 의해 2007년 7월 27일부터는 결원이 생기는 이사에 대해서 순차적으로 하여 이사 정수의 4분의 1 이상이 개방이사추천위원회에서 2배수로 추천한 자 중에서 선임하도록 하고 있다.

이사 중 1인은 정관이 정하는 바에 의하여 이사장이 된다. 이사장은 이사회를 소집하고 그 의장이 되며, 학교법인을 대표하고, 사립학교법과 정관에 규정된 직무를 행하며, 기타 학교법인 내부의 사무를 통할한다. 이사장이 궐위되거나 사고로 인하여 직무를 수행할 수 없을 때에는 정관이 정하는 바에 의하며, 정관에 규정이 없을 때에는 이사회의 호선에 의하여 다른 이사가 이사장의 직무를 대행한다. 이사는 이사회에 출석하여 학교법인의 업무에 관한 사항을 심의 · 결정하며, 이사회 또는 이사장으로부터 위임받은 사항을 처리한다.

이사장은 당해 학교법인이 설치 · 경영하는 사립학교의 장을 겸할 수 없으며, 이사는 감사 또는 당해 학교법인이 설치 · 경영하는 사립학교의 교원 · 기타 직원을 겸할 수 없으나, 학교의 장은 겸할 수 있다. 감사는 이사장 · 이사 또는 학교법인의 직원(당해 학교법인이 설치 · 경영하는 사립학교의 교원 · 기타 직원을 포함한다)을 겸할 수 없다.

교육과학기술부장관은 학교법인이 이사의 결원보충을 하지 아니하여 학교법인의 정상적 운영이 어렵다고 판단될 때에는 이해관계인의 청구 또는 직권에 의하여 사학분쟁조정위원회의 심의를 거쳐 임시이사를 선임하여야 한다.

이 같은 학교법인의 기관에 관한 사립학교법 규정과 관련하여 몇 가지 문제를 살펴보면 다음과 같다.

첫째, 학교법인의 법적 운영주체는 이사로 구성되는 이사회이며, 따라서 누구든지 학교법인의 경영에 직접 참여하고자 하는 경우 이사의 지위에 있어야 한다.

둘째, 사립학교법 제20조 제1항은 "임원은 정관이 정하는 바에 의하여 이사회에서 선임한다."고 하고 있어, 정관에서 임원의 선임 방법과 절차 등에 관한 구체적인 내용을 정할 수 있음에도 대부분의 학교법인이 이에 대한 규정을 두고 있지 않다. 이로 인해 학교법인 내부의 분쟁이 발생한 경우 이사 선임을 제때에 하지 못하여 이사회 기능이 정지되는 사례가 발생하기도 한다.

셋째, 이사의 권한이 이사장에 비해 상대적으로 약하다. 사립학교법 제19조에서 "이사장은 학교법인을 대표하고 이 법과 정관에 규정된 직무를 행하며, 기타 학교법인 내부의 사무를 통할한다." "이사는 이사회에 출석하여 학교법인의 업무에 관한 사항을 심의 · 결정하며, 이사회 또는 이사장으로부터 위임받은 사항을 처리한다."고 하여 그 기능을 제한적으로만 인정하고 있다. 반면 일본은 이사도 정관이 정하는 바에 따라 학교법인을 대표하도록 하고 있으며, 이사장을 보좌하여 학교법인의 업무를 관리하도록 하고 있다.

한편, 2006년 7월 1일부터 시행된 개정 사립학교법에서 관할청에 의한 임원취임 승인취소에 앞서 임원 직무집행정지제도를 도입함으로써 문제법인에 대한 지도감독권의 원활한 수행과 아울러 일종의 냉각기를 거칠 수 있도록 하고 있다.

〈2006년 7월 1일 시행 개정 사립학교법〉

제20조의3 (임원의 직무집행정지) ① 관할청은 다음 각호의 어느 하나에 해당하는 경우에는 60일의 범위 안에서 해당 임원의 직무를 정지할 수 있으며, 부득이한 사유가 있을 때에는 60일의 범위 안에서 그 기간을 연장할 수 있다.

1. 제20조의2 제1항의 규정에 의한 임원 취임의 승인취소를 위한 조사 또는 감사가 진행 중일 때
2. 제20조의2 제2항의 규정에 의한 시정요구 기간 중 해당 임원이 계속 직무를 집행할 경우 법인 또는 학교운영상 중대한 손해가 생길 우려가 있다고 인정되는 때

② 제1항의 규정에 의한 임원의 직무집행정지 사유가 종료된 때에는 관할청은 이를 즉시 해제하여야 한다.

② 이사회

학교법인에는 이사로 구성하는 이사회를 두어야 한다. 이사회는 학교법인의 예산 · 결산 · 차입금 및 재산의 취득 · 처분과 관리에 관한 사항, 정관의 변경에 관한 사항, 학교법인의 합병 또는 해산에 관한 사항, 임원의 임면에 관한 사항, 학교법인이 설치한 사립학교의 장 및 교원의 임면에 관한 사항, 학교법인이 설치한 사립학교의 경영에 관한 중요사항, 수익사업에 관한 사항, 기타 법령이나 정관에 의하여 그 권한에 속

하는 사항 등에 관하여 심의 · 의결한다.

이사회는 이사장이 필요하다고 인정할 때에 소집할 수 있으며, 이사장은 재적이사 반수 이상이 회의의 목적을 제시하여 소집을 요구한 때나 감사가 소집을 요구한 때 그 소집요구일로부터 20일 이내에 이사회를 소집하여야 하고, 이사회를 소집할 때에는 적어도 회의 7일 전에 회의의 목적을 명시하여 각 이사에게 통지하여야 한다. 다만, 이사 전원이 집합되고 또 그 전원이 이사회의 개최를 요구한 때에는 그러하지 아니할 수 있다. 이사회를 소집하여야 할 경우에 그 소집권자가 궐위되거나 또는 이를 기피함으로써 7일 이상 이사회의 소집이 불가능할 때에는 재적이사 과반수의 찬동으로 이를 소집할 수 있다. 다만, 소집권자가 이사회의 소집을 기피한 경우에는 관할청의 승인을 얻어야 한다.

이사회의 의사정족수와 의결정족수에 관하여 종전에는 정관에 특별한 규정이 없는 한 재적이사 과반수의 찬성으로 의결하도록 하였으나, 이 규정은 결원이사를 적법하게 보충하지 아니하고도 이사회를 운영할 수 있는 악용의 소지가 있어, 2006월 7월 1일부터 시행된 개정 사립학교법에서는 "이사회의 의사는 정관에 특별한 규정이 없는 한 재적이사 과반수의 출석으로 개의하고, 정관이 정한 이사정수의 과반수 찬성으로 의결한다."고 하여 의결정족수 기준을 이사정수로 강화하였다.

그런데 이사회의 기능과 관련하여 문제가 되는 것은 사립학교법 제16조 제1항 제6호의 '학교법인이 설치한 사립학교의 경영에 관한 중요사항'과 제20조의2 임원의 취임승인 취소 사유 중 '학사행정에 관하여 당해 학교의 장의 권한을 침해하였을 때'와의 관계다. 무엇이 학교의 경영에 관한 중요사항이고 무엇이 학교의 장의 권한을 침해한 것인가를 구분하다는 것이 쉽지 않기 때문이다. 또한 학교법인은 오로지 사립학교만을 설치 · 경영하는 것을 목적으로 하는 법인인데, 그 목적사업에 대해 학교법인 이사회는 관여할 수 없다고 하면 이는 모순이 아닐 수 없다. 이는 우리 사립학교법이 학교의 운영체제를 학교법인과 학교로 이원화하고 있는 데서 발생하는 문제다. 현행 사립학교법은 1963년 일본의 학교법인제도를 도입하면서 학교법인과 학교가 하나로 일치된 구조를 형성하고 또한 학교법인에 내부통제 시스템을 두고 있는 일본과는 달리, 학교법인과 학교를 구별하여 학교에 대한 이사회의 권한을 가능한 한 최소화하고 양자를 각각 정부가 직접 통제하는 구조로 만든 데 그 원인이 있다고 보인다.

한편, 2006년 7월 1일 시행된 개정 사립학교법에서는 이사회 회의록을 반드시 작성하도록 하고, 이에 출석임원 전원이 자필서명하도록 하며, 이를 공개하도록 하며, 또한 임원의 인적사항도 공개하도록 함으로써 이사회가 실질적 기능을 수행함과 아울러 그 투명성의 확대를 유도하고 있다.

〈2006년 7월 1일 시행 개정 사립학교법〉

제18조의2 (회의록의 작성 및 공개 등) ① 이사회는 다음 사항을 기재한 회의록을 작성하여야 한다. 다만, 이사회 개최 당일에 회의록 작성이 어려운 사정이 있는 경우에는 안건별로 심의·의결 결과를 기록한 회의조서를 작성할 수 있다.

1. 개의 회의중지 및 산회의 일시
2. 안건
3. 의사
4. 출석한 임원과 직원의 성명
5. 표결수
6. 그 밖에 이사장이 필요하다고 인정하는 사항

② 회의록 및 회의조서에는 출석임원 전원이 그 성명을 알 수 있도록 자필로 서명하고, 그 회의록 또는 회의조서가 2매 이상인 경우에는 간서명하

여야 한다.

③ 제1항 단서의 규정에 의하여 회의조서를 작성한 경우에는 조속한 시일 내에 회의록을 작성하여야 한다. 다만, 긴급한 필요가 있는 때에는 회의록을 대신하여 회의조서를 관할청에 제출할 수 있다.

④ 회의록은 공개하여야 한다. 다만, 대통령령이 정하는 사항에 대해서는 이사회의 의결로 공개하지 아니할 수 있다.

⑤ 회의록의 공개에 관한 기간, 절차, 그 밖에 필요한 사항은 대통령령으로 정한다.

제20조 (임원의 선임과 임기) ② 임원은 관할청의 승인을 얻어 취임한다. 이 경우 교육과학기술부장관이 정하는 바에 따라 인적사항을 공개하여야 한다.

2) 법정회의체

(1) 대학평의원회

종전의 1990년 4월 7일 개정 사립학교법은 대학교육기관에 교육에 관한 중요사항을 심의하게 하기 위하여 정관이 정하는 바에 따라 대학평의원회를 둘 수 있도록 하였다. 그러나 이 규정은 그 조직 및 운영에 관한 사항을 모두 정관으로 정하도록 하여 완전히 개별 학교법인의 선택사항으로 함으로써 유명무실한 규정으로 평가받아 왔다. 그런데 2007년 7월 27일 시행된 개정 사립학교법에서는 이를 필수적 심의기관으로 두도록 하고 있으며, 대학평의원회에 이사정수의 4분의 1 이상을 2배수로 학교법인에 추천하는 개방이사추천위원회를 두도록 하고, 학교에 속하는 회계의 편성에 대해 학교의 장에게 자문하도록 하며, 대학의 발전계획에 관한 사항과 학칙의 제정 또는 개정에 관한 사항을 심의하는 등의 법률상 기능을 부여하고 있다.

〈1990년 4월 7일 개정 사립학교법〉

제26조의2 (대학평의원회) ① 대학교육기관에 교육에 관한 중요사항을 심의하게 하기 위하여 대학평의원회를 둘 수 있다.

② 대학평의원회의 조직 및 운영에 관하여 필요한 사항은 정관으로 정한다.

〈2005년 12월 29일 개정 사립학교법〉

제26조의2 (대학평의원회) ① 대학교육기관에 다음 각호의 사항을 심의하게 하기 위하여 대학평의원회를 둔다. 다만, 제3호 및 제4호는 자문사항으로 한다.

1. 대학의 발전계획에 관한 사항
2. 학칙의 제정 또는 개정에 관한 사항
3. 대학헌장의 제정 또는 개정에 관한 사항
4. 대학교육과정의 운영에 관한 사항
5. 개방이사추천위원회의 위원의 추천에 관한 사항
6. 그 밖에 교육에 관한 중요사항으로서 정관으로 정하는 사항

② 대학평의원회의 조직 및 운영 등에 관하여 필요한 사항은 대통령령으로 정하는 바에 따라 정관으로 정한다.

(2) 교원인사위원회

사립학교법 제53조의3은 대학을 포함한 각급학교에 학교의 장을 제외한 교원의 인사에 관하여 중요사항을 심의하기 위하여 당해 학교에 교원인사위원회를 두되, 조직 · 기능과 운영에 관하여 필요한 사항은 학교법인 정관으로 정하도록 하고 있다.

3) 사례: 연세대학교

(1) 학교법인의 임원

이사장을 포함하여 11인의 이사와 2인의 감사를 두고 있다. 이사의 임기는 4년이나, 최초의 임원 반수의 임기는 그 반으로 하여 2년마다 이사의 반이 개임되도록 하고 있다. 학교법인 연세대학교의 임원 선임과 관련하여 특징적인 것은 기독교대학으로서 이사를 각 교단 등으로부터 추천받아 그 추천된 인사를 임원으로 선임한다는 점이다. 관련 정관규정은 다음과 같다.

〈학교법인 연세대학교 정관〉

제24조(임원의 선임 방법) ① 이사와 감사는 이사회에서 선임하여 관할청의 승인을 받아 취임한다. 이사의 선임은 다음 각호에 해당하는 협동기관의 추천을 받아 행하되, 이 추천에 대하여 이사회에서는 각 협동기관에 추천을 요청할 수 있다.

1. 대한예수교장로회 1명
2. 기독교대한감리회 1명
3. 한국기독교장로회 1명
4. 대한성공회 1명
5. 연세대학교동문회 2명
6. 총장(예겸이사) 1명
7. 사회 유지 4명

다만, 사회 유지의 선임은 이사회에서 행하되, 연세대학교 출신으로 2명, 협력교단의 교계 인사로 2명을 선임한다.

(2) 총장 등

연세대학교의 총장은 이사회에서 재적이사 3분의 2 이상의 출석과 출석이사 3분의 2 이상의 의결로 선임하여 이사장이 임명하고, 그 임기는 4년이며 중임할 수 있다. 총장은 정관에서 교원임용권을 위임받고 있는데, 그 임용은 교원인사위원회의 심의를 거쳐 이사회의 동의를 얻는 절차로 이루어진다.

부총장, 학장 및 대학원장의 보직은 총장이 이사회의 동의를 얻어 보하며, 그 임기는 2년으로 하고 있다.

(3) 인사위원회(정관 第52조)

교학부총장, 의무부총장, 원주부총장, 행정대외부총장, 대학원장, 기획실장, 교무처장, 연구처장, 총장이 지명하는 4명의 교수로 인사위원회를 두어 총장이 교수, 부교수, 조교수, 전임강사를 임면하고자 할 때의 동의에 관한 사항, 총장이 부총장, 대학원장, 학장을 보하고자 할 때에 그 보직 동의에 관한 사항, 인사위원회의 심의를 요하거나 총장이 필요하다고 인정하는 사항 등에 관하여 심의하도록 하고 있다.

(4) 교무위원회(학칙 第76조)

총장의 자문에 응하며 대학교육 전반에 관한 중요사항을 심의하기 위하여 총장, 교학부총장, 의무부총장, 원주부총장, 행정대외부총장, 각 대학원장, 각 대학장, 교목실장, 기획실장, 교무처장, 입학관리처장, 학생복지처장, 여학생처장, 연구처장, 총무처장, 재무처장, 정보통신처장, 대외협력처장, 중앙도서관장으로 조직하는 교무위원회를 두고 있다. 교무위원회는 총장이 소집하고 총장이 의장이 된다.

(5) 교수회(제80조 내지 제84조)

수업 및 연구에 관한 사항, 교과과정에 관한 사항, 입학 · 진급 또는 졸업에 관한 사항, 학생의 지도 및 상벌에 관한 사항, 시험 및 사정에 관한 사항, 각부 위원의 선임에 관한 사항, 장학금 지급에 관한 사항, 기타 중요사항 등 학사에 관한 사항을 심의하기 위하여 대학교 · 대학 · 대학원에 전임강사 이상의 교원으로 구성되는 교수회를 둘 수 있도록 하고 있다. 대학교 교수회는 총장이, 각 대학 및 대학원 교수회는 각각 학장 및 대학원장이 소집하며 그 의장이 된다. 교수회는 재적 전임교수 과반수의 출석으로 개회하며, 출석 과반수의 찬성으로 심의한다.

(6) 교수평의회(학칙 제84조의 2)

전체 교수의 의견수렴을 위하여 교수평의회를 둘 수 있도록 하고 있다.

5. 산학협력 조직

2003년 5월 27일 종전의 「산업교육진흥법」이 개정되어 「산업교육진흥 및 산학협력촉진에 관한 법률」이 공포되었는데, 이 법에서 법인격을 갖는 산학협력 전담조직으로 모든 국 · 공립 및 사립대학에 '산학협력단' 을 둘 수 있도록 하고 있다. 또한 대학의 장은 국가, 지방자치단체, 정부출연 연구기관 및 산업체 등과 산학협력에 관한 계약(이하 '산학협력계약'이라 한다)을 체결할 수 있도록 하되, 산학협력단이 설립된 경우에는 산학협력단의 단장이 산학협력계약을 체결할 수 있도록 하였다. 이 규정에 따라 현재 대부분의 대학에 산학협력단이 설치되어 있다.

1) 산학협력단의 설립

대학에 학교규칙이 정하는 바에 의하여 산학협력에 관한 업무를 관장하는 조직으로서 법인인 산학협력단을 두되, 관할청의 인가 없이 그 주된 사무소의 소재지에서 설립등기를 함으로써 설립되며, 산학협력단의 명칭에는 당해 학교명을 표시하여야 한다. 산학협력단에 법인격을 부여한 것은 이를 학교로부터 독자적인 운영체제를 갖추도록 하기 위한 것이 아니라, 공법체계와 사법체계로 이원화된 우리 법체계에서 사법체계에 속하는 산학협력계약을 교육관계법령의 체계 내에서 원활하게 체결할 수 있도록 하고, 또한 지적재산권의 취득 등이 가능하도록 하고자 하는 데 그 목적이 있다. 종전 법체계에 의할 경우 교육과학기술부장관이 수행하는 BK21사업과 같은 재정지원사업은 일종의 계약행위인데, 국립대학에 대한 지원은 교육과학기술부장관이 그 산하 기관장과 계약을 체결하는 것이 된다. 만약 이에 대한 분쟁이 있는 경우 어떻게 되는가? 민사소송을 제기하게 된다면 교육과학기술부장관도 법인격이 없는 국가의 기관이고 국립대학의 장도 법인격이 없는 국가의 기관이기 때문에 같은 하나의 국가끼리 분쟁을 하게 된다.

또한 사립대학의 경우 학교법인에 법인격이 있기 때문에 굳이 법인격을 갖는 산학협력단을 둘 필요가 없다고도 볼 수 있다. 그러나 우리 사립학교법은 학교법인과 학교를 구분하고 있다. 산학협력은 학교법인과의 관계가 아니라 학교와의 관계이기 때문에 학교의 장이 산학협력계약을 체결하는 것이 당연하지만, 사법관계인 계약행위는 권리능력이 있는 자가 할 수 있기 때문에 통상 산학협력을 학교법인 이사장이 체결하는 문제가 있어 왔다. 이 같은 문제를 보완하기 위해 학교 소속 하에 법인격을 갖는 산학협력단을 설치할 수 있도록 하였다.

산학협력단은 대학에 설치되는 것이기 때문에 이를 해산하는 경우 잔여재산은 당해 학교의 설립 · 경영자에게 귀속되도록 하고 있으며,

학교법인에 귀속하는 잔여재산은 교비회계에 편입되도록 하고 있다.

2) 산학협력단의 업무

산학협력단은 산학협력계약의 체결 및 이행, 산학협력사업과 관련한 회계의 관리, 지적재산권의 취득 및 관리에 관한 업무, 대학의 시설 및 운영의 지원, 기술의 이전 및 사업화 촉진에 관한 업무, 그 밖에 산학협력과 관련한 사항을 수행하며, 산학협력계약에 따라 지적재산권을 취득 · 사용 및 관리할 수 있다.

또한 국 · 공립대학의 산학협력단에는 대학이 소유하게 되는 국 · 공유 특허를 취득하고 기술이전을 전담하는 조직을 그 하부조직으로 둘 수 있다.

3) 산학협력단의 운영

산학협력단은 법인이지만 이사회를 두지 아니하고 1인의 단장이 단독 이사가 되는 구조로 운영된다. 산학협력단의 단장은 산학협력단을 대표하며, 당해 대학의 장의 지도 · 감독을 받아 그 소관업무를 통할하는 권한을 가지며, 대학의 장이 임명한다. 산학협력단에는 정관이 정하는 바에 의해 그 업무의 수행을 위하여 필요한 하부조직을 둘 수 있다.

산학협력단은 대학의 산학협력 업무를 관장하기 위하여 대학에 설치되고, 대학의 장이 단장을 임명하며, 그 정관도 대학의 장이 정한다. 따라서 산학협력단은 대학의 하부조직이라 할 수 있다.

산학협력단의 사업연도는 당해 대학의 회계연도에 의하도록 하고 있으며, 그 수입은 국가 또는 지방자치단체로부터의 출연금 및 보조금, 산학협력계약에 의한 수입금, 산학협력 성과에 의한 수익금, 산학협력에 관하여 접수한 기부금품, 학교기업의 운영수입금(국 · 공립대학에 한한다), 그 밖에 이자수입 등으로 하고 산학협력단의 관리운영비, 산학협력계약의 이행에 필요한 경비, 대학의 시설 운영지원비, 교직원 및 학생에 대한 보상금, 학교기업의 운영비(국 · 공립대학에 한한다), 산학협력협의회 등의 사업비 및 운영지원비, 그 밖에 산학협력과 관련되어 필요한 경비 등에 지출할 수 있다.

또한 산학협력단은 산학협력단의 부담으로 보수를 지급하는 연구원 및 직원을 둘 수 있으며, 이들은 당해 대학의 교육연구 · 그 밖의 사무를 담당할 수 있으며, 또한 대학 소속교직원이 산학협력단의 사무를 수행할 수 있다.

6. 일본 대학의 조직 및 의사결정 구조

1) 개관

일본의 경우 대학에 관한 일반법으로 모든 학교교육에 대해 규정하고 있는 학교교육법이 있고, 이 외에 국립대학에 대해서는 국립대학법인법이, 사립대학에 대해서는 사립학교법이 각각 적용되고 있다.

(1) 학장, 부학장 등

일본 학교교육법의 규정을 살펴보면 대학에는 학장, 교수, 준교수, 조교, 조수 및 사무직원을 두도록 하고 있으며, 이 외에 부학장, 학부장, 강사, 기술직원과 기타의 필요한 직원을 둘 수 있도록 하고 있다. 학장은 교무를 통할하며, 소속직원을 감독하고, 부학장은 학장의 직무를 보조하며, 학부장은 학부에 관한 교무를 처리하고, 교수 · 준교수 및 조교는 학생을 교수하며, 연구 및 지도하고 연구에만 전념할 수 있다. 조수는 교육 · 연구의 원활한 실시에 필요한 업무에 종사하며, 강사는 교수 또는 준교수에 준하는 직무에 종사한다.

(2) 교수회

일본 학교교육법 제93조는 "대학의 중요한 사항을 심의하기 위하여 교수회를 두어야 한다." "동 '교수회'에는 준교수와 기타의 직원을 참여시킬 수 있다."고 규정하고 있어, 모든 대학은 심의기구로서 교수와 직원으로 구성되는 교수회를 두고 있다. 그러나 이 외의 다른 규정은 있지 않기 때문에 참여범위나 기능은 대학마다 다를 수 있다.

2) 국립대학의 조직 및 의사결정 구조

일본의 국립대학은 우리나라 국립대학과 마찬가지로 국가행정기관의 하나인 구조였으나, 2003년 국립대학법인법 제정을 통해 81개의 국립대학이 2004년 4월 1일부터 법인체제로 전환하여 운영되고 있다. 국립대학체제는 유지하면서도 재정, 회계, 운영 등에 있어 독립적인 의사결정 구조를 갖추게 된 것이다. 이로써 국립대학법인에는 사립대학의 이사회와 같은 역할을 하는 '임원회'와 임원회의 의사결정에 자문을 하는 '경영협의회' 및 '교육연구평의회'가 설치되게 되었다. 특히, 경영협의회에는 외부인사가 반 이상 참여하여 학교운영의 투명성을 강화하도록 했다.

(1) 문부과학성의 국립대학 감독기구: 국립대학법인 평가위원회

문부과학성에 국립대학법인 등의 업무실적에 관한 평가 등의 사무를 처리하기 위해 문부과학대신이 임명하는 재무성 직원 1인, 문부과학성 직원 1인, 당해 국립대학법인 또는 대학공동이용기관법인의 역원 1인, 학식과 경험이 있는 자 2인 등으로 구성되는 '국립대학법인 평가위원회'를 두고 있다. 또한 문부과학성은 국립대학법인에 대한 지도 · 감독권을 행사함에 있어 국립대학법인 평가위원회의 의견을 듣도록 하고 있다.

한편, 문부과학대신은 국립대학법인과 국립대학법인 평가위원회 등의 의견을 들어 국립대학법인이 6년간 달성해야 할 중기목표를 정해 이를 해당 국립대학법인에 제시하고 공표하여야 한다. 중기목표에는 교육연구의 질 향상에 관한 사항, 업무운영의 개선 및 효율화에 관한 사항, 재무 내용의 개선에 관한 사항, 교육·연구·조직 및 운영 상황에 대한 자체점검·평가와 해당 사항과 관련되는 정보의 제공에 관한 사항, 기타 업무 운영에 관한 중요사항이 포함된다.

(2) 국립대학법인의 임원: 학장, 임원회, 이사, 감사

국립대학법인의 임원으로 국립대학법인의 장인 학장과 학교규모 등에 따라 2~8인의 이사 그리고 2인의 감사를 두도록 하고 있다.

학장은 학교교육법에 의한 직무를 수행함과 동시에 국립대학법인을 대표하여 그 업무를 총리하며, 국립대학법인의 신출에 근거하여 문부과학대신이 임명하고, 그 임기는 2~6년의 범위 안에서 학장심사회의의 의논을 거쳐 각 국립대학법인의 규칙으로 정한다.

국립대학법인에서의 학장의 신출은 경영협의회와 교육연구평의원회에서 선출된 자가 각각 동수로 참여하는 학장심사회의의 전형에 의해 실시하며, 학장심사회의 위원에는 경영협의회와 교육연구평의원회에서 선출된 자 외에 학장심사회의가 정하는 바에 따라 학장 또는 이사를 위원에 포함할 수 있으며, 그 수는 학장심사회의 위원 총수의 3분의 1을 초과할 수 없다.

문부과학대신은 해당 국립대학법인의 학장심사회의의 신출에 의하여 학장을 해임할 수 있다.

이사는 학장이 정하는 바에 따라 학장을 보좌하여 국립대학법인의 업무를 관리하고, 학장이 사고가 있을 때는 그 직무를 대리하며, 학장이 결원인 때에는 그 직무를 실시한다. 이사는 학장이 임명하며, 학장은 이를 문부과학대신에게 신고하고 공표하여야 하며, 임기는 6년의 범위 안에서 학장이 정하며 재임할 수 있다. 다만, 이사의 임기 말일은 해당 이사를 임명한 학장의 임기 말일 전이 되어야 한다. 이사의 임명권이 학장에게 있기 때문에 당해 이사의 임기가 임용권자인 학장의 임기를 넘지 못하도록 하고 있다.

이사는 학장이 임명하지만 감사는 문부과학대신이 임명한다. 임기는 2년이며 재임할 수 있고, 보결 감사의 임기는 전임자의 잔임기간으로 한다.

이사 또는 감사는 해당 국립대학법인의 임원 또는 직원인 자 중에서 임명할 수 있으나, 해당 국립대학법인의 임원 또는 직원이 아닌 사람이 반드시 포함되어야 한다. 또한 문부과학대신 또는 학장은 심신상의 이유로 직무 수행이 어렵다고 인정되거나 직무상의 의무위반이 있을 때 그 임원을 해임할 수 있으며, 임원(감사를 제외함)의 직무 집행이 부적절하여 해당 국립대학법인의 실적 악화를 초래한 경우로서 그 직무를 수행하게 하는 것이 적당하지 않다고 인정될 때에도 그 임원을 해임할 수 있다.

학장과 이사로 구성되는 '임원회의' 에서는 문부과학대신에게 제출하는 중기목표 및 연도계획에 관한 사항, 문부과학대신의 인가 또는 승인을 받아야 하는 사항, 예산의 작성 · 집행 · 결산에 관한 사항, 해당 국립대학 · 학부 · 학과 · 그 외의 중요한 조직의 설치 · 폐지에 관한 사항, 그 외 임원회가 정하는 중요사항을 심의 · 의결한다.

국립대학법인은 문부과학대신이 정하여 공표한 중기목표에 따라 교육연구의 질 향상에 관한 목표 달성을 위한 조치, 업무운영의 개선 및 효율화에 관한 목표 달성을 위한 조치, 예산(인건비 견적 포함), 수지계획 및 자금계획, 단기차입금의 한도액, 중요한 재산을 양도 또는 담보로 제공하려고 할 때에는 그 계획, 잉여금의 용도, 기타 문부과학성령으로 정하는 업무운영에 관한 사항 등이 포함된 중기계획을 작성하여 문부과학대신의 인가를 받아야 하며, 이를 변경하는 경우에도 역시 문부과학대신의 인가를 받아야 한다. 인가를 받은 경우에는 이를 공표하여야 한다.

(3) 국립대학법인별 경영협의회

국립대학법인에 그 경영에 관한 중요사항을 심의하는 기관으로서 학장, 학장이 지명하는 이사 및 직원, 해당 국립대학법인의 임원 또는 직원이 아니면서 대학에 관하여 폭넓고 깊은 식견을 가진 자로서 교육연구평의회의 의견을 들어 학장이 임명한 자 등으로 구성되는 '경영협의회'를 두도록 하고 있다. 이 경우 학장과 학장이 지명하는 이사 및 직원이 아닌 위원이 위원 총수의 2분의 1 이상의 되어야 한다.

경영협의회는 중기목표에 대한 의견에 관한 사항 중 국립대학법인의 경영에 관한 사항, 중기계획 및 연도계획에 관한 사항 중 국립대학법인의 경영에 관한 사항, 학칙(국립대학법인의 경영에 관한 부분에 한정), 회계규정, 임원에 대한 보수 및 퇴직수당 지급의 기준, 직원 급여 및 퇴직수당 지급의 기준, 그 외의 경영과 관련되는 중요한 규칙의 제정 또는 개폐에 관한 사항, 예산의 작성 · 집행 · 결산에 관한 사항, 조직 및 운영상황에 대해 스스로 실시하는 점검 및 평가에 관한 사항, 그 외 국립대학법인의 경영에 관한 중요사항을 심의한다.

경영협의회의 의장은 학장이 되고 의장은 경영협의회를 주재한다.

(4) 국립대학법인별 교육연구평의회

국립대학법인에 국립대학의 교육연구에 관한 중요사항을 심의하기 위한 기관으로 학장, 학장이 지명하는 이사, 학부 · 연구과 · 대학 부설의 연구소 · 그 외의 교육연구상의 중요한 조직의 장으로서 교육연구평의회가 정하는 자, 기타 교육연구평의회가 정하는 바에 따라 학장이 지명하는 직원 등으로 구성되는 '교육연구평의회'를 두록 하고 있다.

교육연구평의회는 중기목표에 대한 의견에 관한 사항 중 교육연구에 관한 사항, 중기계획 및 연도계획에 관한 사항 중 교육연구에 관한 사항, 학칙(국립대학법인의 경영에 관한 부분 제외), 교육연구와 관련되는 중요한 규칙의 제정 또는 개폐에 관한 사항, 교원 인사에 관한 사항, 교육과정의 편성에 관한 방침과 관련되는 사항, 학생의 원활한 수학 등을 지원하기 위해서 필요한 조언 · 지도 · 그 외의 원조에 관한 사항, 학생의 입학 · 졸업 또는 과정의 수료 · 그 외 학생의 재적에 관한 방침 및 학위의 수여에 관한 방침과 관련되는 사항, 교육 및 연구의 상황에 대해 스스로 실시하는 점검 및 평가에 관한 사항, 그 외 국립대학의 교육연구에 관한 중요사항을 심의한다.

교육연구평의회는 학장이 의장이 되며, 의장은 교육연구평의회를 주재한다.

3) 국립대학 사례: 도쿄대학

도쿄대학 기본조직규칙(2004. 4. 1. 임원회의 결정, 도쿄대학 규칙 제1호) 등을 통하여 도쿄대학의 조직 및 의사결정 구조를 살펴본다.

(1) 총장

총장은 학교교육법에 의한 학교의 장이면서 동시에 국립대학법인법에 의한 국립대학법인 도쿄대학의 임원이며, 그 대표자다. 총장의 권한은 매우 막강하다고 할 수 있는데, 도쿄대학 기본조직규칙 제4조는 "대학법인에 국립대학법인법이 정하는 바에 의해 임원으로서 그 장인 총장, 7명 이내의 이사 및 2명의 감사를 둔다." 제5조 제1항은 "총장은 대학법인을 대표하여 그 업무를 총리하고, 학교교육법이 정하는 바에 대학법인이 설치하는 도쿄대학의 장으로서 그 교무를 주관하고 소속직원을 지도 · 감독한다."고 규정하고 있다.

또한 총장은 비록 중기목표 및 중기계획에 관한 사항, 대학 전체 또는 부국에 관한 중요한 규칙의 제정 · 개폐 · 그 외의 중요사항에 대해 결정하고자 할 때에는 법인법이 정하는 바에 의해 총장 및 이사로 구성하는 임원회의 의논을 거쳐야 하고, 대학법인의 경영 또는 대학의 교육연구에 관한 중요사항을 결정하고자 할 때에는 경영협의회 또는 교육연구평의회의 의견을 들어야 하나, 임원인 이사를 총장이 임명하고, 경영협의회 및 교육연구평의회의의 구성권도 일부 갖고 있다.

(2) 임원

대학법인에 국립대학법인법이 정하는 바에 의해 임원으로서 그 장인 총장, 7명 이내의 이사 및 2명의 감사를 둔다.

총장은 대학법인을 대표하여 그 업무를 총리하고, 학교교육법이 정하는 바에 대학법인이 설치하는 도쿄대학의 장으로서 그 교무를 주관하고, 소속직원을 지도 · 감독한다. 총장은 대학법인의 경영 또는 도쿄대학의 교육연구에 관한 중요사항에 대해 결정하고자 할 때는 법인법이 정하는 바에 의해 각각 경영협의회 또는 교육연구평의회의 심의를 거쳐야 한다. 경영협의회 및 교육연구평의회의 조직 등 필요한 사항은 별도 규칙으로 정한다.

총장은 중기목표 및 중기계획에 관한 사항, 대학 전체 또는 부국에 관한 중요한 규칙의 제정 · 개폐 · 그 외의 중요사항에 대해 결정하고자 할 때는 법인법이 정하는 바에 의해 총장 및 이사로 구성하는 임원회의 의논을 거쳐야 한다. 총장은 또한 필요에 따라서 임원회를 개최한다.

총장은 교직원을 임명하며 교수, 준교수 및 강사의 임명은 교수회의 의논에 근거해 실시한다.

이사는 총장이 정하는 바에 의해 총장을 보좌하여 대학법인의 업무를 관리한다. 총장에게 사고가 있을 때나 직무를 수행할 수 없는 때에는 미리 총장이 지명하는 이사가 그 직무를 대리하거나 그 직무를 수행한다. 이사는 법인법이 정하는 바에 의해 총장이 임기를 정해 임명한다. 이사는 도쿄대학의 부학장 또는 교수를 겸할 수 있다. 다만, 그 부학장 또는 교수의 직무에 관해서는 이사의 직책 수행에 지장이 없어야 한다.

감사는 대학법인의 업무를 감사하고, 그 외 법인법이 정하는 직무를 실시한다. 감사는 도쿄대학의 교수를 겸할 수 있다. 다만, 그 교수의 직무 수행에 지장이 없어야 한다.

(3) 교수회

학부 등에 교수회를 두어 교육과정의 편성에 관한 사항, 학생의 입학 · 졸업 · 재적에 관한 사항, 학위 수여에 관한 사항, 학부 등의 교육연구에 관한 중요사항 등을 심의한다.

(4) 경영협의회

경영협의회는 총장, 대학법인의 이사로서 총장이 지명하는 자, 대학법인의 직원으로서 총장이 지명하는 자, 대학법인의 임원 또는 직원이 아니며 대학에 관하여 폭넓은 식견이 있는 자로서 교육연구평의회의 의견을 들어 총장이 임명하는 자 8명 이상 16명 이하로 구성한다. 이 경우 대학법인의 임원 또는 직원이 아닌 위원 수가 위원 총수의 2분의 1 이상이 되어야 한다. 총장을 제외한 위원의 임기는 2년이며 재임할 수 있다.

경영협의회는 중기목표, 중기계획 및 연도계획에 관한 사항 중 경영에 관한 사항, 경영과 관련되는 중요한 규칙의 제정 · 개폐, 임원에 대한 보수 및 퇴직수당의 지급의 기준, 직원의 급여 및 퇴직수당의 지급의 기준, 수업료 · 입학금 등에 관한 사항, 예산의 작성 · 집행 · 결산에 관한 사항, 대학법인의 조직 및 운영의 상황에 대한 자기 점검 및 자기 평가에 관한 사항, 그 외 대학법인의 경영에 관한 중요사항(경영상 중요한 조직의 설치 · 폐지 및 학생의 정원에 관한 사항을 포함한다) 등을 심의하며, 또한 국립대학법인법이 정하는 바에 의해 도쿄대학 총장심사회의의 위원을 선출하며, 도쿄대학 총장심사회의에 대해 총장의 해임의 신출을 발의할 수 있다.

경영협의회는 총장이 소집하고 5명 이상의 위원이 연명으로 총장에 대해서 그 소집을 요구할 수 있으며, 총장은 경영협의회의 의장이 된다.

총장은 경영상의 중요문제에 대해 경영협의회에 보고하여야 하며, 위원은 의장으로부터 제출된 의제 이외의 사항에 대해서도 의장의 허가를 얻어 질문 또는 의견의 진술을 할 수 있다.

(5) 교육연구평의회

교육연구평의회는 총장, 총장이 지명하는 이사, 대학원 연구과, 부설연구소 등 교육연구상 중요한 조직의 추천을 거쳐 교육연구평의회가 정하는 자, 그 외 교육연구평의회가 정하는 바에 의해 총장이 지명하는 직원으로 구성하며, 총장이 지명하는 이사인 위원의 경우에는 총장은 특별한 사정이 없는 한 부학장인 이사를 지명하는 것으로 한다.

교육연구평의회는 중기목표, 중기계획 및 연도계획에 관한 사항 중 교육연구에 관한 사항, 학부 통칙 · 대학원 학칙 · 그 외 교육연구와 관련되는 중요한 규칙의 제정 · 개폐, 교원의 인사의 방침에 관한 사항, 교원의 징계에 관한 사항, 명예교수의 칭호를 수여하는 기준 및 그 칭호 수여자의 전형, 교육과정의 편성에 관한 방침과 관련되는 사항, 학생의 수학을 위한 조언 · 지도 그 외의 원조에 관한 사항, 학생의 입학 · 졸업 또는 과정의 수료, 그 외 학생의 신분 및 상벌에 관한 중요사항, 학위 규칙의 제정 · 개폐 및 그 취급의 기준, 명예박사의 칭호를 수여하는 기준 및 그 칭호 수여자의 전형, 교육 및 연구의 상황에 대한 자기 점검 및 자기평가에 관한 사항, 그 외 도쿄대학의 교육연구에 관한 중요사항(교육연구상의 기본이 되는 학부 또는 대학원 연구과 등의 조직, 학과, 전공, 부설연구소 혹은 그 외의 교육연구상 중요한 시설의 설치 · 폐지 및 학생의 정원에 관한 사항 포함) 등을 심의한다.

또한 교육연구평의회는 국립대학법인법이 정하는 바에 의해 도쿄대학 총장심사회의의 위원을 선출하며, 도쿄대학 총장심사회의에 대해 총장의 해임의 신출을 발의할 수 있다.

교육연구평의회는 총장이 소집하며, 5명 이상의 평의원의 연명으로 총장에 대해 그 소집을 요구할 수 있으며, 총장이 교육연구평의회의 의장이 된다.

총장은 교육연구상의 중요한 문제는 교육연구평의회에 보고하여야 하며, 평의원은 의장으로부터 제출된 의제 이외의 사항에 대해서도 의장의 허가를 얻어 질문 또는 의견의 진술을 할 수 있다.

교육연구평의회는 필요한 경우 특별위원회 혹은 전문위원회를 둘 수 있으며, 전문위원회에는 평의원이 아닌 교원, 그 외의 직원을 위원으로 참여하게 할 수 있다.

(6) 총장심사회의

총장심사회의는 경영협의회의 구성원(대학법인의 임원 또는 직원인 구성원을 제외한다) 중에서 경영협의회에서 선출된 자와 교육연구평의회의 구성원(대학법인의 임원을 제외한다) 중에서 교육연구평의회에서 선출된 자가 각각 동수로 참여하는 총 16인의 위원(선출에 해당하여 경영협의회 및 교육연구평의회가 일치한 의결에 의해 특별히 정한 때에는 그 인원 수)으로 조직한다. 위원의 임기는 2년으로 하되 재임할 수 있으며 심사회의의 의장은 위원의 호선으로 정한다.

총장심사회의는 총장의 전형, 총장의 해임 · 신출의 권한을 갖는다.

4) 사립대학의 조직 및 의사결정 구조

(1) 학교법인에 의한 운영

일본 사립학교법 제2조 제3항은 "이 법률에서 '사립학교'라 함은 학교법인이 설치하는 학교를 말한다." 동법 제3조는 "이 법률에서 '학교법인'이라 함은 사립학교의 설치를 목적으로 하고, 이 법률이 정하는 바에 따라 설립되는 법인을 말한다."고 규정하고 있는데, 일본의 사립대학은 우리와 같이 학교법인이 그 운영주체가 되는 구조를 갖고 있다.

(2) 학교법인과 대학운영의 통합

우리는 학교법인과 대학을 구분하여 운영하는 이원적 구조임에 반하여, 일본은 학교법인을 대학의 운영주체로 하고 있는 것 외에는 학교법인과 대학을 구분하지 않고 있어 일원적 운영 구조가 가능하다. 구체적으로 예를 들면 우리는 학교법인 이사장이 학교의 장을 겸할 수 없으나, 일본은 겸직이 가능하다. 회계에서도 우리는 법인에 속하는 회계와 학교에 속하는 회계로 구분하고, 다시 법인회계를 일반업무회계와 수익사업회계로, 학교에 속하는 회계를 교비회계와 부속병원회계로 구분하여 교비회계의 경우 다른 회계로 전출할 수 없도록 하고 있으나, 일본은 학교의 경영에 관한 회계에서 수익사업회계를 따로 구분하여 특별회계로 관리하도록 하고 있을 뿐이다. 또한 학교법인의 임원 선임에 있어서도 우리는 관할청의 취임승인제도와 취임승인취소제도가 있어 학교법인의 임원이 학사행정에 관하여 학교의 장의 권한을 침해한 경우 그 취임승인을 취소하는 제도를 운영하고 있지만, 일본은 이런 제도를 두고 있지 않다.

(3) 학교법인의 임원 및 이사회

일본의 학교법인에는 5인 이상의 이사와 2인 이상의 감사를 두도록 하고 있다. 이사 중 1인은 기부행위(우리의 정관에 해당한다)가 정하는 바에 따라 이사장이 된다.

이사회는 이사로 조직하고, 학교법인의 업무를 결정하며, 이사의 직무 집행을 감독한다. 이사회는 이사장이 소집하며, 이사가 기부행위가 정하는 바에 따라 이사회의 소집을 요구하면 이사장은 이사회를 소집하여야 하며, 이사장이 이사회의 의장이 된다. 이사회는 이사의 과반수 출석으로 개회하며, 기부행위에 특별한 규정이 있는 경우를 제외하고는 출석이사 과반수의 찬성으로 의결하고, 가부동수인 경우에는 의장이 결정한다.

여기서 우리와 다른 점은 이사회의 관장업무를 법률에서 특정하거나 제한하지 않고 있다는 점이다. 이에 학교법인들은 기부행위에서 이사회의 업무를 정하게 되는데, 와세다대학은 기부행위에서 "이사는 기부행위에 근거하여 법인업무의 집행을 결정하고 그 운영에 책임을 진다."고만 규정하고 있을 뿐이다.

이사장, 이사 및 감사의 권한을 보면 우선 이사장은 학교법인을 대표하고 그 업무를 총리한다. 이사는 정관이 정하는 바에 따라 학교법인을 대표하고, 이사장을 보좌하여 학교법인의 업무를 정리하며, 이사장이 사고가 있는 때에는 이사장의 직무를 대리하며, 이사장이 결위된 때에는 이사장을 직무를 행한다. 감사는 학교법인의 업무와 재산 상황을 감사하고, 이에 대한 감사보고서를 작성하여 이를 매 회계연도 종료 후 2개월 내에 이사회와 평의원회에 제출한다.

임원의 선임과 구성에 있어 학교법인이나 학교 구성원의 참여를 법률적으로 보장하고 있다. 관련 사립학교법의 내용을 보면 학교의 장을 당연직 이사로 하고 있으며, 주로 당해 학교법인의 교직원과 동문으로 구성되는 평의원회의 이사회 참여를 보장하고 있다. 여기서 특이한 점은 학교의 장을 당연직 이사로 하고, 교직원과 동문의 이사선임 자격을 부여하고 있는 것 외에는 이사의 선임주체, 절차 및 방법 등을 모두 기부행위로 정할 수 있도록 한 점이다.

이에 와세다대학은 학교의 장인 이사를 제외하고는 모든 이사를 이사회가 아닌 평의원회가 선임하도록 하고 있다. 그런데 와세다대학의 평의원회는 교직원 위주으로 구성되어 있어, 이사선임권은 이사회가 아닌 교직원들이 갖고 있다고 해도 틀리지 않다.

감사는 평의원회의 동의를 얻어 이사장이 임명하되, 이사, 평의원 또는 학교법인의 직원(해당 학교법인이 설치하는 사립학교의 교장, 교원 그 외의 직원을 포함한다)을 겸하지 못한다.

〈일본 사립학교법 중 임원선임 관련 규정〉

제38조(임원의 선임) ① 이사가 되는 자는 다음 각호에 해당하는 자로 한다.

1. 당해 학교법인이 설치하는 사립학교의 교장(학장 및 원장을 포함한다)
2. 당해 학교법인의 평의원 중에서 기부행위로 정하는 바에 따라 선임된 자(기부행위로 정한 자를 포함한다)
3. 기타 기부행위가 정하는 바에 따라 선임된 자

② 학교법인이 2개 이상의 학교를 설치하는 경우에는 전항 제1호의 규정에 관계없이 기부행위가 정하는 바에 따라 교장 가운데 1명 또는 수인의 교장을 이사로 할 수 있다.

③ 제1항 제1호 및 제2호에 해당하는 이사는 교장 또는 평의원의 직을 퇴직한 때에는 당연히 이사의 직도 퇴직하는 것으로 한다.

④ 감사는 평의원회의 동의를 얻어 이사장이 선임한다.

⑤ 이사 또는 감사는 각각 그 선임에 있어 실제로 해당 학교법인의 임원 또는 직원(해당 학교법인이 설치하는 사립학교의 교장, 교원 그 외의 직원을 포함한다)이 아닌 자가 포함되도록 하여야 한다.

⑥ 임원이 재임되는 경우에 있어 해당 임원이 그 최초의 선임 때 실제로 해당 학

교법인의 임원 또는 직원이 아닌 자에 대해 전항의 규정의 적용함에 있어서는 그 재임 때 실제로 해당 학교법인의 임원 또는 직원이 아닌 자로 간주한다.

⑦ 임원 가운데 각 임원에 대해서 그 배우자 또는 3촌수 이내의 친족이 1인을 넘어서서는 아니된다.

제39조(임원의 겸직금지) 감사는 이사, 평의원 또는 학교법인의 직원(해당 학교 법인이 설치하는 사립학교의 교장, 교원 그 외의 직원을 포함한다)을 겸하지 못한다.

〈학교법인 와세다대학 교규(기부행위) 중 이사선임 관련 규정〉

제16조(이사의 선임, 임기 및 재선) ① 이사는 총장인 이사를 제외하고 평의원회에서 선임한다.

② 평의원회에 있어서 선임은 다음의 구분에 의한다.

1. 법인의 교직원 가운데 선임되는 자 10인 이상 12인 이내
2. 법인의 교직원이 아닌 동문 가운데 선임되는 자 3인 이상 4인 이내

③ 전항 제2호의 규정에 의한 이사에는 평의원인 자를 포함하여야 한다.

④ 이사의 임기는 4년으로 하되, 재선될 수 있다.

제17조(이사의 선임 방법) ① 평의원회에 있어서 이사의 선임은 선고위원회를 두어 그 선고된 후보자에 대하여 선임을 행한다.

② 전항의 규정에 의한 선임의 의결은 출석한 평의원의 3분의 2 이상의 동의를 얻어 행한다.

제18조(이사후보자 선고위원회) 전조의 선고위원회는 다음의 위원으로 구성한다.

1. 총장
2. 교직원인 평의원 가운데 선출된 자 4인
3. 교직원이 아닌 평의원 가운데 선출된 자 3인

(4) 평의원회

일본 학교법인제도에 있어 또 하나의 특징은 학교법인에 평의원회를 두도록 하고 있다는 점이다. 평의원회는 교직원과 동문, 기타 법인의 정관으로 정하는 자로 구성된다. 평의원회는 기본적으로는 이사회에 대한 의견제기기관이지만, 사안에 따라 보고를 받기도 하고, 정관이 정하는 바에 따라 의결 기능도 수행할 수 있도록 하고 있다. 결산의 경우에는 반드시 평의원회에 보고하도록 하고 있으며, 정관이 정하는 사안에 대해서는 평의원회가 의결권을 가질 수 있도록 규정하고 있다. 평의원회에 관한 일본 사립학교법과 와세다대학 기부행위의 관련 규정을 보면 다음과 같다.

〈일본 사립학교법 중 평의원회 규정〉

제41조(평의원회) ① 학교법인에 평의원회를 둔다.

② 평의원회는 이사에 대한 정원의 2배를 초과하는 수의 평의원으로 조직한다.

③ 평의원회는 이사장이 소집한다.

④ 평의원회에 회장을 둔다.

⑤ 이사장은 평의원 총수에 대한 3분의 1 이상의 평의원으로부터 회의에 부의할 사항을 표시하여 평의원회의 소집의 청구를 받은 경우에는 그 청구가 있는 날로부터 20일 이내에 이를 소집하여야 한다.

⑥ 평의원회는 평의원에 대한 과반수의 출석이 없으면 그 의사를 문의하여 의결을 할 수 없다.

⑦ 평의원회의 의사는 출석 평의원의 과반수로서 결정하고 가부동수인 때에는 의장이 결정하는 바에 의한다.

⑧ 제7항의 경우에 있어서 의장은 평의원으로서 의결에 가담할 수 없다.

제42조(동전) ① 다음에 게기하는 사항에 대하여는 이사장은 미리 평의원회의 의견을 들어야 한다.

1. 예산, 차입금(당해 회계연도 내의 수입으로서 상환하는 일차차입금을 제외한다) 및 중요한 자산의 처분에 관한 사항
2. 기부행위의 변경
3. 합병
4. 제50조 제1항 제1호(평의원회의 의결을 요하는 경우를 제외한다) 및 제3호에 게기하는 사유에 의한 해산
5. 수익을 목적으로 하는 사업에 관한 중요사항
6. 기타 학교법인의 업무에 관한 중요사항으로서 기부행위에 의하여 정하는 것

② 제1항에 게기하는 사항은 기부행위로서 평의원회의 의결을 요하는 것으로 할 수 있다.

제43조(동전) 평의원회는 학교법인의 업무 또는 재산 상황이나 임원의 업무집행 상황에 대하여 임원에게 의견을 진술하게 하거나, 그 자문에 응하거나 또는 임원으로부터 보고를 들을 수 있다.

제44조(평의원의 선임) ① 평의원이 되는 자는 다음 각호에 해당하는 자로 한다.

1. 당해 학교법인의 직원 중에서 기부행위로 정하는 바에 의하여 선임된 자
2. 당해 학교법인이 설치하는 사립학교를 졸업한 자로서 연령이 25 이상인 자 중에서 기부행위로 정하는 바에 의하여 선임된 자
3. 전 각호에서 규정하는 자 이외에 기부행위로 정하는 바에 의하여 선임된 자

② 제1항 제1호에서 규정하는 평의원은 직원의 지위를 퇴임한 때에는 평의원의 직을 상실하는 것으로 한다.

제46조(평의원회에 대한 결산의 보고) 결산 시에는 매 회계연도 종료 후 2

월 이내에 이사장이 평의원회에 보고하고 의견을 들어야 한다.

〈와세다대학 기부행위(早稻田大學校規) 중 평의원회에 관한 규정〉

제29조(평의원 정수) 이 법인에 평의원 101인 이상 103인 이내를 둔다.

제30조(평의원의 선임 및 구분) ① 평의원은 다음 각호에 열거된 자로 한다.

1. 총장, 각 학부장, 각 연구과 위원장, 체육국장, 국제부장, 도서관장 및 각 학교장 30인
2. 직원인 이사 및 총무부장 또는 이에 해당하는 자 3인 내지 5인
3. 각 학부에 있어서 그 본부 소속의 전임교원에 의해 호선된 자 각 2인 합계 16인
5. 독립연구과, 연구소, 연구교육센터와 예술학교 본부 소속의 전임교원에 의해 조직된 합동회의에서 호선된 자 2인
6. 각 고등학원에 있어서 그 소속교사에 의해 호선된 자 각 1인 합계 2인
7. 전임직원에 의해 직제상 특정의 직무를 담당하는 직원 및 이에 준한 자 가운데 선출된 자 4인
8. 평의원회가 상의원(商議員) 중에서 추천한 자 21인
9. 상의원 중에서 호선된 자 20인

제32조(평의원회의 직무) ① 평의원은 평의원회를 조직하고 다음의 사항을 의결한다.

1. 예산, 결산, 차입금 및 중요한 자산의 취득 및 처분에 관한 사항
2. 학부·대학원, 학교, 기타 중요시설의 설치 및 폐지
3. 교규의 변경 및 규칙의 제정 및 개폐
4. 합병 및 해산
5. 수익사업에 관한 중요사항
6. 기타 법인의 운영에 관한 중요사항

② 전수·전공 등 교무조직의 부분적 변경, 사무기구 일부 개혁, 기타 규칙

의 경미한 개정에 대해서는 전항의 규정에도 불문하고 이사회의 의결을 얻어 행할 수 있다.

③ 평의원회는 법인의 업무, 재산의 상황 또는 이사 · 감사의 업무집행에 관하여 이사 · 감사에 대하여 의견을 진술하고, 그 자문에 응하며, 이사 · 감사로부터 보고를 들을 수 있다.

제33조(평의원회의 소집) ① 평의원회는 총장이 이를 소집한다.

② 총장은 평의원 총수의 3분의 1 이상의 평의원으로부터 회의에 부의해야 할 사항을 나타내 평의원회의 소집이 청구되었을 경우 및 제26조 제2항의 규정에 의해서 감사로부터 평의원회의 소집이 청구되었을 경우에는 그 청구가 있던 날로부터 20일 이내에 이를 소집하여야 한다.

제34조(평의원회 회장) ① 평의원회에는 평의원회에서 호선되는 회장 1인을 둔다.

제35조(정시 평의원회) ① 정시 평의원회는 매월 1회 소집한다. 다만, 부의할 의제가 없을 때에는 총장은 이를 소집하지 않을 수 있다.

제43조(상의원의 정수 및 선임) ① 법인에 상의원 약간명을 둔다.

② 상의원은 별도로 정한 상의원회 규칙에 따라 선임한다.

제44조(상의원의 임무와 권한) ① 상의원은 상의원회를 조직하고, 교규 및 이에 근거한 규칙에 정해진 사항을 행하는 외에 학사 및 회계 보고를 받고, 자문사항에 대하여 심의하며, 필요에 따라 그 의결을 총장에게 건의할 수 있다.

② 상의원은 전항에 정하는 것 외에 대학의 유지, 발전 및 재정기반의 확립에 공헌한다.

5) 한국 및 일본 사립대학의 운영 구조 비교

한국과 일본 모두 사립대학의 운영 구조와 관련하여 학교법인에 의한 운영체제를 갖고 있고, 사립학교법을 갖고 있다는 점에서 유사한 점이 많으나, 그 운영 방식을 하나하나 살펴보면 적지 않은 차이가 있다는 것을 알 수 있다.

(1) 운영주체

한국과 일본 모두 사립대학의 법적 운영주체는 이사회이고 그 대표자는 원칙적으로 이사장이다. 그러나 이사회의 구성요소인 이사의 선임권자가 누구인가를 살펴보면 일본 사립대학의 운영주체는 결국은 교직원과 동문이고, 특히 역사가 오래 된 유명 사립대학은 교직원이 실질적 운영주체임을 알 수 있다. 와세다대학은 14~17인의 이사를 둘 수 있게 되어 있는데, 학교의 장인 총장을 포함하여 최소 11인 이상의 이사가 교직원으로 선임되며, 이사의 선임권도 평의원회에 있는데, 그 평의원회 역시 반수 이상이 교직원으로 구성되어 있다.

반면에 한국의 사립대학은 법률에서 이사의 선임권자를 이사회로 하고 있으며, 학교의 장이 이사가 될 수는 있지만 당연직은 아니며, 기타의 교직원은 어떤 임원도 겸할 수 없도록 하고 있어, 교직원이나 동문이 법적으로 이사회 운영에 직접 참여할 수 있는 제도적 장치가 없다. 다만, 2007년 7월 27일부터 시행된 개정 사립학교법에서는 이사정수의 4분의 1 이상을 대학평의원회나 초·중등교육법에 의한 학교운영위원회에서 설치되는 개방이사추천위원회에서 2배수로 추천한 자 중에서 선임하도록 하고 있다.

(2) 학교법인과 학교의 관계

일본의 사립대학은 법인과 학교가 일원적 구조를 형성할 수 있다. 첫째, 학교의 장은 당연직 이사가 되도록 하고 있다. 둘째, 감사가 아닌 임원은 학교의 교직원을 겸할 수 있도록 해서 학교의 장이 이사장을 겸할 수 있으며, 다른 이사도 학교 교직원을 겸할 수 있다. 실제 많은 사립대학들이 이렇게 하고 있다. 셋째, 임원의 선임에 있어 교직원의 참여를 제도적으로 허용하고 있다. 넷째, 학교의 회계가 학교운영회계와 수익사업회계로 단순화되어 있다. 수익사업회계도 원칙적으로 학교운영회계이나, 수익성을 목적으로 하고 있는 수익사업회계의 특성상 별도로 계리하도록 하고 있을 뿐이다.

반면에 우리 사립대학은 법인과 학교가 서로 일정한 간격을 유지하도록 이원적 구조를 형성하고 있다. 첫째, 학교의 장은 이사는 될 수 있어도 이사장을 겸할 수는 없다. 둘째, 학교의 장을 제외하고는 어떤 교직원도 임원직을 겸할 수 없다. 셋째, 2005년 12월 29일 공포된 개정 사립학교법에서 대학법인의 경우 이사정수의 4분의 1 이상을 대학평의원회에서 2배수로 추천된 자를 이사로 선임하도록 한 규정이 도입되기 전까지는 임원의 선임과 구성에 있어 교직원이나 기타의 학교 구성원에게 어떠한 권리도 보장하지 않았다. 넷째, 학교의 회계를 법인의 업무에 속하는 회계와 학교에 속하는 회계로 구분하고, 전자는 법인이 편성하여 이사장이 집행하고 후자는 학교의 장이 편성하되, 이사회의 심의 · 의결을 거쳐 학교의 장이 집행하도록 하며, 특히 학교에 속하는 회계 중 교비회계는 다른 회계로 전출할 수 없도록 하여 회계상으로도 완전히 이원적 구조를 형성하고 있다.

(3) 학교법인 및 학교운영에 대한 통제 방식

일본의 사립대학은 학교의 구성원에 의한 내부통제 시스템을 두고 있다고 할 수 있다. 첫째, 학교법인에 주로 학교의 교직원과 동문으로 구성되는 평의원회를 필수적 기구로 두어 이사회에 대한 견제 기능을 수행하도록 하고 있다. 특히, 기부행위(정관)가 정하는 바에 따라서는 예산 · 차입금 및 중요한 자산의 처분, 기부행위의 변경, 합병, 해산, 수익사업에 관한 중요사항과 기타 학교법인의 업무에 관한 중요사항에 대해 평의원회의 의결을 요하는 것으로 할 수 있도록 하여 사실상 평의원회가 운영권을 행사할 수 있도록 하고 있다. 둘째, 감사를 제외하고는 학교법인의 임원으로 현직 교직원이 선임될 수 있도록 하고 있다. 셋째, 임원의 선임 등과 관련하여 관할청이 개입하는 장치가 없다.

그러나 일본은 최근 사립대학이 지나치게 내부자 중심으로만 운영되는 것이 개방화, 투명화의 사회 추세에 부합되지 아니한다고 보고 사립학교법을 개정하여 이사 · 감사 중에 법인의 직원이나 소속교직원이 아닌 자가 반드시 포함되도록 하는 규정을 신설하여 2005년 4월 1일부터 시행에 들어감으로써 교직원과 동문 위주의 내부통제 구조에 외부인의 참여를 강제하는 방식으로 변화를 시도하고 있다.

반면 우리나라 사립대학은 학교 구성원 등에 의한 내부통제가 아닌 관할청에 의한 외부통제 구조를 두고 있다. 우선 임원이 임원으로서 법적 권한과 직무를 수행하기 위해서는 그 선임에 있어 반드시 관할청의 승인을 받도록 하고 있다. 임원의 선임권한이 이사회에 있지만 그 임원으로서의 자격 부여권한은 관할청에서 있는 것이다. 이와 함께 관할청에 임원의 자격을 박탈할 수 있는 권한도 부여되어 있다.

6) 한국 대학의 운영 구조 개편 방향

지식기반사회로 사회변동이 급격하게 진전됨에 따라 대학의 역할과 기능 그리고 사명에 대한 사회의 관심이 그 어느 때보다 높아지고 있다. 특히, 우리 사회는 최근에 급격하게 저출산 · 고령화 추세를 보이고 산업 구조가 고도화되면서 고등교육에 대한 욕구와 수요가 급팽창하고 있다. 더구나 우리는 인적자원 외에 다른 자원이 없는 상태에서 인구 13억 명이 넘는 중국, 3억 명의 미국, 1억 3천 만명의 일본, 11억 명의 인도 등 주변국들과의 경쟁에서 뒤처지지 않기 위해 지속적 성장을 해야 하는 과제를 안고 있는 상황이기도 하다. 이 같은 역사적 흐름 속에서 우리 대학의 중요성은 아무리 강조해도 지나치지 않다. 따라서 대학이 대학으로서의 역동성과 창조성을 보다 더 능동적이고 주도적으로 발휘할 수 있도록 그 운영체제를 혁신하는 것 역시 시대적 사명이 되고 있다. 이 같은 문제의식에서 우리 대학의 운영 구조에 대한 개편 방향을 몇 가지 제시해 본다.

첫째, 대학의 의사결정에 있어 구성원의 신뢰 확보를 제고할 수 있는 시스템 마련이 절대적으로 필요하다. 이를 위해서는 의사결정에 있어 참여와 공개를 제도화해야 한다.

둘째, 참여와 공개를 전제로 리더십을 강화하여야 한다. 일본 사학이 평의원회 등의 견제를 허용하면서 총장과 이사장을 겸할 수 있게 한 것은 우리가 전향적으로 받아들일 필요가 있다. 일본의 국립대학 역시 국립대학법인법의 제정으로 국립대학을 법인체제로 전환하면서 대학에 경영협의회, 교육연구평의회 등의 내부통제 장치를 두는 한편, 학교의 장이 법인의 장을 겸할 수 있게 하고 이사선임권까지 부여한 것을 참고할 필요가 있다.

셋째, 국립대학의 법인화를 적극 추진하여 대학이 행정기관의 지위에 있는 구조에서 벗어나야 한다. 다만, 법인화의 방법에 있어서는 국가기관으로서의 법인화도 하나의 방법으로 검토할 필요가 있다. 독일의 주립대학, 미국 캘리포니아 주의 캘리포니아대학 등은 법인이면서도 지방정부의 기관으로서의 지위도 갖고 있다. 공무원체제를 유지하면서도 법인으로서의 자율성을 부여하는 방법도 가능한 것이다. 우리나라의 지방자치단체도 넓은 의미에서 국가의 기관이면서 지방자치법 제3조 제1항에서 "지방자치단체는 법인으로 한다."고 규정하여 법인격을 부여받고 있다.

넷째, 사립대학의 운영에 있어 투명성과 신뢰성 강화를 전제로 학교법인과 학교 간의 이원적 구조를 일원적 구조로 개편할 필요가 있다. 현행의 이원적 구조는 학교법인의 임원은 법적으로는 이사회에서 선임된 자에 불과한데, 그 운영에 있어서는 모든 책임을 지도록 하는 모순을 안고 있다. 예를 들어, 학교법인의 법인에 속하는 회계에 재산이 전혀 없음에도 불구하고 학교에 속하는 회계에 일정한 지출(예: 연금부담금)을 지속적으로 하여야 하고, 학교법인 소속의 직원들에게 법인의 업무에 속하는 회계로 보수를 지급해야 한다. 자연인인 이사장, 자연인인 이사 개인의 재산으로 부담하라는 것인데, 이는 모순이 아닐 수 없다. 이 같은 모순된 구조는 학교법인 설립 당시의 재산출연자의 지위와 이사장 및 이사의 지위를 혼동하고 있는 데서 발생하는 것이다. 선진외국과 일본의 유명사학들에서 보듯 사학은 그 역사를 더할수록 동문의 대학, 사회의 대학으로 발전한다. 실제 우리나라의 유명사학들도 출연자의 재산출연이 학교 설립의 기반이 되었지만, 그 이후의 발전은 주로 학생들의 수업료, 동문들과 기업들의 기부금 등에 의한다는 점을 고려할 필요가 있다. 현재의 재학생들도 학교 설립 당시의 출연자의 재산출연과 선배 동문들과 기업들의 기여와 기부금에 기초하여 교육을 받을 수 있게 된 것이고, 또한 그들 자신의 기여에 의해 그 후배들이 교육을 받을 수 있게 될 것이다. 이것이 현실이고 실제다. 법과 제도는 이상만 추구할 수는 없다. 현실과 실제에 기초하여 미래와 이상을 추구해야 한다.

다섯째, 대학 구성원의 창의성과 자발성 그리고 책무성을 강화할 수 있는 운영 구조를 적극 모색하여야 한다. 대학은 기본적으로 교수와 학생들의 교수, 연구, 학습활동의 장이기에 구성원의 창의성과 자발성을 확보하는 것은 무엇보다 중요한 과제다. 또한 대학은 인류의 지성과 문화를 유지 · 계승하고 발전시켜야 하는 책무를 안고 있는 사회적 기관이기에 그 책무성을 담보하는 것 역시 중요하다. 이는 매우 어려운 과제다. 그러나 우리 실정에서 대학이 이를 해결하지 않으면 안 된다. 지성인의 사회로서 대학 구성원이 열린 마음으로 대화하고 토론하면 이러한 운영 구조를 창출할 수 있다고 믿는다.

| 부록: 대학교 관련 법령 |

1945년 이후 종전의 규정에 의한 학교졸업자자격인정령 (전문개정 1959.12.4 대통령령 제4401호)

각종학교에 관한 규칙 (일부개정 2008.3.4 교육과학기술부령 1호)

경제자유구역 및 제주국제자유도시의 외국교육기관 설립 · 운영에 관한 특별법 (일부개정 2008.2.29 법률 제8852호)

경제자유구역 및 제주국제자유도시의 외국교육기관 설립 · 운영에 관한 특별법 시행령 (일부개정 2008.2.29 대통령령 제 20740호)

고등교육법 (일부개정 2008.3.28 법률 제8988호)

고등교육법 시행령 (일부개정 2008.9.8 대통령령 제20990호)

고등학교 이하 각급학교 설립 · 운영규정 (일부개정 2008.2.29 대통령령 제20740호)

고등학교 이하 각급학교 설립 · 운영규정 시행규칙 (일부개정 2008.3.4 교육과학기술부령 1호)

고등학교 이하 각급학교시설의 개방 및 이용에 관한 규칙 (제정 1999.8.5 교육부령 749호)

고등학교입학자격검정고시규칙 (일부개정 2006.6.26 교육인적자원부령 제882호)

고등학교졸업학력검정고시규칙 (일부개정 2007.12.28 교육인적자원부령 제424호)

공립초 · 중등학교회계규칙 (일부개정 2006.12.15 교육인적자원부령 제898호)

공익법인의 설립 · 운영에 관한 법률 시행령 (일부개정 2008.2.29 대통령령 제20674호)

과학관육성법 (일부개정 2008.3.21 법률 제8976호)

과학관육성법 시행규칙 (일부개정 2006.7.14 과학기술부령 제90호)

과학관육성법 시행령 (일부개정 2008.2.29 대통령령 제20740호)

과학교육진흥법 (일부개정 2008.2.29 법률 제8852호)

과학교육진흥법 시행령 (일부개정 2008.2.29 대통령령 제20740호)

과학기술관계장관회의규정 (일부개정 2006.6.9 대통령훈령 제173호)

과학기술기본법 (일부개정 2008.6.5 법률 제9088호)

과학기술기본법 시행규칙 (일부개정 2008.3.4 교육과학기술부령 제1호)

과학기술기본법 시행령 (일부개정 2008.8.27 대통령령 제20979호)

과학기술부장관의 소속청장에 대한 지휘에 관한 규칙 (일부개정 2007.4.5 과학기술부령 제100호)

과학기술분야 정부출연연구기관 등의 설립·운영 및 육성에 관한 법률 (일부개정 2008.2.29 법률 제8852호)

과학기술분야 정부출연연구기관 등의 설립·운영 및 육성에 관한 법률 시행령 (일부개정 2008.2.29 대통령령 제20678호)

과학기술인공제회법 (일부개정 2008.2.29 법률 제8852호)

과학기술인공제회퇴직연금급여사업운영규칙 (일부개정 2008.3.4 교육과학기술부령 1호)

과학영재선발위원회규칙 (일부개정 2008.3.4 교육과학기술부령 1호)

광주과학기술원법 (일부개정 2008.6.13 법률 제9107호)

광주과학기술원법 시행령 (일부개정 2008.2.29 대통령령 제20740호)

교과용 도서에 관한 규정 (일부개정 2008.2.29 대통령령 제20740호)

교사임용후보자명부작성규칙 (일부개정 2004.9.3 교육부령 제839호)

교수자격기준 등에 관한 규정 (일부개정 2008.6.5 대통령령 제20797호)

교원 등의 연수에 관한 규정 (일부개정 2008.7.29 대통령령 제20942호)

교원 등의 연수에 관한 규정 시행규칙 (일부개정 2008.3.4 교육과학기술부령 1호)

교원소청에 관한 규정 (일부개정 2009.2.29 대통령령 제20740호)

교원예우에 관한 규정 (제정 2000.4.18 대통령령 제16786호)

교원자격검정령 (일부개정 2008.6.5 대통령령 제20797호)

교원자격검정령 시행규칙 (일부개정 2008.3.4 교육과학기술부령 1호)

교원자격의 취득을 위한 보수교육에 관한 규칙 (일부개정 2008.3.4 교육과학기

술부령 1호)

교원지위향상을 위한 교섭 · 협의에 관한 규정 (일부개정 2008.2.29 대통령령 제20740호)

교원지위향상을 위한 특별법 (일부개정 2008.3.14 법률 제8890호)

교육감이 고등학교의 입학전형을 실시하는 지역에 관한 규칙 (일부개정 2007.2.9 교육인적자원부령 제900호)

교육공무원법 (일부개정 2008.3.14 법률 제8889호)

교육공무원승진규정 (일부개정 2008.2.29 대통령령 제20740호)

교원공무원 인사기록 및 인사사무처리규칙 (일부개정 2008.7.11 교육과학기술부령 제9호)

교육공무원인사위원회규정 (일부개정 2008.6.5 대통령령 제20797호)

교육공무원임용령 (일부개정 2008.8.27 대통령령 제20978호)

교육공무원임용후보자선정경쟁시험규칙 (일부개정 2007.10.1 교육인적자원부령 제914호)

교육공무원징계령 (일부개정 2008.6.5 대통령령 제20797호)

교육공무원징계양정 등에 관한 규칙 (일부개정 2008.3.4 교육과학기술부령 1호)

교육과정심의회규정 (일부개정 2008.2.29 대통령령 제20740호)

교육과학기술부와 그 소속기관직제 (일부개정 2008.8.27 대통령령 제20979호)

교육과학기술부와 그 소속기관직제 시행규칙 (일부개정 2008.8.28 교육과학기술부령 제13호)

교육과학기술부행정감사규칙 (제정 2008.7.23 교육과학기술부령 제10호)

교육관련기관의 정보공개에 관한 특례법 (일부개정 2008.2.29 법률 제8852호)

교육기본법 (일부개정 2008.3.21 법률 제8915호)

교육비특별회계 회계기준에 관한 규칙 (제정 2008.1.25 교육인적자원부령 제924호)

교육위원회 및 교육감소속지방공무원인사교류규칙 (일부개정 2008.3.4 교육과학기술부령 1호)

교육위원회 및 교육감소속지방공무원인사기록 및 인사사무처리규칙 (일부개정

2008.3.4 교육과학기술부령 1호)

교육위원회 및 교육감소속지방공무원평정규칙 (일부개정 2008.4.7 교육과학기술부령 제2호)

교육인적자원부소관 비영리법인의 설립 및 감독에 관한 규칙 (일부개정 2008.3.4 교육과학기술부령 1호)

교육정보시스템의 운영 등에 관한 규칙 (일부개정 2008.3.4 교육과학기술부령 1호)

국가과학기술경쟁력강화를 위한 이공계지원특별법 (일부개정 2008.2.29 법률 제8852호)

국가과학기술경쟁력강화를 위한 이공계지원특별법 시행령 (일부개정 2008.2.29 대통령령 제20740호)

국가과학기술자문회의법 시행령 (전부개정 2008.8.27 대통령령 제20979호)

국가교육과학기술자문회의법 (전부개정 2008.6.5 법률 제9089호)

국가연구개발사업 등의 성과평가 및 성과관리에 관한 법률 (일부개정 2008.2.29 법률 제8852호)

국가연구개발사업 등의 성과평가 및 성과관리에 관한 법률 시행령 (일부개정 2008.2.29 대통령령 제 20740호)

국가연구개발사업의 관리 등에 관한 규정 (일부개정 2008.5.27 대통령령 제20793호)

국가연구개발사업의 관리 등에 관한 규정 시행규칙 (일부개정 2008.7.8 교육과학기술부령 제8호)

국립고등학교수업료 및 입학금에 관한 규칙 (일부개정 2008.3.4 교육과학기술부령 1호)

국립과학관추진위원회규정 (일부개정 2008.2.29 대통령령 제20740호)

국립대학법인 울산과학기술대학교 설립 · 운영에 관한 법률 (일부개정 2008.2.29 법률 제8852호)

국립대학법인 울산과학기술대학교 설립 · 운영에 관한 법률 시행령 (일부개정 2008.2.29 대통령령 제20740호)

국립대학법인 울산과학기술대학교재무회계규칙 (제정 2008.4.10 교육과학기술

부령 제3호)

국립대학병원설치법 (일부개정 2008.2.29 법률 제8852호)

국립대학병원설치법 시행령 (일부개정 2008.4.16 대통령령 제20768호)

국립대학치과병원설치법 (제정 2007.10.17 법률 제8637호)

국립대학치과병원설치법 시행령 (제정 2008.4.16 대통령령 제20768호)

국립 및 공립 각급학교관인규칙 (일부개정 2003.12.31 교육인적자원부령 제823호)

국립사범대학졸업자 중 교원미임용자 임용 등에 관한 특별법 (일부개정 2008.2.29 법률 제8852호)

국립사범대학졸업자 중 교원미임용자 임용 등에 관한 특별법 시행령 (일부개정 2008.2.29 대통령령 제20740호)

국립의 각급학교에 두는 공무원의 정원에 관한 규정 시행규칙 (제정 2008.2.29 교육과학기술부령 제930호)

국립중앙과학관전시품관람규칙 (일부개정 2008.3.4 교육과학기술부령 1호)

국립 초 · 중등학교회계규칙 (일부개정 2008.3.4 교육과학기술부령 1호)

국립학교각종증명수수료징수규칙 (일부개정 2008.3.4 교육과학기술부령 1호)

국립학교설치령 (일부개정 2008.2.29 대통령령 제20740호)

국사편찬위원회운영규칙 (일부개정 2008.3.4 교육과학기술부령 1호)

국외유학에 관한 규정 (일부개정 2008.7.3 대통령령 제20897호)

국외유학에 관한 규정 시행규칙 (일부개정 2008.7.11 교육과학기술부령 제9호)

국제과학기술협력규정 (일부개정 2008.2.29 대통령령 제20740호)

기술개발촉진법 (일부개정 2008.2.29 법률 제8852호)

기술개발촉진법 시행규칙 (일부개정 2006.7.5 과학기술부령 제88호)

기술개발촉진법 시행령 (일부개정 2007.9.10 대통령령 제20264호)

기술대학설립 · 운영규정 (일부개정 2008.2.29 대통령령 제20740호)

기술대학설립 · 운영규정 시행규칙 (일부개정 2008.3.4 교육과학기술부령 1호)

기술사법 (일부개정 2008.2.29 법률 제8852호)

기술사법 시행규칙 (일부개정 2008.3.4 교육과학기술부령 1호)

기술사법 시행령 (일부개정 2008.2.29 대통령령 제20740호)

기초과학연구진흥법 (일부개정 2008.2.29 법률 제8852호)

기초과학연구진흥법 시행령 (일부개정 2008.2.29 대통령령 제20740호)

나노기술개발촉진법 (일부개정 2008.2.29 법률 제8852호)

나노기술개발촉진법 시행령 (일부개정 2008.2.29 대통령령 제20740호)

남녀평등교육심의회규정 (일부개정 2008.2.29 대통령령 제20740호)

뇌연구촉진법 (일부개정 2008.6.5 법률 제9089호)

뇌연구촉진법 시행령 (일부개정 2008.2.29 대통령령 제20740호)

단기산업교육시설운영규칙 (일부개정 2008.3.4 교육과학기술부령 1호)

대구경북과학기술연구원법 시행령 (일부개정 2008.2.29 대통령령 제20740호)

대구경북과학기술원법 (일부개정 2008.6.13 법률 제9108호)

대덕연구개발특구 등의 육성에 관한 특별법 시행령 (일부개정 2008.2.29 대통령령 제20678호)

대안학교의 설립 · 운영에 관한 규정 (일부개정 2008.2.29 대통령령 제20740호)

대학교원기간임용제탈락자구제를 위한 특별법 (일부개정 2008.2.29 법률 제8852호)

대학교원기간임용제탈락자구제를 위한 특별법 시행령 (제정 2005.10.13 대통령령 19085호)

대학설립 · 운영규정 (일부개정 2008.2.29 대통령령 제20740호)

대학설립 · 운영규정 시행규칙 (일부개정 2008.3.4 교육과학기술부령 1호)

대학수업료 및 입학금에 관한 규칙 (일부개정 2008.3.4 교육과학기술부령 1호)

대한민국학술원명예회원선임 등에 관한 규정 (일부개정 2008.2.29 대통령령 제20740호)

대한민국학술원 및 대한민국예술원의 회원수당지급규정 (일부개정 2008.2.29 대통령령 제20740호)

대한민국학술원법 (일부개정 2008.2.29 법률 제8852호)

도서 · 벽지교육진흥법 (일부개정 2008.2.29 법률 제8852호)

도서 · 벽지교육진흥법 시행규칙 (일부개정 2007.3.21 교육인적자원부령 제904호)

독학에 의한 학위취득에 관한 법률 (일부개정 2008.2.29 법률 제8852호)

독학에 의한 학위취득에 관한 법률 시행규칙 (일부개정 2008.3.4 교육과학기술부령 1호)

독학에 의한 학위취득에 관한 법률 시행령 (일부개정 2008.6.5 대통령령 제20797호)

동북아역사재단설립 · 운영에 관한 법률 (일부개정 2008.2.29 법률 제8852호)

동북아역사재단설립 · 운영에 관한 법률 시행령 (일부개정 2008.7.3 대통령령 제20897호)

명예교수규칙 (일부개정 2008.3.4 교육과학기술부령 1호)

방사선 및 방사성동위원소이용진흥법 (일부개정 2008.2.29 법률 제8863호)

방사선 및 방사성동위원소이용진흥법 시행령 (일부개정 2008.2.29 대통령령 제20740호)

방사선안전관리 등의 기술기준에 관한 규칙 (일부개정 2008.3.4 교육과학기술부령 1호)

방송통신고등학교설치기준령 (일부개정 2008.2.29 대통령령 제20740호)

방송통신고등학교설치기준령 시행규칙 (일부개정 2006.3.10 교육인적자원부령 제876호)

법학전문대학교설치 · 운영에 관한 법률 (일부개정 2008.2.29 법률 제8852호)

법학전문대학교설치 · 운영에 관한 법률 시행령 (일부개정 2008.2.29 대통령령 제20740호)

병역의무이행 관련 교원미임용자채용에 관한 특별법 (제정 2005.5.31 법률 제7534호)

병역의무이행 관련 교원미임용자채용에 관한 특별법 시행령 (제정 2005.10.13 대통령령 제19084호)

비파괴검사기술의 진흥 및 관리에 관한 법률 (일부개정 2008.2.29 법률 제8852호)

비파괴검사기술의 진흥 및 관리에 관한 법률 시행규칙 (일부개정 2008.3.4 교육과학기술부령 1호)

비파괴검사기술의 진흥 및 관리에 관한 법률 시행령 (일부개정 2008.5.21 대통령령 제20789호)

사도장학금에 관한 규정 (일부개정 2008.2.29 대통령령 제20740호)

사도장학금에 관한 규정 시행규칙 (일부개정 2008.3.4 교육과학기술부령 1호)

사료의 수집 · 편찬 및 한국사의 보급 등에 관한 법률 (일부개정 2008.2.29 법률 제8852호)

사료의 수집 · 편찬 및 한국사의 보급 등에 관한 법률 시행령 (전부개정 2008.3.21 대통령령 제20748호)

사립학교교직원연금법 (일부개정 2008.2.29 법률 제8852호)

사립학교교직원연금법 시행령 (일부개정 2008.7.29 대통령령 제20947호)

사립학교교직원학자금대여사업위탁관리규칙 (일부개정 2008.3.4 교육과학기술부령 1호)

사립학교법 (일부개정 2008.3.14 법률 제8888호)

사립학교법 시행령 (일부개정 2008.6.5 대통령령 제20798호)

사립학교보조와 원조에 관한 건 (일부개정 2008.3.4 교육과학기술부령 1호)

사이버대학설립 · 운영규정 (제정 2008.6.5 대통령령 제20796호)

사학기관재무회계규칙 (일부개정 2007.12.28 교육인적자원부령 제920호)

사학기관재무회계규칙에 대한 특례규칙 (일부개정 2008.3.4 교육과학기술부령 1호)

산업교육진흥 및 산학협력촉진에 관한 법률 (일부개정 2008.2.29 법률 제8852호)

산업교육진흥 및 산학협력촉진에 관한 법률 시행규칙 (일부개정 2008.2.4 교육부령 제926호)

산업교육진흥 및 산학협력촉진에 관한 법률 시행령 (일부개정 2008.2.29 대통령령 제20740호)

산업체의 근로청소년의 교육을 위한 특별학급 등의 설치기준령 (일부개정 2008.2.29 대통령령 제20740호)

산업체의 근로청소년의 교육을 위한 특별학급 등의 설치기준령 시행규칙 (일부개정 2008.3.4 교육과학기술부령 1호)

생명공학육성법 (일부개정 2008.2.29 법률 제8852호)

생명공학육성법 시행령 (일부개정 2008.2.29 대통령령 제20740호)

서울대학교병원설치법 (일부개정 2008.2.29 법률 제8852호)

서울대학교병원설치법 시행령 (일부개정 2008.2.29 대통령령 제20740호)

서울대학교설치령 (일부개정 2008.2.29 대통령령 제20740호)

서울대학교치과병원설치법 (일부개정 2008.2.29 법률 제8852호)

서울대학교치과병원설치법 시행령 (일부개정 2008.2.29 대통령령 제20740호)

시국사건관련교원임용제외자채용에 관한 특별법 (일부개정 2001.3.28 법률 제6435호)

시국사건관련교원임용제외자채용에 관한 특별법 시행령 (제정 1999.9.29 대통령령 제16558호)

엔지니어링기술진흥법 (일부개정 2008.2.29 법률 제8852호)

엔지니어링기술진흥법 시행령 (일부개정 2008.2.29 대통령령 제20678호)

여성과학기술인육성 및 지원에 관한 법률 (일부개정 2008.2.29 법률 제8852호)

여성과학기술인육성 및 지원에 관한 법률 시행령 (일부개정 2008.6.5 대통령령 제20797호)

연구실안전환경조성에 관한 법률 (일부개정 2008.2.29 법률 제8852호)

연구실안전환경조성에 관한 법률 시행규칙 (일부개정 2008.3.4 교육과학기술부령 1호)

연구실안전환경조성에 관한 법률 시행령 (일부개정 2008.2.29 대통령령 제20740호)

연구학교에 관한 규칙 (일부개정 2008.7.30 교육과학기술부령 제11호)

영재교육진흥법 (일부개정 2008.2.29 법률 제8852호)

영재교육진흥법 시행령 (일부개정 2008.2.29 대통령령 제20740호)

우주개발진흥법 (일부개정 2008.2.29 법률 제8852호)

우주개발진흥법 시행규칙 (일부개정 2008.6.20 교육과학기술부령 제7호)

우주개발진흥법 시행령 (일부개정 2008.5.27 대통령령 제20793호)

우주손해배상법 (일부개정 2008.2.29 법률 제8852호)

원자력법 (일부개정 2008.3.28 법률 제9016호)

원자력법 시행규칙 (일부개정 2008.3.4 교육과학기술부령 1호)

원자력법 시행령 (일부개정 2008.7.29 대통령령 제20947호)

원자력손해배상법 (일부개정 2008.2.29 법률 제8852호)

원자력손해배상법 시행령 (일부개정 2008.7.29 대통령령 제20947호)

원자력손해배상보상계약에 관한 법률 (일부개정 2008.2.29 법률 제8852호)

원자력손해배상보상계약에 관한 법률 시행령 (일부개정 2008.2.29 대통령령 제20740호)

원자력시설 등의 방호 및 방사능방재대책법 (일부개정 2008.2.29 법률 제8852호)

원자력시설 등의 방호 및 방사능방재대책법 시행규칙 (일부개정 2008.3.4 교육과학기술부령 1호)

원자력시설 등의 방호 및 방사능방재대책법 시행령 (일부개정 2008.2.29 대통령령 제20740호)

원자력에 관한 발명특허에 대한 장려금 및 상금교부규정 (일부개정 1982.9.30 대통령령 제10927호)

원자로시설 등의 기술기준에 관한 규칙 (일부개정 2008.3.4 교육과학기술부령 1호)

유네스코 활동에 관한 법률 (일부개정 2008.2.29 법률 제8852호)

유아교육법 (일부개정 2008.2.29 법률 제8852호)

유아교육법 시행규칙 (일부개정 2008.3.4 교육과학기술부령 1호)

유아교육법 시행령 (일부개정 2008.2.29 대통령령 제20740호)

인적자원개발기본법 (일부개정 2008.2.29 법률 제8852호)

인적자원개발기본법 시행령 (일부개정 2008.2.29 대통령령 제20740호)

임시교원양성소규정 (일부개정 2008.2.29 대통령령 제20740호)

임시이사후보자심의위원회의 구성 · 운영 등에 관한 규칙 (일부개정 2008.3.4 교육과학기술부령 1호)

자격기본법 (일부개정 2008.2.29 법률 제8852호)

자격기본법 시행규칙 (일부개정 2008.3.4 교육인적자원부령 제1호)

자격기본법 시행령 (일부개정 2008.7.3 대통령령 제20897호)

자영농입고등학교 육성에 관한 규정 (일부개정 2008.2.29 대통령령 제20740호)

장애인 등에 대한 특수교육법 (일부개정 2008.2.29 법률 제8852호)

장애인 등에 대한 특수교육법 시행규칙 (제정 2008.6.12 교육과학기술부령 제5호)

장애인 등에 대한 특수교육법 시행령 (제정 2008.5.26 대통령령 제20790호)

장학금규정 (일부개정 2008.2.29 대통령령 제20740호)

장학금규정 시행규칙 (일부개정 2008.3.4 교육과학기술부령 1호)

재외국민의 교육지원 등에 관한 법률 (일부개정 2008.3.21 법률 제8913호)

재외국민의 교육지원 등에 관한 법률 시행규칙 (일부개정 2008.7.11 교육과학기술부령 제9호)

재외국민의 교육지원 등에 관한 법률 시행령 (일부개정 2008.2.29 대통령령 제20740호)

전국과학전람회규칙 (일부개정 2008.3.4 교육과학기술부령 1호)

정보매개물보장계획에 관한 협정 시행령 (일부개정 2008.2.29 대통령령 제20740호)

조기진급 및 조기졸업에 관한 규정 (일부개정 1999.7.23 대통령령 제16479호)

지방교육자치에 관한 법률 (일부개정 2008.2.29 법률 제8852호)

지방교육자치에 관한 법률 시행령 (일부개정 2008.2.29 대통령령 제20740호)

지방교육재정교부금법 (일부개정 2008.2.29 법률 제8852호)

지방교육재정교부금법 시행규칙 (일부개정 2008.3.4 교육과학기술부령 1호)

지방교육재정교부금법 시행령 (일부개정 2008.2.22 대통령령 제20632호)

지방교육행정기관에 두는 국가공무원의 정원 중 고위공무원단 직위의 직무등급의 표시 등에 관한 규칙 (일부개정 2007.12.31 교육인적자원부령 제921호)

지방교육행정기관예산성과금운영규칙 (일부개정 2008.3.4 교육과학기술부령 1호)

지방교육행정기관의 기구와 정원기준 등에 관한 규정 (일부개정 2008.2.29 대통령령 제20740호)

지방교육행정기관의 기구와 정원기준 등에 관한 규정 시행규칙 (일부개정 2008.3.4 교육과학기술부령 1호)

지방교육행정기관 재정투 · 융자사업심사규칙 (일부개정 2008.3.4 교육과학기술부령 1호)

지방자치단체교육비특별회계예산편성운용에 관한 규칙 (일부개정 2008.3.4 교육과학기술부령 1호)

지방자치단체의 교육경비보조에 관한 규칙 (일부개정 2007.12.28 대통령령 제20464호)

직업교육훈련촉진법 (일부개정 2008.2.29 법률 제8852호)

직업교육훈련촉진법 시행령 (일부개정 2008.2.29 대통령령 제20740호)

초 · 중등교육법 (일부개정 2008.3.21 법률 제8917호)

초 · 중등교육법 시행령 (일부개정 2008.5.27 대통령령 제20792호)

퇴직교원평생교육활동지원법 (일부개정 2008.2.29 법률 제8852호)

특수교육진흥법 시행규칙 (일부개정 2008.3.4 교육과학기술부령 1호)

특수학교시설 · 설비기준령 (일부개정 2007.3.27 대통령령 제19959호)

특정연구기관육성법 (일부개정 2008.2.29 법률 제8852호)

특정연구기관육성법 시행령 (일부개정 2008.2.29 대통령령 제20740호)

평생교육법 (일부개정 2008.2.29 법률 제8852호)

평생교육법 시행규칙 (일부개정 2008.3.4 교육과학기술부령 1호)

평생교육법 시행령 (일부개정 2008.6.5 대통령령 제20799호)

폐교재산의 활용촉진을 위한 특별법 (일부개정 2008.2.29 법률 제8852호)

폐교재산의 활용촉진을 위한 특별법 시행령 (일부개정 2007.7.2 대통령령 제20144호)

표준시에 관한 법률 (제정 1986.12.31 법률 제3919호)

학교건강검사규칙 (일부개정 2008.3.4 교육과학기술부령 1호)

학교급식법 (일부개정 2008.3.21 법률 제8914호)

학교급식법 시행규칙 (일부개정 2008.3.4 교육과학기술부령 1호)

학교급식법 시행령 (일부개정 2008.2.29 대통령령 제20740호)

학교기업의 설치 · 운영에 관한 규정 (일부개정 2008.2.29 대통령령 제20740호)

학교도서관진흥법 (일부개정 2008.2.29 법률 제8852호)

학교도서관진흥법 시행령 (제정 2008.6.19 대통령령 제20824호)

학교발전기금의 조성 · 운용 및 회계관리에 관한 규칙 (제정 1998.9.15 교육부령 724호)

학교법인 및 사립학교직인규칙 (제정 1992.8.14 교육부령 618호)

학교보건법 (일부개정 2008.3.21 법률 제8912호)

학교보건법 시행규칙 (일부개정 2008.8.4 교육과학기술부령 제12호)

학교보건법 시행령 (전부개정 2008.8.4 대통령령 제20949호)

학교생활기록의 작성 및 관리에 관한 규칙 (일부개정 2008.3.4 교육과학기술부령 1호)

학교수업료 및 입학금에 관한 규칙 (일부개정 2008.3.4 교육과학기술부령 1호)

학교시설사업촉진법 (일부개정 2008.3.21 법률 제8976호)

학교시설사업촉진법 시행규칙 (일부개정 2006.6.26 교육인적자원부령 제882호)

학교시설사업촉진법 시행령 (일부개정 2008.2.29 대통령령 제20740호)

학교안전사고 예방 및 보상에 관한 법률 (일부개정 2008.2.29 법률 제8852호)

학교안전사고 예방 및 보상에 관한 법률 시행규칙 (일부개정 2008.3.4 교육과학기술부령 1호)

학교안전사고 예방 및 보상에 관한 법률 시행령 (일부개정 2008.2.29 대통령령 제20740호)

학교용지부담금 환급 등에 관한 특별법 (제정 2008.3.14 법률 제8886호)

학교용지확보 등에 관한 특례법 (일부개정 2008.3.21 법률 제8970호)

학교용지확보 등에 관한 특례법 시행령 (일부개정 2005.12.14 대통령령 19179호)

학교입학수험료징수규정 (전문개정 1969.7.19 문교부령 250호)

학교폭력예방 및 대책에 관한 법률 (전부개정 2008.3.14 법률 제8887호)

학교폭력예방 및 대책에 관한 법률 시행령 (제정 2004.7.30 대통령령 제18497호)

학력인정학교지정규칙 (일부개정 2008.3.4 교육과학기술부령 1호)

학생군사교육실시령 (일부개정 2008.2.29 대통령령 제20740호)

학술원사무국에 두는 공무원의 정원 중 고위공무원단 직위의 직무등급의 표시 등에 관한 규칙 (제정 2006.7.18 교육인적자원부령 제886호)

학술원사무국직제 (일부개정 2008.2.29 대통령령 제20740호)

학술진흥 및 학자금대출 신용보증 등에 관한 법률 (일부개정 2008.2.29 법률 제8852호)

학술진흥 및 학자금대출 신용보증 등에 관한 법률 시행령 (일부개정 2008.7.29 대통령령 제20947호)

학원의 설립 · 운영 및 과외교습에 관한 법률 (일부개정 2008.3.28 법률 제8989호)

학원의 설립 · 운영 및 과외교습에 관한 법률 시행규칙 (일부개정 2008.3.4 교육과학기술부령 1호)

학원의 설립 · 운영 및 과외교습에 관한 법률 시행령 (일부개정 2008.2.29 대통령령 제20740호)

학위의 종류 및 표기방법에 관한 규칙 (제정 2000.12.16 교육부령 776호)

학점인정 등에 관한 법률 (일부개정 2008.3.21 법률 제8916호)

학점인정 등에 관한 법률 시행규칙 (일부개정 2008.3.4 교육과학기술부령 1호)

학점인정 등에 관한 법률 시행령 (일부개정 2008.6.5 대통령령 제20799호)

한국고전번역원법 (일부개정 2008.2.29 법률 제8852호)

한국고전번역원법 시행령 (일부개정 2008.2.29 대통령령 제20740호)

한국과학기술원법 (일부개정 2008.2.29 법률 제8852호)

한국과학기술원법 시행령 (일부개정 2008.2.29 대통령령 제20740호)

한국과학기술원학사규정 (일부개정 2008.2.29 대통령령 제20740호)

한국과학재단법 (일부개정 2008.2.29 법률 제8852호)

한국과학재단법 시행령 (일부개정 2008.2.29 대통령령 제20740호)

한국교원대학교 설치령 (일부개정 2008.2.29 대통령령 제20740호)

한국교육학술정보원법 (일부개정 2008.2.29 법률 제8852호)

한국교육학술정보원법 시행령 (일부개정 2008.2.29 대통령령 제20740호)

한국교직원공제회법 (일부개정 2008.2.29 법률 제8852호)

한국대학교육협의회법 (일부개정 2008.2.29 법률 제8852호)

한국방송통신대학교 설치령 (일부개정 2008.2.29 법률 제20740호)

한국방송통신대학교 설치령 시행규칙 (일부개정 1999.7.1 교육부령 제747호)

한국사학진흥재단법 (일부개정 2008.2.29 법률 제8852호)

한국사학진흥재단법 시행령 (일부개정 2008.7.29 대통령령 제20947호)

한국원자력안전기술원법 (일부개정 2008.2.29 법률 제8852호)

한국원자력안전기술원법 시행령 (일부개정 2008.2.29 대통령령 제20740호)

한국임업전문학교 및 한국수산전문학교 설치령 (일부개정 2008.2.29 대통령령 제20740호)

한국전문대학교육협의회법 (일부개정 2008.2.29 법률 제8852호)

한국학중앙연구원육성법 (일부개정 2008.2.29 법률 제8852호)

한국학중앙연구원육성법 시행령 (일부개정 2008.2.29 대통령령 제20740호)

핵융합에너지개발진흥법 (일부개정 2008.2.29 법률 제8852호)

핵융합에너지개발진흥법 시행령 (일부개정 2008.2.29 대통령령 제20740호)

협동연구개발촉진법 (일부개정 2008.2.29 법률 제8852호)

협동연구개발촉진법 시행령 (일부개정 2008.2.29 대통령령 제20678호)

| 참고문헌 |

강병운 외(2003). 대학교원 인사제도 개선연구. 교육인적자원부.

강원근(1996). 한국의 대학총장 선임에 관한 연구. 동국대학교 대학원 교육학박사학위논문.

강인수 외(1995). 교육법론. 한국교육행정학회. 하우기획.

강인수(1986). 학생, 부모의 교육권에 관한 연구. 고려대학교 박사학위논문.

강인수(1995). 교육관계법체제 개편방안. 교육개혁위원회.

강인수(1995). 교육개혁을 위한 교육관계법의 과제. 대한교육법학회. 교육법학연구, 7.

강인수(1996). 교육개혁을 위한 교육기본법 및 초 · 중등교육법 제정방안. 대한교육법학회. 교육법학연구, 8.

강인수(1996). 교육개혁의 법적 쟁점과 과제. 한국교육학회. 교육개혁의 쟁점과 과제.

강인수(1996). 중 · 고교 입학배정제도, 헌법정신에 적합한가. 새교육.

강인수(1997). 최근 교육관계법 개정의 내용과 과제. 교육법학연구, 제9호, 33-53.

강인수(2002). 고등학교평준화제도의 헌법적합성 검토. 한국교육행정학회. 교육행정학연구, 제20권 제4호, 23-54.

강인수(2003). 교육법 연구. 문음사.

강태중(2002). 고등학교평준화 정책에 대한 논의의 검토. 교육인적자원정책위원회. 교육의 질 향상을 위한 고교평준화정책 개선 방안. 정책토론회 자료집.

강태중 · 성기선(2001). 평준화 정책과 지적 수월성 교육의 관계에 대한 실증적 검토. 한국교육개발원. 지식기반사회에 비추어 본 평준화 정책 검토. KEDI교육, 2001-2호.

교육개혁위원회(1995). 신교육체제수립을 위한 교육개혁방안(I), (II).

교육부(1993). 대법원 교육판례집. 삼진인쇄주식회사.

교육부(1998). 고등교육법 및 동법시행령 해설자료. 미간행자료.

교육부(2000). 대법원 교육판례집(II). 선명인쇄주식회사.

교육인적자원정책위원회(2002). 교육의 질 향상을 위한 고교평준화정책 개선방안. 정책토론회 자료집.

구병삭(1988). 신헌법론. 박영사.

권형준(1977). 고등교육법(안)과 대학자치의 구현. 한국교육법연구, 3집, 17-27.

김신복 외(1993). 고등교육기관 설립 타당성 연구. 대학교육심의회 위촉연구진.

김영철(2002). 사립학교의 자율화: 평준화 정책의 개선. 국가경영전략연구원, 국민대토론회세미나.

김옥환 역(1992). 존 브루바허 저. 대학론. 범론사.

김철수(2003). 헌법학개론. 박영사.

김형근(1993). 대학제도의 개혁에 관한 법적 연구. 명지대학교 대학원 박사학위 논문.

김형근(1999). 대학의 개혁과 자율성의 신장-개혁정책의 법적합성을 중심으로. 교육법학연구, 제11호, 105-123.

김형근 · 조석훈(1994). 대학관계법 국제비교 연구. 한국대학교육협의회.

박남기(1997). 고등교육법상의 고등교육기관 종류별 목적의 문제점 분석. 교육법학연구, 제9호, 149-167.

박덕원(2000). 대학과 학문의 자유. 부산외국어대학교 출판부.

박부권 외(2004). 국립대 운영체제 개선방안 마련을 위한 기초조사연구. 교육인적자원부.

박영도 외(2002). 입법학사전. 한국법제연구원.

박재윤(1987). 학교법인과 교육신탁의 비교: 우리나라와 영국의 사학제도에 대한 비교교육법학적 고찰(한국교육개발원 편). 한국교육, 제14권 2호.

박재윤(1999). 사학운영의 공공성 제고방안 연구. 한국교육개발원.

박재윤 외(2003). 사립학교법편람. 한국문화사.

박재윤 외(2005). 학교교육법편람. 교육과학사.

박재윤 외편(2006). 교육법학사전. 학술진흥재단 지원사업 보고서.

박진규 편역(1990). Peter Scott 저. 대학의 위기(*The Crisis of the University*). 성원사.

박헌 외(1996). 학교법인 이사회의 조직과 기능에 관한 분석적 연구. 한국사학진흥재단.

배영길(2005). 대학의 학칙에 관한 연구-그 법적 지위 및 성질을 중심으로. 한국

비교공법학회. 공법학연구, 제5권 제1호, 298-332.
서울대학교 BK21 법학연구단 공익인권법센터(2002). 2002년 제2차 학술세미나. 고교평준화를 위한 무시험진학제의 인권법적 검토, 2002. 6.11.
서울대학교 법학연구소(1987). 법학통론. 서울대학교 출판부.
서정화(2001). 지식기반사회에 적합한 평준화 정책의 방향, 한국교육개발원. 지식기반사회에 비추어 본 평준화 정책 검토. KEDI 교육정책포럼, 2001.1-2호.
손희권(2000). 거주지를 기준으로 중·고등학교 입학을 제한하는 것은 헌법에 위반되는가?. 한국교육학회, 교육학연구, 제18권 제3호.
신현직(1997). 교육법제개혁과 학교의사결정구조의 문제. 공법연구, 제25집 제3호, 179-197.
안기성(1994). 교육법제 100년과 고등교육법제. 고등교육연구, 제6권 제2호, 137-180.
안기성(1996). 교육개혁과 고등교육법. 교육법학연구, 제8권, 1-20.
양건 외(2003). 교육주체 상호간의 법적 관계. 한국교육개발원 현안보고 OR2003-3.
윤정일 외(1997). 한국교육정책의 탐구. 교육과학사.
이경운(1990). 대학생의 법적 지위. 서울대학교 대학원 박사학위논문.
이경운(1997). 고등교육법 등 토론. 한국교육법연구, 64-68.
이경운(2004). 대학의 법적 지위와 국립대학의 법인화. 교육법학연구, 제16권 2호, 2004, 164-184.
이경운. 국·공립대학 운영체제의 개선과 자율성 확보. 공법연구, 제28집 제4호 제2권, 1-22.
이기우(2002). 고등학교평준화제도에 대한 헌법적 검토와 입법정책적 제언. 서울대학교 BK21 법학연구단 공익인권법센터 2002년 제2차 학술세미나.
이무근 외(2003). 대학설립제도 개선방안 연구. 경일대학교.
이상규(1990). 신행정법(하). 법문사.
이시우(1994). 사립대학의 자유에 관한 연구. 규제 양승두 교수 회갑기념논문집(I).
이시우(1997). 대학의 자치와 대학구성원의 참여권. 공법연구, 제25집 제3호. 한국공법학회, 198-225.
이시우(1997). 사립학교법의 개정과 법인이사회의 위상. 한국교육법연구, 제3집, 한국교육법학회, 29-51.

이시우(1999). 대학의 자율성과 고등교육법상의 대학평의원회 및 교무위원회 구성문제에 관한 연구. 한국교육법연구, 제4집 · 제5집(통합호), 한국교육법학회, 129-155.

이시우(2000). 대학운영체제에 관한 비교법적 분석. 공법연구, 제28집 제4호 제2권, 23-54.

이종승 · 강인수 · 신동진(1990). 한국 고등교육법령의 구조와 문제분석연구: 대학의 자치와 관리운영을 중심으로. 한국대학교육협의회.

이주호(2002). 고교평준화 정책의 개선 방안. 교육인적자원정책위원회. 교육의 질 향상을 위한 고교평준화 정책 개선 방안. 정책토론회 자료집. 2002. 4.

이차영(1996). 대학에서의 교수회의 법적 지위와 권한. 교육법학연구, 제8호.

이현청(1997). 대학의 자율과 책무. 고등교육연구. 고등교육연구회.

이형행(1998). 교육행정론. 양서원.

이형행(1999). 대학에서의 의사결정 참여의 범위와 관계, 연세교육연구, 제3권, 45-59.

전광석(1999). 고등교육법의 문제점과 향후과제: 대학자치의 관점에서. 한국교육법학회. 한국교육법연구 제4집, 69-123.

전재경 외(2001). 교육인적자원 관련 법제정비기초연구. 한국법제연구원. 교육인적자원부.

정봉근(2002). 고교평준화제도 찬반 논의의 실제. 서울대학교 BK21 법학연구단 공익인권법센터 2002년 제2차 학술세미나.

정인섭(2002). 국제인권조약과 현행 중등학교 진학제도. 서울대학교 BK21 법학연구단 공익인권법센터 2002년 제2차 학술세미나.

조석훈(2002). 학교와 교육법. 교육과학사.

조홍석(2003). 대학자치제와 교수회의 의결권. 헌법학연구, 제9집 제1호, 9-38.

주경란(1994). 미국 주요사립대학교의 대학운영 연구. 고등교육연구, 제6권 제2호.

최송화(1996). 학칙의 법적 성격과 국가감독. 서울대학교 법학연구소. 서울대학교 법학 37권 제1호, 43-84,

표시열(2002). 교육정책과 법. 박영사.

표시열 외(1999). 대학총장선임방안에 관한 국제비교연구. 교육부.

한국교육개발원(2000). 경기도 고교입시제도 개선 연구. 연구보고 CR2000-27.

한국교육법학회(1986). 교육의 자유와 대학의 자치. 대학출판사.

한국대학교육협의회(1985). 대학교육, 제14호.

허병기(1998). 교육의 가치와 실천. 교육과학사.

허재욱(1985). 한국 사립학교법에 관한 연구-자주성과 공공성을 중심으로. 중앙대학교 대학원 교육학박사학위논문.

허종렬(1993). 교육에 관한 국가의 권한과 그 한계. 성균관대학교 대학원 박사학위논문.

허종렬(1993). 독일기본법상 사립학교의 자유와 국가감독. 교육법학연구, 제8호.

허종렬(2002). 고등학교 입학전형 방법과 절차 관계 법령의 헌법적 평가. 서울대학교 BK21 법학연구단 공익인권법센터 2002년 제2차 학술세미나.

황홍규 · 김영천 · 정병수(1999). 사립대학 구조조정방안 연구. 1999년도 교육정책연구과제.

兼子仁(1983). 教育法(新版). 東京: 有斐閣.

高木英明(1998). 大學の法的地位と自治機構に關する研究-ドイツ · アメリカ · 日本の場合-. 東京: 多賀出版.

伊藤公二(1981). 教育法の研究. 京都: 法律文化史.

田畑茂二郎(1971). 大學問題總資料集. 有信堂.

眞野官雄(1983). 現代教育制度. 東京: 第一法規出版株式會社.

清野 惇(1990). 私立大學の管理 · 運營について法學的研究(上). 廣島修道大學研究叢書(第54號). 廣島: 廣島修道大學總合研究所.

清野 惇(1993). 私立大學の管理 · 運營について法學的研究(下). 廣島修道大學研究叢書(第78號). 廣島: 廣島修道大學總合研究所.

澤田澈(1970). 主要國の 高等教育-現象と 改革方向. 第一法規出版(株).

Fower, G. A. (1984). "The Legal Relationship Between the American College Student and the College: A Historical Perspective and the Renewal of a Proposal". *Journal of Law and Education*, 401. 410,

Fuch, R. F. (1967). *Academic Freedom. Its Basic Philosophy and History.* Madison: University of Wisconsin Press.

Hamilton, Robert E., & Robert R. Hamilton (1979). The Law of Public Education. *Meneola: the Law*. New York: the Free Press.

Hazard William R., & Gee E. Gorden (1980). *Law*. New York: the Bobbs-Merrill Company Inc.

La Norte, & Michael W. (1982). *School Law-Cases & Concepts*. Englewood Cliffs. New Jersey: Prentice-Hall Inc.

Rapp, & James A. (1984). *Education Law*. 1.2.3. New York: Mathew Bender & Company Inc.

〈법령〉

일본: 학교교육법, 사립학교법, 국립대학법인법, 교육공무원특례법

미국: 헌법, 메사추세츠 주 헌법(The Constitution of the Commonwealth of Massachusetts), 메사추세츠 주 일반법(General Laws of Massachusetts), 캘리포니아 주 헌법, 캘리포니아 주 교육법

독일: 헌법, 독일연방고등교육기본법, 함부르크 주 대학법

〈개별학교의 규정〉

영국: 버킹험대학 차터 및 정관, 섹세스대학 차터 및 정관

일본: 와세다대학 정관, 와세다대학 총장선출규칙, 게이요대학 정관

미국: 하버드대학 정관, 노스이스튼대학 정관

| 찾아보기 |

인 명

내 용

| 저자 소개 |

• 강인수

고려대학교 대학원 교육학박사
한국교육개발원 연구원
대한교육법학회 회장
한국교육행정학회 회장
전국교육대학원장협의회 회장
현) 수원대학교 부총장(교육대학원장)

• 박재윤

고려대학교 대학원 교육학박사
한국교육개발원 연구원
대한교육법학회 회장
현) 한국교육개발원 수석연구위원

• 김형근

명지대학교 대학원 법학박사
대한교육법학회, 한국교육법학회 상임이사
한국대학교육협의회 정책연구부장, 고등교육연구소장
한국대학교육협의회 고등교육연수원장
현) 명지대학교 방목기초교육대학 교수

• 황홍규

한양대학교 법학과 박사과정 수료
홍익대학교 교육경영관리대학원 초빙 및 겸임교수
교육인적자원부 기획홍보관리관
현) 교육과학기술부 대학연구기관지원정책관
　　한양대학교 정책과학대학 대우교수

| 대학행정총서개발 기획위원 |

위원장: 서정화(홍익대학교 교수)
위　원: 강인수(수원대학교 부총장)
곽병선(한국교육학회 회장)
김경호(홍익대학교 교수)
김숙이(홍익대학교 교육경영관리대학원 교수)
김영철(한국교육정책연구원 원장, 고려대학교 겸임교수)
김영화(홍익대학교 교수)
노종희(한양대학교 교수)
박종렬(경북대학교 교수)
신중식(국민대학교 명예교수)
양승실(한국교육개발원 선임연구위원)

(대학행정총서 1)

대학교육관계법 이론과 실제

2009년 9월 10일 1판 1쇄 인쇄
2009년 9월 15일 1판 1쇄 발행

지은이 • 강인수 · 박재윤 · 김형근 · 황홍규
펴낸이 • 김진환
펴낸곳 • (주) 학지사
121-837 서울특별시 마포구 서교동 352-29 마인드월드빌딩 5층
대표전화 • 02)330-5114 팩스 • 02)324-2345
등록번호 • 제313-2006-000265호

홈페이지 • http://www.hakjisa.co.kr
커뮤니티 • http://cafe.naver.com/hakjisa

ISBN 978-89-6330-081-8 94370
978-89-6330-080-1(set)

정가 15,000원

저자와의 협약으로 인지는 생략합니다.
파본은 구입처에서 교환하여 드립니다.

본서는 교육과학기술부의 수도권대학특성화지원사업에 의하여 홍익대
산학협력단과 협력으로 출간되었습니다.